U0641147

敬畏母语

程翔语文教育行思录

程翔 著

山东教育出版社

图书在版编目（CIP）数据

敬畏母语：程翔语文教育行思录 / 程翔著 . — 济南：山东教育出版社，2021.7

ISBN 978 - 7 - 5701 -1749 - 9

Ⅰ . ①敬… Ⅱ . ①程… Ⅲ . ①语文教学 - 教学研究 Ⅳ . ①H19

中国版本图书馆CIP数据核字（2021）第124787号

JINGWEI MUYU：CHENG XIANG YUWEN JIAOYU XING SI LU

敬畏母语：程翔语文教育行思录

程翔　著

主管单位：山东出版传媒股份有限公司

出版发行：山东教育出版社

　　　　　地址：济南市市中区二环南路2066号4区1号　　邮编：250003

　　　　　电话：（0531）82092660　　网址：www.sjs.com.cn

印　　刷：山东新华印务有限公司

版　　次：2021年7月第1版

印　　次：2021年7月第1次印刷

开　　本：710毫米×1000毫米　1/16

印　　张：29.25

字　　数：335千

定　　价：69.00元

（如印装质量有问题，请与印刷厂联系调换）印厂电话：0534-2671218

序　言

三十八年过去

　　我从初中二年级到大学毕业，身高一直是全班前三名，与人交谈时多俯视，很少平视，极少仰视。1982年初，一个寒冬的下午，我与程翔第一次长谈。先是在教学楼外碰上谈起来，因气温太低又躲进楼内的走廊里谈。当时程翔说了一些"大话"把我震了，内容无非是高远的理想和要实现理想的雄心壮志之类。那天肯定谈了很久，事后我脖子很不舒服，应是仰视时间所致。半年后他毕业了，开始教中学语文。38年来，虽然见面很少，通信、电话也不算多，但我一直关注着他，一次次地为他兴奋，看着他一步步地把那些"大话"变成了现实，越发从心里仰视他。

　　当年，我们都20岁上下，正是理想冲天的年纪。但今天来看，我们当时的想象力实在有限：

当年哪能想到，我们家家都能有汽车；更想不到，后来汽车多得让人讨厌。

当年哪能想到，我们人人都是百万富翁；更想不到，人家的一个小目标就是上亿元。

当年哪能想到，我们天天都能吃上山珍海味；更想不到，牛奶里会有三聚氰胺。

当年哪能想到，我们拥有自己的华美居所；更想不到，居所之外，缺了绿水，少了蓝天。

…………

当年想不到，原因很简单：贫穷限制了我们的想象力。可那些"更想不到"的，是因为什么呢？

现在有些中国人富起来了，开始炫富了，开始嘲笑穷人了。例如某记者在黄土高坡上对那个放羊孩子的采访：

问：你在干什么？

答：放羊。

问：为什么要放羊？

答：挣钱。

问：为什么要挣钱？

答：娶媳妇。

问：娶媳妇干什么？

答：生娃娃。

问：生了娃娃干什么？

答：放羊。

　　这孩子的回答很好笑，然而，所有嘲笑这孩子的人是否想过：你今天的梦想与追求，与这个放羊娃有本质的区别吗？假设记者采访的是当今城里的一个孩子，家里很有钱，买上了学区房，上了好中学，采访结果会怎样？

　　问：为什么要上这个学校？

　　答：能考上好大学。

　　问：为什么要上好大学？

　　答：能找个好工作。

　　问：为什么要找个好工作？

　　答：挣钱多。

　　问：为什么要多挣钱？

　　答：学区房太贵。

　　问：为什么要买学区房？

　　答：能考上好大学。

　　…………

　　这两种问答，表面上看是一穷一富两种人生，实质上何其相似！区别只是"考上好大学"替换了"放羊"。同样是谋生的手段，同样是为了挣钱，同样是缺乏精神追求，同样是随波逐流，同样是空虚的命运轮回。前者的悲哀，已有答案；后者的悲哀，原因又是什么呢？

　　"有两种东西，我对它们的思考越是深沉和持久，它们在我心灵中唤起的惊奇和敬畏就会日新月异，不断增长，这就是我头上的星空和心中的道德律令。"这来自康德的墓志铭。这"两种东西"之所以吸引这位哲学大神"深沉和持久"的思考，就是因为这是"人之为人"的最重要的东西。这也正是我们这些年的稀缺资源。

既然是"人之为人"最重要的东西，为什么变成稀缺资源了呢？我的答案是，别的东西把这"两种东西"稀释了。什么东西稀释的？应是个人对美好生活的追求。这本来无可厚非，问题出在人们对生活"美好"的认定发生了极大的偏差。许多人理解的"美好"生活，就是升官发财，就是锦衣玉食，就是香车豪宅，就是美女美酒……这是"人"的追求，还是动物式的追求？人之所以是高级动物，所"高"之处就在于有精神生活。物质的东西只是满足人类肉体的需要，没有它人不能活；但若没有精神生活，人只是活着，像行尸走肉一样地活着，就像只知道吃喝、繁殖的动物。可惜，越来越多的人笃信没有物质是"万万不能的"信条，用它稀释了人之所以"万能"的精神本质。当这样的人越来越多的时候，那些物质追求道路上的逆行者，越发显得弥足珍贵。程翔就是这样的人，这本《敬畏母语——程翔语文教育行思录》就是明证。

读着书中的文字，走进程翔的精神世界，语文就是他时时仰望的星空，坚守就是他对自己的道德律令。

38年来，跳槽、越界、兼职的人越来越多，程翔还是一个语文教师。

38年来，程翔的职务、称号、荣誉、地位都提高了，他还在中学语文的课堂上。

38年来，越来越多的人崇尚权力、敬畏神祇，程翔总是敬畏汉字、敬畏母语。

38年来，越来越多的人盯着票子、房子、位子、车子……程翔总是盯着学生。

38年来，越来越多的人相信"经济发展是硬道理"，程翔总是相信"语文强则国家强"。

38年来，越来越多的教师开启追逐"新教材""新课标""新理念""新……"之路，程翔总是呼吁"语文教育观不可随风摇摆"。

38年来，越来越多的语文教师不断扩大"语文"的内涵，程翔总是告诫"万变不离其宗"。

38年来，越来越多的教师关注语文教学如何出新，程翔依然关注传统的备课、教案、作文等常规教学。

38年来，一届又一届学生声言"一怕文言文，二怕写作文，三怕周树人"，程翔总是提醒另外三怕——心灵扭曲的可怕，精神麻木的可怕，灵魂堕落的可怕。

这就是程翔：坚守渐仁摩谊，"做有灵魂的教育"；深入钻研教学，"教有学理的语文"；执着追求真理，当有尊严的教师。38年来，程翔构建了一座语文教学的大厦，其中有他提出的"基本理解"阅读教学观，以阐释学理论为依据，构建的"台阶式阅读教学基本模式"，有他总结的"三维写作教学体系"，对矫正写作教学的盲目性、随意性和应试带来的弊端起到了积极作用。他借助"作者意"和"读者意"、"自然文本"和"教学文本"、"悖体阅读"和"适体阅读"、"生活语言"和"文学语言"、"话轮转换"和"原型理论"等概念，系统整理并深入阐释了语文学科核心素养的具体内涵，将语文学科核心素养落到了实处。此外，程翔继承和发展了于漪、吴心田、章熊、宋遂良等前辈语文教育名家的思想资源和实践经验。他将这些教育名家的精神营养融会贯通，打造成教学实践、教学理论、教学研究三位一体的语文教学品牌。

38年过去，时移世易，多数人都变得快不认识自已了，程翔却还是当年那个程翔。

38年过去，越来越多的人仰视程翔，期望获取他成功的秘诀。其实答案很简单：坚守初心！

魏　建

2020年4月5日于济南

目　录

上编　语文教育

下编　文学写作

后　记 ………………………………………… 454

上编　语文教育

语文强则国家强

　　《中华人民共和国宪法》规定:"国家推广全国通用的普通话。"《中华人民共和国国家通用语言文字法》规定:"国家通用语言文字是普通话和规范汉字。""国家推广普通话,推行规范汉字。""国家通用语言文字的使用应当有利于维护国家主权和民族尊严,有利于国家统一和民族团结,有利于社会主义物质文明建设和精神文明建设。""学校及其他教育机构通过汉语文课程教授普通话和规范汉字。使用的汉语文教材,应当符合国家通用语言文字的规范和标准。"在我国基础教育课程体系中,人们把国家通用语这门课程称为"语文",把教授这门课程的老师称为"语文老师"。

一

　　人们对"语文"的含义有多种解说,有"语言文字""语言文学""语言文章""语言文化""国语、国文的合称"等。在基础教育界,人们习惯上把叶圣陶先生的解说作为权威观点,即"口头为语,书面为文"。可是将"语文"译成英文时,则用Chinese这个单词,即汉语、中文的意思。为什么会这样呢?要知道其中原因,就必须了解语文学科名称的来历，了解国家通用语形成的过程。

"语文"一词最早何时出现，目前还没有明确的文献证据。明代李贽《焚书》卷三《杂说》有言："若夫结构之密，偶对之切；依于理道，合乎法度；首尾相应，虚实相生：种种禅病皆所以语文，而皆不可以语于天下之至文也。"胡应麟《二酉缀遗》有言："今琐语文惟刘氏《史通》可见"。这里的"语文"还不是一个固定词语，也不是今天语言文字的意思。

作为语言文字的"语文"一词，是中国近代史的产物，伴随屈辱挨打与救国图强而来。1842年签订的中英《南京条约》是中国近代史上第一个不平等条约。该条约的中英文版本在若干关键表述上出现矛盾，导致中英双方在实践各条款时出现纠纷，并造成了"广州入城风波"。1856年，英国人与法国人分别借助"亚罗号事件"与"马神甫事件"发动了第二次鸦片战争；清朝又战败，1858年被迫签订中英《天津条约》。《天津条约》第五十款规定："自今以后，遇有文辞辩论之处，总以英文作为正义。"就是说，用中文解释不算数，必须以英文的解释为准。英国政府还敦促清廷尽快培养英语人才；清廷也意识到了这一点，于是，先后在北京、上海和广州等地开办了同文馆，培养外语人才，以便在与外国人交涉时不受欺蒙。据《同文馆章程及续增条规》记载："馆中功课以洋文、洋语为要，洋文、洋语已通，方许兼习别艺。"实际上，同文馆的课程不限于英语，也不限于其他外语，还有西方科技，其开设新课程早于"癸卯学制"的制定和京师大学堂的创办。

对于开办同文馆一事，清廷有两种截然相反的意见。以倭仁为代表的反对者认为，立国的宗旨是礼义道德，不能依赖技艺；以恭亲王为代表的支持者认为，立国要依靠先进的科学技术，卧薪尝胆，共深刻励，以求自强。光绪十三年（1887年）六月十四日，张之洞上奏清廷《创设水路师学堂折》，其中写道："其水师则学英国语文……其陆师则学德国语文……学习外国语文稍有不便，应于洋教习之外，添用华翻译一名，转相解授，以便领悟。"这里的"语文"已经是语言文字的意思了。有没有更早的文献呢？目前笔者尚未看到。到了1904年，张百熙、张之洞、荣庆等人奏拟的《奏定学堂章程》（即"癸卯学制"）由清廷颁布，首次为"中国文字""中国文学""读经讲经"单独设科，简称"国文"（即文言文），占全部课时的四分之一。至此，国文课程才有了严格的学科意义。1904年，商务印书馆出版了蒋维乔等人编纂的《最新国文教科书》——我国最早的国文教科书。可以这样说，"国文""国语"名称的出现与"洋文""洋语"的到来有关。尽管"国文""国语"这两个词在中国很早就有了，但作为教学内容，是在近代才产生的。

当时，在对清王朝落后挨打原因的分析上，出现了这样一种观点：汉字落后导致了教育落后，教育落后导致了科学技术落后，科学技术落后导致了武器落后，从而导致了落后挨打。根源是汉字落后。所谓"汉字落后论"，是由西方传教士提出的。鸦片战争后，他们为了在中国普及基督福音，在翻译《圣经》时，采用了以罗马字拼音拼写当地方言的方法，从而形成了规模甚大的"教会罗马字运动"。传教士在倡导"教会罗马字"时，展开了对汉字体系的批判，认为汉字繁难费时，不易掌握，是科学化教育最有力的障碍。民国以后，特别是新文化运动后，教会罗马字运动表面上消沉下来，其观点却被中国当时的文化先驱们所利用。一批文化名人提出要废除汉字，改用拼音文字，产生了诸多拼音方案。

钱玄同、傅斯年、鲁迅、瞿秋白、蔡元培、胡适这些新文化运动先驱们普遍认为：汉字不适宜于"平民化"教育，是中国落后挨打的罪魁祸首。瞿秋白说："完全脱离汉字的束缚——这种汉字真正是世界上最龌龊、最恶劣、最混蛋的中世纪的茅坑！"（见《普通中国话的字眼的研究》）鲁迅在《关于新文字》一文里说："方块字真是愚民政策的利器，汉字也是中国劳苦大众身上的一个结核，病菌都潜伏在里面，倘不首先除去它，结果只有自己死。"

对此是有不同观点的。国粹派代表人物邓实说："故一国有一国之语言文字，其语文亡者，则其国亡；其语文存者，则其国存。"（《鸡鸣风雨楼独立书·语言文字·独立第二》）闻一多先生写过一篇《论振兴国学》，他主张："国于天地，必有与立，文字是也。文字者，文明之所寄，而国粹之所凭也。"纵观中华历史，统一的语言文字是中华民族团结和统一的纽带。对于这个问题，外国几位汉学家认识得也很清楚。美国传教士、外交官、汉学家卫三畏，在中国生活了40多年，于1847年写了一部《中国总论》。他针对当时传教士的观点提出了自己的看法："十分明显，如果这一联合的纽带被取消，代之以拼音文字，中国人很快就会分裂成许多小国家。"瑞典汉学家高本汉指出："中国人一旦把这种文字废弃了，就是把中国文化实在的基础降伏于他人了。"（《中国语与中国文》）

汉字的确存在难学的问题，但决不能一废了之。当时，也有一些人不主张废除汉字，而是探索另一条路径——研究注音符号帮助人们认识汉字。早在明代，意大利传教士利玛窦来到中国，写了四篇文章，取名《西字奇迹》，主张利用拉丁字母给汉字注音，可视为最早的汉字注音方案。到了近代，西学东渐，特别是白话文运动中，出现了国音运动和注音字母。这里提及三个人物。第一位是卢戆章，我国第一个创制拼音文字的人。他主张"切音字与汉字并列"。早在1892年，他出版了《一目了然初阶》，即"中国切音新字"方案，标志着中国汉字改革运动的开端。他说："省费十余载之光阴，将此光阴专攻于算学、格致、化学，以及种种之实学，何患国不富强也哉！"第二位是王照，因参与戊戌变法逃往日本，接触到注音字母，仿日文假名开始研究汉字注音问题，有《官话合声字母》一书。1900年，王照改名换姓潜回国内。1903年，他为取得合法身份自首入狱，释放后全力推行官话字母。"十年之中，坚忍进行，传习至十三省境。"第三位是吴稚晖，起初他也主张废除汉字，后来有了变化。其夫人目不识丁，他便创制了一套注音字母，拿夫人做实验。他在《草鞋与皮鞋》一文中写道："我们要知道：造这注音字母的主要目的，是为着中国十分之九的目不识丁的国民，增加知识，灌输教育；这注音字母实在是四万万人的救星……所以我们要救国，要提倡注音字母，就是现在这个时候，迟就不好了。"尽管他与王照意见有分歧，但在推行注音字母大方向上是一致的。

二

国家通用语的形成有一个复杂的过程。中国历代有所谓官方语言，如雅言、正音、官话、通语、国语等不同的称呼，实际上就是不同时期的普通话。1902年，吴汝纶从日本回国，借鉴日本"国语"（东京话）的名称，提出将王照"官话"改为"国语"（这也是"国语"名称来历的一种说法，不过这里的"国语"相当于后来的"普通话"）。蒋维乔也提出："凡一民族，必有其使用之言语，谓之国语。"（郑国民《从文言文教学到白话文教学》）1913年2月，"读音统一会"在蔡元培倡议下于北京召开，"审定一切字的国音发音"，"采定字母"。会议对注音字母的作用和地位问题进行了讨论，最终决定注音字母的作用是给汉字注音，不能与汉字并用。这次会议对语文教育有着极为深远的影响。1917年10月，第三届全国教育联合大会通过了《请定国语标准并推行注音字母以期语言统一案》。1918年11月，北洋政府教育部正式公布了这一方案，使之成为法定的汉字拼音方案。1919年，商务印书馆出版了庄适等人编纂的《新体国语教科书》。1920年1月，北洋政府教育部明令："自本年秋季起，凡国民学校一、二年级先改国文为语体文，以期收言文一致之效。"1922年11月，北洋政府教育部公布《学校系统改革案》（即"壬戌学制"），改学制为六三三制——小学六年（前四年为初级小学，后两年为高级小学），初中和高中各三年。1923年，实行新学制，全国教育会联合会新学制课程标准起草委员会制定公布了《新学制课程标准纲要》。《新学制课程纲要总说明》规定，小学、初中、高中均开设"国语"（语体文）课程，高中除公共必修的"国语"外，在普通科第一组（相当于文科）特设"国文"。小学、初中、高中《国语课程纲要》分别由吴研因、叶绍钧、胡适起草。（顾黄初《中国现代语文教育百年事典》）鉴于当时缺少国音教师的实际困难，黎锦熙先生提出："要统一语音，最好是把国音来做工具。我劝那些请不到国音教习的地方先要快改用语体文，这是个从'权'的办法。假使有懂得国音的人才，自然要劝他用国音来教语体文。""国音原是国语统一的利器。"（《黎锦熙论语文教育》）

需要指出的是，这个时期"国语"的"语"指的是语体文，而语体文与当时白话文运动的"文学革命"有着密切的联系。起初，国语运动并非一帆风顺，被胡适称为"半死不活"。他说："当时抬出'国语的文学，文学的国语'的作战口号，做到了两件事：一是把当日那半死不活的国语运动救活了；一是把'白话文学'正名为'国语文学'，也减少了一般人对'俗语''俚语'的厌恶轻视的成见。"（《中国新文学大系·建设理论集导言》）1923年，教育部公布《新学制课程标准纲要》，商务印书馆迅速推出了《新学制国语教科书》全六册。这一年8月出版的第五册收入了鲁迅的《故乡》，这是作为国民通用国语教科书的第一次，可以作为"国语运动"与"白话文运动"开始有了真正深入结合的标志之一，将国语"工具层面"与"思想层面"合为一体。（李小平、陈方竞《"国语运动"与"白话文运动"的疏离与结合》）

三

张志公先生在《说"语文"》中写道："一九四九年六月，全国大陆已经大部分解放，华北人民政府教育部教科书编审委员着手研究在全国范围内使用的各种教材的问题……按照叶圣陶先生的建议，不再用'国语''国文'两个名称，小学和中学一律称为'语文'。这就是这门功课叫作'语文'的来由。这个'语文'就是'语言'的意思，包括口头语言和书面语言，在口头谓之语，在书面谓之文，合起来称'语文'。"（《张志公文集》第3卷）也有人说，在20世纪30年代后期，叶圣陶、夏丏尊二人就已经提出将"国语"和"国文"合二为一，改称"语文"，意思是书面为"文"，口头为"语"。1949年8月，叶圣陶主持草拟中小学语文课程标准，首次用"语文"作为学科名称取代"国语""国文"。1950年，新华书店出版了中央人民政府出版总署编审局编辑的新中国统一的《初级中学语文课本》和《高级中学语文课本》。

后来，叶圣陶先生多次谈到"语文"名称的含义。1980年，在小学语文教学研究会成立大会上，叶圣陶先生说："口头说的是'语'，笔下写的是'文'，二者手段不同，其实是一回事。功课不叫'语言'而叫'语文'，表明口头语言和书面语言都要在这门功课里学习的意思。'语文'这个名称并不是把过去的'国语''国文'合并起来，也不是'语'指语言，'文'指文学（虽然教材里有不少文学作品）。"（《叶圣陶集》第13卷）

可以说，叶圣陶先生赋予"语文"以新的含义，把白话文运动和国语运动相结合的成果向前推进了一大步，将"听、说"训练提升到与"读、写"同等的地位，真正实现了"听、说、读、写"的全面发展，使语文能力的培养真正落地。这是对"国文""国语"的超越，从此开始，"听、说、读、写"就像四根巨柱，撑起了语文学科的大厦，从而确立了"现代语文"的根基。

特别需要指出的是，叶老的"语文"概念是经历了近代而到现代的，必然包含了"国家、民族"的意思在里面，实际上就是指"国家共同语"。站在语言学的角度看，人类社会发展到一定阶段，会逐步形成民族共同语和国家共同语。民族共同语和国家共同语都是"有具体音值标准的、涵盖书面语和口语两种变体的通用语"。它们的区别在于"民族共同语是一个民族的通用交际语，而国家共同语是一个国家各个民族共同的通用交际语"。（叶蜚声、徐通锵《语言学纲要》）我们要准确、深刻理解叶老的思想，正确把握语文学科的性质。这些年来，我们一直在语文的工具性和人文性上争论不休。其实，二者都能体现语文学科的特点。言其工具性，是说语言文字具有交际功能，突出其实用价值。交际功能是语言的原始属性，是语文学科区别于其他学科的唯一特性。工具性不具有唯一性，数学学科也具有工具性，但不具有交际功能，工具性与交际功能不能画等号，所以《语文课程标准》表述为"语文是最重要的交际工具"。言其人文性，是说语言文字包含思想情感，传播精神价值，它们附丽于语言文字（语音和字形），不可分离。这种附丽分为固有和艺术化两种形式。但是，仅有这两点还不够，还应该有第三点——民族性。语文的民族性指的是中华文化的特质，也就是它的民族属性，突出的是民族之根。语文课本中的篇篇课文，都打上了中华文化的印记，是传承中华文化的基因密码。工具性和人文性，其他国家语言中都有体现，是共同的；中华文化的特性则是中国语文特有的。人文性不能涵盖民族性。工具性、人文性和民族性三位一体，才能全面深刻体现中国语文的本质特征。叶圣陶先生的"语文"概念自然包括了这三个方面的含义。

四

2019年3月24日，国家主席习近平在法国尼斯会见法国总统马克龙。马克龙总统向习近平主席赠送了1688年法国出版的首部《论语导读》法文版原著。马克龙总统介绍说，《论语》的早期翻译和导读曾对孟德斯鸠和伏尔泰的哲学思想给予启发。这部《论语导读》原著目前仅存两本，一本送给习近平主席，另一本存放在巴黎的法国国立吉美亚洲艺术博物馆。习近平主席说，这个礼物很珍贵，把它带回去收藏在中国国家图书馆。《论语导读》一书为17世纪法国医生、探险家弗朗索瓦·贝尼耶的作品，是第一部译成法语的中国古典著作。法文版建立在拉丁文版本的基础之上，其中包含了贝尼耶对儒家经典的个人解读。法国历史小说家若泽·弗雷什认为，此书当是为法国王室而作，贝尼耶希望孔子的思想能为法国王公贵族所用，希望他们从中"汲取灵感，培养有爱、温顺、质朴和人道的精神"。（龚鸣《国礼〈论语导读〉背后的故事》）1789年，法国颁布《人权宣言》，把孔子"己所不欲，勿施于人"的名言写了进去。中国的《诗经》《老子》《论语》等文化经典，都是以文字的形式传播到世界各地。没有汉字，就没有汉语今天在世界上不断上升的地位，也就没有中华文化在世界上的巨大影响。

语文教育的重要内容之一是汉字教育。汉字是中华民族的伟大发明，汉字文化是中华文化的重要组成部分，是国之灵魂。传承中华优秀传统文化，离开了对汉字的学习是不可想象的。中国历史上，那些为汉字做出突出贡献的人物令我们敬仰。如果要列出一张"汉字功臣榜"的话，我觉得必须有仓颉、李斯、程邈、许慎、王永民、王选这些人的名字。他们都为中国国家通用语的形成立了大功。

古代汉字功臣就不一一说了，这里选取当代两位杰出代表说一说：一个是王永民，一个是王选。计算机时代的到来，向汉字提出了严峻挑战：中国汉字能否进入计算机？当时，这个问题困扰着中国人。1984年8月，《参考消息》上有这样一篇报道："洛杉矶奥运会上，在全世界报道奥运会的7000名记者中，只有中国人用手写他们的报道……"汉字处在历史的生死关头。这时，王永民先生发明了汉字五笔字型输入法，解决了汉字输入计算机的大难题。1984年4月4日，时任中共中央总书记的胡耀邦同志到郑州视察了五笔字型的演示。此后不久，中央将"国家汉字改革委员会"更名为"国家文字工作委员会"，以"汉字拼音化"为宗旨的"汉字改革"宣告结束。1984年9月19日，王永民先生应邀到联合国总部演示五笔字型输入法。他每分钟可以输入100多个汉字，令联合国的官员们大为惊叹。美国多家报刊以"举世称难，今迎刃而解"为题加以报道。中科院院长路甬祥院士在其主编的《科学改变人类生活的100个瞬间》一书中写道："1983年8月，南阳有一位叫王永民的奇人发明了五笔字型，汉字输入的难题得到了根本性的解决。"2003年，国家邮政总局发行了纪念邮票《当代毕昇——王永民》。2018年12月18日，王永民先生作为改革开放100位先锋人物之一受到中央表彰。庆祝大会结束后，王永民先生对习近平主席说："习主席，汉字的输入速度已经超过了英文！"爱汉字就是爱祖国。

王选院士也是汉字的大功臣。中国历史上有过一项伟大发明——北宋时期毕昇发明的泥活字印刷术。十五世纪中期，德国人谷登堡发明了铅活字印刷技术，而我国印刷技术一直停滞不前。进入20世纪70年代，世界印刷技术突飞猛进，已经进入第二代激光照排时代，第三代激光照排技术也在研制之中，而中国仍徘徊在铅字印刷时代。具有计算数学专业背景的王选教授提出跳过第三代，直接研制第四代汉字激光照排技术。王选教授顶着别人的冷嘲热讽，忍辱负重，默默拼搏，终于在20世纪80年代研制出了第四代汉字激光照排系统，并使其商业化。那些瞄准中国市场的外国企业全部退出了中国。王选教授的技术具有划时代意义：让汉字印刷告别了铅与火，迈进了光与电的时代。与王永民先生一样，王选院士也当选为改革开放100位先锋人物之一。在统编版《语文》八下中，收录了王选院士的演讲稿《我一生中的重要抉择》，这是一篇非常好的文章。

可以说，王永民、王选在提升国家通用语在当今世界上的地位和影响方面，建立了不朽功勋，是广大语文教师学习的榜样。作为一名语文教师，一定要引导学生敬畏语文，继承和弘扬中华优秀传统文化。语文教师要教育学生努力做到：工工整整地写汉字，规规矩矩地说普通话，认认真真地做文章。语文作业要尽量手写，学会使用硬笔和软笔书写汉字。还应要求学生背诵一定量的经典诗文，掌握朗诵技能，掌握汉文阅读规律。当然，考试命题也要充分体现这些要求。

我们欣喜地看到，改革开放40多年来，我们的国力逐渐强盛，汉语的国际地位迅速上升，世界各国学习汉语的人数猛增。目前全球已有60多个国家将汉语教学纳入国民教育体系。全球学习汉语的人数从2004年的近3000万人攀升至现在的1亿人。2010年，联合国新闻部宣布启动联合国语言日，将"中文日"定在农历二十四节气的"谷雨"，以颂扬"中华文字始祖"仓颉造字的贡献。联合国首届"中文日"庆祝活动于2010年11月12日在纽约联合国总部举行。从那以后，联合国在每年的4月20日都要举办"中文日"活动。

汉字的历史证明，中华文化生生不息，数千年一脉相承。这是我们的骄傲。作为一名语文教师，要为祖国的语文教育事业做出应有的贡献。

对母语心怀敬畏

——从大学校长读错字音谈起

2018年5月，大学校长读错字音之事，引发国人高度关注。这使我想起两件同类的事。多年前，一位大学校长演讲时把"参差（cēn cī）不齐"读成了"cān chā不齐"，台下顿时一片哄笑。还有一位作家，作报告时把"臀（tún）部"读成了"diàn部"，台下听众都笑了。作家不知听者为何发笑，误以为听者不知臀部为何物，便站起来指着自己的屁股说："diàn部，就是这儿。"人们大笑不止。这是几十年前的事情了，我至今清晰记得。从那时候起，我就告诫自己，一定要学好汉字！

后来，我当了语文老师，经常给学生纠正错字错音。其实，我自己也出现过错字错音。汉字太多了，一字多音现象十分普遍，即便读常用汉字，也难以保证不出错。同一个字，今天读对了，可能明天读错了。读错音属正常现象，别说大学校长，再大的领导，也会读错音。试问亿万中国人，谁人不曾读错音？笔者以为，我们大可不必在一个错音上抓住不放。

但是，我们要对汉字心怀敬畏。中华汉字，源远流长，是中国人民最伟大的发明创造，是对世界文化最伟大的贡献。我们今天写的很多字，在甲骨文里就有了。我们能读懂几千年以前的文字，这实在是一个奇迹！20世纪50年代，周恩来总理就说过，要学好基础知识，首先要把中国语文学好。（《中国教育通史》第15卷）要学好中国语文，首先要学好汉字。

我当学生时，经常抱着《现代汉语词典》翻，把多音字统计了一遍，把异形词统计了一遍；口袋里经常装着一本《新华字典》或是《汉语成语小词典》，每天学几个，日积月累，积少成多。中央台举办汉字听写大会，我非常赞同！我的办公室、家里，同时放着《现代汉语词典》和《古代汉语词典》；只要一出新版的，我立马就买来。在我看来，词典一天也不能离开自己。我建议，各大学校长办公桌上，各级领导办公桌上，一定要摆放一部新版《现代汉语词典》。这就是敬畏态度。

各行各业的从业人员，对于自己的发言稿，都要特别慎重，要在正式发言前认真备课。读到"鸿鹄"犹豫了，说明备课不充分。如果备课时犹豫了，读音拿不准，就要引起警觉，立刻翻开词典查一查，标注拼音。我们每个人在词典面前都是学生。这就是敬畏态度。

发言是否顺畅，读句是否富有节奏，重音、停连、抑扬是否恰当，一听就知道备课是否充分。无论是重大场合，还是一般场合，发言前都要备课。这不仅是对听者的尊重，也是对汉语敬畏的表现。这种意识，不是每个人都具备。凡领导干部，必有一个基本素质，就是较高的文字表达水平。毛泽东同志对此早有论述，可惜我们很多干部没有记在心上。我很难理解一个地方官怎么就把"滇（diān）池"读成"zhèn池"，难道没听过别人发这个音吗？如果你怀疑别人读错了，应该引起你的警觉，翻开词典查一查呀。还有那些秘书，为什么不提醒呢？惧怕吗？如果惧怕，我劝你读一读魏明伦写的剧作《巴山秀才》，想一想剧中秀才孟登科那句名言——"头可断，血可流，错别字不可不纠"。其实，秘书提醒，领导不会怪罪，当时可能会有点尴尬，但事后会感激你的，因为你防止了更加尴尬局面的出现。我一直不理解"佝（kuā）离分裂力谁任"一句中，首字极其生僻，领导和秘书为何不提前备课？敬畏态度哪去了？古人讲"战战兢兢""如履薄冰""如临深渊"，怎么就一点敬畏感也没有呢？

广大普通民众，对汉字的敬畏态度也是缺乏的。各版《现代汉语词典》中，对"说服"的注音很清楚是shuō fú，可是很多人，包括一些语文教师都念成了shuì fú。"说服"一词的含义是，用充分正当的理由让人们心悦诚服，没有"劝"的意思。"教室"一词应读jiào shì，错读为jiào shǐ；"质量"应读zhì liàng，错读为zhǐ liàng；地名"西苑"应读xī yuàn，错读为xī yuán。很多人习惯在讲课或汇报用幻灯片最后一页敲上"谢谢聆听"四个大字，本想表达感谢之情，结果适得其反。此类情况，举不胜举。许多人觉得差不多就行，没必要较劲。这就是缺乏敬畏的表现。文字工作容易出错，没有严谨的态度是不行的。所以我写诗说："谁人不曾读错音？知耻后勇诚可嘉。林公坏事变好事，吾辈反思慎叽喳。"

那么，敬畏之心哪里来？每个人都要树立一个观念：学习母语是一辈子的事情，活到老，学到老。除此之外，语文教师责无旁贷。三十二年前的一天，我听语文特级教师董衡执教《最后一课》公开课。偌大会场，寂静无声，人们全神贯注地听董衡老师朗读课文：

> 接着，韩麦尔先生从这一件事谈到那一件事，谈到法国语言上来了。他说，法国语言是世界上最美的语言——最明白，最精确；

又说，我们必须把它记在心里，永远别忘了它，亡了国当了奴隶的人民，只要牢牢记住他们的语言，就好像拿着一把打开监狱大门的钥匙。

读到这里，董衡老师话题一转，说道："同学们，我们汉语也是世界上最优美的语言。从《诗经》《楚辞》到《红楼梦》，到《呐喊》，到《四世同堂》，伟大的汉语屹立于世界民族语言之林，数千年来一脉相承。同学们学习母语，一定要怀着敬畏之心，热爱她，学好她……"听着听着，我的眼睛湿润了。我被董衡老师的授课深深打动了，他唤醒了我热爱母语的感情。同学们也被打动了，董衡老师在他们幼小的心灵里种下了一颗伟大的种子！

并非所有语文教师都能达到这样的境界。语文教师任重道远——要教育学生热爱母语，热爱汉字，写好每一个汉字，心怀敬畏！这样培养出来的学生，将来当了领导，就不会尴尬了。本篇篇首提到的那位校长在致歉信中说，"文革"期间无书可读，语文基础打得不牢。那个年代，不堪回首！这更加证明基础教育阶段，语文学科是何等重要！我们不能把语文降格为应试的工具，而应把语文当作培养真正中国人的必需营养品。母语是我们的精神家园，学不好母语就找不到回家的路。

让全社会都来敬畏汉字，敬畏母语吧！

语文教育观不可随风摇摆

义务教育统编教材初中《语文》投入使用已几年了，笔者有幸参加了这套教材的编写工作，在此想和一线教师谈一点体会。

这套教材的确有些新意，但总体看与以往教材并无本质区别，也不应该有本质区别。笔者认为，语文教材成熟之后，稳定是第一位的。如果摇摆过大，那就说明它还不成熟。成熟之后的任务是完善，是提高。目前这套统编教材是以前几套教材为基础的，集众家智慧，切合时代发展，稳中有进。因此，一线教师如何把握住它的"新"，并努力在教学中体现出来，落实到位，是值得研究的大问题。比如整本书阅读的问题，比如注重核心素养的问题，等等。这些问题，温儒敏先生以及其他专家早有文章论述，这里笔者不想饶舌，想重点谈一谈它不变的东西。

一百余年的现代语文教育史中，出现了众多杰出的语文教育人才，编辑出版了上百种语文教材，形成了系统而又宝贵的语文教育思想。这些思想历经时代变迁而沉淀下来，风雨不动，安如磐石，成为支撑当代语文教育大厦的基础。我们应该研究它们，继承它们，发展它们。特别是在使用统编教材的今天，我们更应该静下心来思考这个问题，而不是被风吹得东倒西歪。

第一，语文是母语，既有别于数、理、化，也有别于外语。"语文"，是"国语"和"国文"的合称，一个"国"字奠定了它的民族性，它是一门关于中华民族语言文字的课，是地道的国货。比如阴阳上去、平平仄仄、依声属对、词曲骈赋，这在其他国家语言中找不到，甚至没有可以对应翻译的外语单词，传统文化的精华在此得以体现。在统编教材初中《语文》课本中，收录古诗文132篇，占全部课文的48%。这个数量说明什么？说明一个语文教师要有足够的古文修养，才能引领孩子走进古代文学长廊，尽情欣赏中国古代文学的灿烂辉煌。所以，无论教学改革翻出什么新花样，什么今天翻转课堂啦，明天慕课啦，后天深度学习啦，等等，最根本的是要具有中国古代文化的深厚学养。舍此，语文教学只能是空中楼阁。所以，语文教师对传统文化的学习是永恒的，基本的。教语文，就应该走中国的路子，外来的理论不好使。笔者认为，教数、理、化等学科，学美国学西方可能没问题；但是，教词曲骈赋，若一味学美国学西方就很滑稽，很可能落个邯郸学步的结果。朱熹讲"涵泳"，这是中国的传统，过去有效，今天有效，明天还有效。但是，今天的语文课上，琅琅的书声很少听见了，而被什么讨论、合作、探究替代了，不伦不类。结果往往是探究了半天，也没探究出什么东西来，白白浪费了宝贵时间，令人啼笑皆非。

朱自清先生在《经典常谈》中指出，中国的诗词与音乐关系密切，不懂音乐，就不能很好地欣赏古诗词。可是，今天，我们有几位语文老师能借助音乐知识教给学生欣赏古诗词呢？笔者也常感汗颜，教了几十年古诗词，其实尚未登堂，遑论入室。龙榆生先生不仅是词学大家，更曾任上海国立音专（国立音乐院）国文教师，与黄白先生等作曲大家合作创作过音乐作品。他的《唐宋名家词选》以及《词学十讲》都是重要的学术著作，语文教师不可不读。他在《词学十讲》中确定的目录是：第一讲，唐宋歌词的特殊形式和发展规律；第二讲，唐人近体诗和曲子词的演化；第三讲，选调和选韵；第四讲，论句度长短与表情关系；第五讲，论韵位安排与表情关系；第六讲，论对偶；第七讲，论结构；第八讲，论四声阴阳；第九讲，论比兴；第十讲，论欣赏和创作；附录一，四声的辨别和练习；附录二，谈谈词的艺术特征；附录三，宋词发展的几个阶段。读到第九讲时，笔者立刻联想到，龙先生所谈内容，不就是我们所说的语文学科素养吗？他说，用比兴来谈词，就是要有"言在此而意在彼"的内蕴，也就是古人所谓要有"寄托"。"借景言情"的手法，正是古典诗词运用语言艺术的关键所在，也就是比兴手法的基本精神。龙先生以辛弃疾《清平乐·独宿博山王氏庵》为例进行解读："绕床饥鼠，蝙蝠翻灯舞。屋上松风吹急雨，破纸窗间自语"，表面看全是外境，似乎只写荒山茅屋、夜境凄凉的"没要紧语"，然一种忧国忧谗，致慨于奸邪得志、志士失意的沉痛心情，自然流露于字里行间。这与笔者解读《岳阳楼记》的思路不谋而合。笔者以为，"浊浪排空""阴风怒号"等表面是写景之语，实乃比兴寄托手法，是隐喻恶劣的政治环境。"浊浪排空"即奸臣横行，所以"日星隐曜""山岳潜形"，登斯楼则顿生"忧谗畏讥"之感。下一段写"春和景明""岸芷汀兰"，则是另一番比兴寄托——政治清明，君子得志，登斯楼也，自然"心旷神怡，把酒临风，其喜洋洋者矣！"。

第二，语文教师要有扎实的汉字功夫，这是教好统编教材的必备基础。汉字是地道的国货，全球独此一家。我们常说中国古代有所谓四大发明，称雄世界。笔者认为，中华民族的第一大发明是汉字。最早的汉字体系是殷墟甲骨文，距今约3600年。甲骨文是一种成熟的文字。我们今天看到的甲骨文单字约4500—5000个，可识者约1/3。它们的基本词汇、语法、字形结构与后世汉语言文字是一致的。更为重要的是，当时社会生活的很多方面在甲骨文中都有所表现。例如战争、祭祀、农业、天气、吉凶，乃至生育、疾病、做梦等事情，在甲骨文中有不少记录。虽然中国地域辽阔，方言差异大，但汉字可以通行各方言区。汉字深刻地影响着中华民族的思维方式、文学表现方式，进而维护着中华文明的连续性，对中国的统一起到了十分重要的纽带作用。经过了近现代对汉字文化的种种疑虑、动摇之后，今天，我们完全可以自信地说，汉字文化是世界上最伟大的文化之一。语文课离开了对汉字的学习是不可想象的。张志公先生说过，汉字是学好汉语汉文的第一关。这是个大关，过不了这关，提高语文程度很难；过了这一关，提高就比较容易。这实在是不易之论。如果把语文学科素养划分成几个等级的话，基础等级就是汉字水平。在此，笔者向大家推荐胡朴安先生的《文字学ABC》、裘锡圭先生的《文字学概论》，以及多位专家集体编写的《汉字文化大观》一书。教育部在《义务教育学校管理标准》中，中共中央、国务院在《关于全面深化新时代教师队伍建设改革的意见》中，都对教师的书写提出了明确要求，并作为衡量教师专业水平的标准来对待。但在实际教学中，语文教师能写一手好字的有多少呢？能写毛笔字的又有多少呢？这不能不让人反思：那些花样繁多的教学改革模式，有多少是适用于母语教学的呢？

　　第三，语文教师要按照语文的规律来教学，要有一双语文的眼睛，要具有独立处理教材的能力。统编教材没有完全按照文体组单元，而是循着主题、素养双线结构组单元，但这不等于说不要文体。事实证明，文体不可绕行，忽视文体必然给语文教学带来损害。文体与思维方式、语言风格、表达技巧有着密不可分的关系。尊重文体是语文教学的根本之道。

胡怀琛先生写过一本《古书今读法》，他在该书第五章"古书如何读法"中指出，"各书有各书的读法"，他批评把文学书当作非文学书去读的做法。这与曾祥芹先生提出的"悖体阅读"与"适体阅读"的理论不谋而合。胡先生说，有人读《离骚》，认为"夕餐秋菊之落英"不妥，因为菊花是不落的，是枯死在枝上的，于是强作解人，说"落"当作"始"。其实，争论菊花落不落，是植物学的任务，文学作品，只要领略到餐菊的佳趣即可。不管菊花落也好，不落也好，残菊也好，初开也好，文学就是文学，讲究的是审美。胡先生还举了宋代浅人错解聂夷中"二月卖新丝"的例子，说什么二月里绝没有新丝可卖，"二"是"四"之误。胡先生说，这是把文学作品误以为《农政全书》了。胡先生还举了《赤壁赋》中真假赤壁、《枫桥夜泊》中夜半有无钟声以及段玉裁错析杜诗"圆荷浮小叶"的例子，可谓个个典型。胡先生还说，非文学作品被当作文学作品去读也不好，由此出现的错误反而看不出。比如《史记》中有"韩非囚秦，《说难》《孤愤》"之句，实际上韩非著《说难》《孤愤》在先，囚秦在后。笔者非常赞同胡先生的观点，经常举以下例子：有的学生读朱自清的《背影》，说朱自清的爸爸"违反交通规则"；读《愚公移山》，说愚公太笨，搬家多省力。最可笑的是，清代一学者读《琵琶行》，说白居易夜晚找一陌生女子弹琴，人家丈夫又不在家，白居易应事避嫌疑。想不到的是，当今仍有这样的读者，说什么《琵琶行》对音乐的描写是成功的，对琵琶女的描写是不成功的，琵琶女这个形象不真实。更有甚者，说白居易深更半夜，把人家一个有夫之妇叫到自己船上饮酒弹琴，这还不说，还用很多不恰当的言论、不恰当的同情、不恰当的眼泪，煽动人家对丈夫的不满；琵琶女最初并不想上他的船，可是白居易"千呼万唤"，非要人家出来不可。

这完全是乱弹琴！《琵琶行》是一首杰出的艺术作品，诗人形象和琵琶女形象共同构成了一个完整的艺术形象。琵琶女是否真实并不重要，重要的是琵琶女这个形象如何折射了诗人的形象。在《琵琶行》中，诗人没有写自己如何才华横溢，而是通过写琵琶女杰出的艺术才华折射出自己的政治和文学才华；诗人没有写自己如何遭受政治打击，而是通过写琵琶女的不幸遭遇折射出自己在政治上遭受的沉重打击。琵琶女是诗人精心创造出来的一个艺术形象，她身上有诗人的影子。令人啼笑皆非的解读，是典型的"悖体阅读"，是用"男女之大防"的礼教来理解文学艺术了，这是缺乏文学艺术素养的表现。读了《古书今读法》，才知道胡先生早就对此现象提出批评了。这关涉语文学科素养，不可等闲视之。笔者认为，语文教师的任务之一就是把学生从非专业读者培养成专业读者，起码是个"准专业读者"。统编教材《语文》七下收录了《木兰诗》。在学习的过程中，有的学生提出了问题：1.诗中写道："归来见天子，天子坐明堂。策勋十二转，赏赐百千强。可汗问所欲，木兰不用尚书郎，愿驰千里足，送儿还故乡。"这个木兰是不是太傻了？2."同行十二年，不知木兰是女郎。"这怎么可能呢？夏天穿单衣，很容易露馅呀！对这些问题，如果不从文体规律的角度思考，简直无法回答。文学作品是艺术，源于生活，又高于生活，不能机械地用生活的真实来死抠。这首诗表达了一种理想，带有浪漫色彩。它告诉人们：钱财官职乃身外之物，远比不上亲情重要；女子可以像男子一样顶天立地。

　　无论语文教材怎么变，最核心的东西不能变，不会变，也不应该变。语文教师教的是母语，要坚守母语这个精神家园。语文教师一旦形成了正确的语文教育观，就不再随风摇摆，正所谓"咬定青山不放松，立根原在破岩中。千磨万击还坚劲，任尔东西南北风"。

与青年教师谈备课

教师的主要任务是把课上好,把孩子教育好。但是要把课上好并非易事,需下大力气,长期探索,还要有好的悟性。

一

我1982年参加工作,初登讲台,满怀激情,神采飞扬;我一会儿示范朗读,一会儿挥笔板书,一会儿口若悬河。一堂课下来,自我感觉良好,觉得充分展示了自己的所谓才华。一个偶然的机会,我去请教一位老教师,问他:"成熟教师和不成熟教师的区别是什么?"老教师看看我,说:"不成熟教师备课时总想着自己如何讲得好,成熟教师备课时总想着学生如何学得好。"我一愣,无言以对。

十年后,我发生了变化,很少在课堂上展示自己了。我懂了一个道理,课堂上教师应该尽量隐藏自己,把学生推到前台。课堂是学生展示的舞台,不是教师表演的场所。现在,除非特别需要,一般情况下,我不再激情澎湃地讲课了,而是激励学生充分展示他们的才华。这个弯,我用了十年才转过来。

这实际上是个教学思想是否端正的问题,直接影响到教师的备课,进一步影响到教学效果，不是小事。

二

《荷塘月色》是我参加教学比赛的课文。1988年，我参加全省的青年教师课堂教学大赛，执教《荷塘月色》。为了教好此文，我查阅了大量文献资料，可以说做到了"独上高楼，望尽天涯路"。上课时，我引经据典，左右逢源，令学生和听课教师大为惊讶：好渊博！我自己也扬扬自得。事后，一位老教师悄悄问我："引用了那么多材料，学生能消化吗？"我望着他，一时语塞。

反躬自省，我有一个特点，也是一个毛病，就是喜欢备课时皓首穷经，讲课时给人以满腹经纶的印象。因为我读大学时，最佩服的老师就是上课能够旁征博引，口若悬河。这种风格影响了我近二十年。所以，我的课有时表面上很唬人，其实是讲给听课教师的，至于学生究竟能否接受，能否受用，我考虑得就不深入。后来我懂了：举一隅不以三隅反，则不复也；不可与言而与之言，失言；教学，不在于全盘授予，而在于相机诱导。

教师备课，一定是广博搜集，辨章学术，考镜源流，但前提是对症下药，否则就是炫示学问，教风不正。备课体现教风，教风体现做人。我至今仍在路上。

三

备课必然涉及理解。起初，我喜欢把所谓"深刻理解"讲给学生听，显示自己的深邃。查查我的教学设计，此例较多。听课教师反馈说：

"深受启发。"我沾沾自喜。一位老教师悄悄对我说："能引导学生自己说出这样的理解才算本事。"我恍然大悟，醍醐灌顶。原来教学的真谛在这里！

后来，我将备课的重心转移到教学设计上来：启发引导学生深入理解课文。课堂之上，教师的任务是组织、启发、引导、点拨、激励、解惑，听、说、读、写、思都是学生的事。只要学生能干的，教师就不要越俎代庖。师生双方在课堂上的边界是清晰的，但过去在很长一段时间里我把二者混淆了。

备课重心的转移，需要教学艺术的支撑。一名教师，要研究学生的学习行为。课堂上，最关键的是促使学生的学习行为真正发生。这就需要学生深度参与，亲身体验，然后出错，从而产生纠错的欲望，内化生成。如此，学生的学习行为就真正发生了。从前，我的备课多是"预设—讲授"模式，后来发生了变化，成为"预设—生成"模式。两种模式的备课指导思想明显不同。

四

上面提到的"教学艺术"，青年教师可能认为深不可测。其实，所谓"教学艺术"，就是教学技能。教学艺术的关键在于从学生的问题出发，让课堂教学有合理的逻辑架构。这个逻辑架构首先体现在"逻辑起点"上。我刚参加工作时教《荷塘月色》，全文范读，现在变成学生自读、学生朗读。读后，我问学生："喜欢这篇文章吗？"或者"印象深刻的句子是什么？"或者"有没有问题？"我站在学生学习的角度考虑而提出。学生说："这几天心里颇不宁静"作为开头语显得很特殊，为什么这样开头？多好的问题！于是我就以此为切入点，引领学生进入文本之中。再比如，教《关雎》，读了几遍之后，我问学生："谁有问题？"一生举手说："诗中男子为什么从关雎突然想到'窈窕淑女，君子好逑'？这中间是什么关系？"这是多么美妙的问题啊！于是，我启发学生积极发言，经过交流讨论，这个问题解决了。我并没有讲什么。

有的青年教师要问了：我的学生不善于提问，怎么办？

这就涉及课堂教学的本质问题了。课堂教学，一定要激发学生的思考。学生提不出问题，是因为没有进入到文本内里。要想让学生进入文本内里，只有多读，动脑筋，别无他途。课堂上，多读，反复读，是很重要的工作。当然，教师适时启发也很关键。教学《关雎》时，我问学生：能够配得上"窈窕淑女"的男子，那得是怎样的男子？这个问题激活了学生。有的说"长得帅"，有的说"有钱"，有的说"当官"，有的说"有学问"。于是我进一步引导：请用诗中的一个词来表示。一生说："君子。"于是，我把"君子""淑女"写在黑板上。这两种人的结合成为中国古代美好婚姻的典范。《诗经》是儒家经典，体现了一种家庭伦理观念：夫妇，人伦之始。正是因为如此，所以在《诗经》中，《关雎》列为第一篇。孔子评价这首诗说："乐而不淫，哀而不伤。"至此，学生恍然大悟，茅塞顿开。

所以说，教师对文本理解到位，并不是把自己的理解强加给学生，而是引导学生自己讲出来。那么，教师的"理解"与"引导"之间是什么关系呢？"理解"是"引导"的前提，没有教师的"理解"，就没有恰当的"引导"。青年教师的功夫往往不是缺在"理解"上，而是缺在"引导"上。这个弯大概需要更长一些时间才能转过来。二十年？差不多。

五

既然如此，教师的讲解就完全废弃了吗？非也。教师的讲解非常重要，当讲则讲。关键是，教师讲什么，什么时候讲。我初登讲台，有时讲不到当处。学生需要的我不讲，学生懂了的，我大讲特讲，做了很多无用功。要准确把握哪些是学生不懂的内容，只有和学生交流方可知晓。比如教学《子衿》，我让学生改写成"情诗"。学生颇感兴趣。但学生改写出来的"情诗"浅表化了，仅仅停留在男女情爱上，逗得同学哈哈大笑。我感觉到学生没有把握这首诗的真正含义，"诗教"的灵魂没有体现出来。于是，我抓住"青青子衿"这一句做文章，告诉同学们，这是一种什么服装，什么样的人才有资格穿这种衣服。于是学生开始懂了一点。我又引用《张猛龙碑》中的名句"青衿之志，白首方坚"，以及曹操"青青子衿，悠悠我心。但为君故，沉吟至今"的名句，启发同学们对"青衿"的象征意义有所领悟。至此，学生感觉到原来改写的"情诗"肤浅了，需要修改。我欣喜地看到，学生发生了变化。由此，我得出结论，当学生对相关历史背景缺乏起码的了解的时候，当学生对一种文化现象缺少基本的认识的时候，教师的讲解就是必要的。这大概就是我们常说的"教学支架"吧。

前段时间，我去一个地方开会，参会的语文教师有500多人。我说："读过《诗经》全书的举手。"结果一个举手的也没有。我又说："读过《说文解字》的举手。"还是没有。由此我体会到，语文教师读书不当是个大问题。你不能说500多语文教师不读书，关键是读什么书。有一位学者说过，语文教师读的第一本书应该是《说文解字》。此话很有道理。我常想，语文教师的读书一定要和语文教学结合起来，一定要和自己的专业发展结合起来。一些基本的专业书籍必须读，反复读。否则，你就无法胜任教学工作，就只能看看"教参"，照本宣科。

六

备课要遵循学理。教有学理的语文，是我从教三十七年的切身体会。语文学科有没有相对严谨的科学体系？我以为，从语文独立设科以来，有识之士一直在苦苦探索它的科学架构，但至今仍未构建起合理的语文学科大厦。这是一项极其艰巨的复杂的工作。因为语文不全是静态的，它随着社会的发展而变化。但是，在语文课堂教学中，作为微观的学理是客观存在，是相对固定的，必须遵循。

学理包括两个方面：一是教育教学的学理，是无论哪个学科都必须遵守的共同原则和法规。二是语文学科独有的学理。这里重点说第二方面。以文体为例，任何一篇文章，它都有自己的文体归属，教一篇文章，首先要认清其"体"。可以说，从文体入手，是解读课文的一把钥匙。教小说与教诗歌的规律不一样，教文学作品与教非文学作品的规律不一样。语文教师的任务在于把学生从非专业读者培养成专业读者，起码是个准专业读者，即掌握"学科核心素养"。比如教学泰格特的小说《窗》，多数教师把它作为一般性的小说来处理，抓住人物、情节和环境所谓"三要素"，歌颂靠窗病人的高尚精神。这种教法固然有其道理，但没有抓住小说的本质特点。若问："凭什么说《窗》是一篇小说，而不是一篇散文呢？"我查阅相关资料，找到了最初的散文版《窗》，拿来与小说版《窗》进行对比阅读。经过启发引导，学生掌握了一个基本知识：小说是虚构的。在课文《窗》中，有一段对不靠窗病人的心理描写。请问，不靠窗病人的心理活动，作者是怎么知道的呢？只能靠虚构。还有，小说中有几处内容不合常理，显然也是作者虚构所致。而散文版《窗》则没有心理描写，也没有那些不合常理的内容。可见，小说版《窗》是在散文版《窗》的基础上再加工虚构而成。教师进一步引导学生：作者为什么这样虚构呢？与作者的创作意图有关。那么，作者的创作意图是什么呢？这就进入小说的深层意蕴了：表现人性。通过交流，学生明白了，作者重在表现人性。人对于自己的嫉妒心理若不加以控制，就会导致见死不救的严重后果。而嫉妒心理来自对名利的追求。在作者笔下，那些名和利就是一堵"光秃秃的墙"。可以说，小说版《窗》显然比散文版《窗》深刻。这就是关于小说的学理。

　　备课就是这样一点一点地向前推进的，教师就是这样一步一步地成长的。笔者以为，教师的专业发展在于通过积累"课堂作品"来实现，"课堂作品"充分体现专业价值。有了这个意识，就是职业觉醒的表现，就不会产生职业倦态。所以，青年教师遇到公开课的任务，不要畏惧，要勇于承担；即便失败，也是收获，而且是更大的收获。一开始，备课有众人帮助，那不是"假课"；备课，从来离不开汲取他人的成果。时间久了，能独立备课了，能把公开课当作常态课了，你就成熟了。一个教师在备课过程中不断地发展提高自己，总有一天会成长为优秀的语文教师。

| 好课的特征

　　评价好课的特征，有很多角度。新授课与复习课不同，常态课与非常态课不同，尽管也有共同点，但差异是明显的。所以，很难笼统说出好课的特征。下面我想重点说说常态课中的新授课。

　　好课的特征之一：有明确的课堂目标。任何一堂课，都是整个教学链条中的一个有机组成部分，起着承前启后的作用，所以，它一定有明确的目标。教师要想方设法组织学生朝着目标前进。在前进的过程中，会有曲折回环，但最终要达成目标。教学行为之所以是可控的，就在于它受制于课堂目标。教师教的行为，学生学的行为，都必须在课堂目标的控制之下，使得课堂行为可以测量，可以评价。目标是课堂教学有效的前提，很难设想没有目标的语文课是有效的。在课堂行进过程中，当学生旁逸斜出时，教师要及时回拨，不偏离目标。

　　《从百草园到三味书屋》中有如下一段内容：

　　　　不知从哪里听来的，东方朔也很渊博，他认识一种虫，名曰"怪哉"，冤气所化，用酒一浇，就消释了。我很想详细地知道这故事，但阿长是不知道的，因为她毕竟不渊博。现在得到机会了，可以问先生。

"先生，'怪哉'这虫，是怎么一回事？"我上了生书，将要退下来的时候，赶忙问。

"不知道！"他似乎很不高兴，脸上还有怒色了。

我才知道做学生是不应该问这些事的，只要读书，因为他是渊博的宿儒，决不至于不知道，所谓不知道者，乃是不愿意说。年纪比我大的人，往往如此，我遇见过好几回了。

我就只读书，正午习字，晚上对课。先生最初这几天对我很严厉，后来却好起来了，不过给我读的书渐渐加多，对课也渐渐地加上字去，从三言到五言，终于到七言了。

分析：小鲁迅当时的脑袋瓜旁逸斜出了，寿镜吾先生及时回拨，确保了课堂目标的实现，课堂是有效的。

好课的特征之二：目标的制定要恰当，必须是语文的，必须是合乎学生实际的。语文课姓"语"，语文课不能包罗万象。教师不要被课文内容牵着鼻子走，而要善于提取课文中的语文因素，培养学生的语文学科素养。因为语文课要解决语文问题，而不是非语文问题。当然，语文和非语文的界限有时不容易区分，这就需要教师有一双语文的慧眼。这里有一个理论问题必须解决，即什么是"课文"。课文是教学文本，对它的学习是有规定性的，不可随意发挥。任何一篇课文，都承担一定的语文功能，特别是在"类文本"中，它是一个例子。叶圣陶先生讲过，教材无非是一个例子。教师教好这个例子，学生用例子的功能去进行同类文本的阅读与写作。

《统筹方法》教学片段：

师：《统筹方法》是大数学家华罗庚写的数学论文，很专业的，但是我们能够读得懂，这是为什么？

生：与作者举的例子有关系。作者举了一个泡茶的例子，这是每一个人都很熟悉的。

师：说得好。举例子的目的是把道理讲透彻。举什么例子才能把道理讲透彻呢？举很专业的例子，不行。作者举了一个人们都很熟悉的例子。这就叫会举例子。写文章举例子也是这样。有一个古代的例子很能说明这个道理。有宾客对梁惠王说："惠施谈论事情善于使用比喻，大王如果不让他使用比喻，他就不会说话了。"梁惠王说："好吧。"次日召见惠施，对他说："希望先生谈论事情直接说，不要使用比喻。"惠施说："假如有个人在这里不知道弹弓，问：'弹弓的形状是什么样子的？'回答说：'弹弓的形状就像弹弓一样。'那么能使他明白吗？"梁惠王说："不能使他明白。""这时换个说法：'弹弓的形状像弓，用竹片做弦。'那么能使他明白吗？"梁惠王说："可以使他明白。"惠施说："说话的人，一定要用人们所熟知的来让人们明白所不熟知的，从而使人们明白。现在大王说'不要使用比喻'，那是不行的。"梁惠王说："说得好。"

分析：会举例子是一个语文的问题，这就叫慧眼。有的老师没有把握好，教学《统筹方法》时把重点放在"节约时间，提高工作效率"上，把语文课上成数学课了。

好课的特征之三：学生对目标的达成必须是现场生成的，是大众的，是深度的。有了好的目标，如何实现目标呢？最简单的方法是教师讲学生听，并记下来应对考试。但是学生会遗忘，也会有听不懂的学生，还会有不感兴趣的学生。讲的局限性很大。再说，教学不仅仅为了考试。课堂是学生的课堂，学生必须亲身参与、体验，在参与、体验的过程中，学生会出错。出错后，学生会产生纠错的欲望，于是学生的学习行为就真正发生了。教师一定要促使学生的学习行为真正发生。课堂上，如果学生的学习行为没有真正发生，就不会有生成的课堂效果。学生亲身参与、体验，出错、纠错，内化、生成，从而形成学习的全过程，这才是好课。

《谁是最可爱的人》教学片段：

师：课文中有这样一段："有一次，我见到一个战士，在防空洞里，吃一口炒面，就一口雪。我问他：'你不觉得苦吗？'他把正送往嘴里的一勺雪收回来，笑了笑，说：'怎么能不觉得？我们革命军队又不是个怪物。不过我们的光荣也就在这里。'"战士为什么要"笑了笑"呢？去掉这三个字行不行？

生：不行。"笑了笑"表现了战士的乐观主义精神。

师："笑了笑"三个字远不足以表现战士的乐观主义精神。如果是我，我就这样写："'你不觉得苦吗？'战士哈哈大笑，说：'不苦，不苦，一点也不苦，这个地方很好玩哪！'"

生：不行。不严肃。

师：我换一种严肃的。"'你不觉得苦吗？'战士很严肃地看着我，说：'怎么不苦，这里太苦了，真受不了！'"

生：不行。这有损志愿军的形象了。

师：看来我们还真要认真揣摩一下。同学们考虑下：志愿军战士对作者提的"苦不苦"这个问题，有没有现成的答案？

生1：没有。

生2:有。

师:意见不一致。请同学们再考虑,志愿军到朝鲜来,做好吃苦的思想准备了吗?

生:做好了。

师:别说吃苦的准备,就是——

生:牺牲的准备都做好了。

师:作者问"你不觉得苦吗",战士有现成的答案吗?

生:有。

师:对了。这个问题难不住我,我早就想好了,所以"笑了笑"回答。不是什么乐观主义精神。同学们再往下看。我接着问:"你们经历了这么多危险,吃了这么多苦,你们对祖国对朝鲜有什么要求吗?"他想了一下,才回答我:"我们什么也不要。可是说心里话,——我这话可不一定恰当啊,我们是想要这么大的一个东西……"

师:战士回答这个问题为什么要"想了一下"呢?换成"笑了笑"行不行?

生:不行。战士对这个问题没有现成的答案。

师:为什么没有现成的答案呢?

生:志愿军战士没想过要对祖国和朝鲜提要求。

师:他们想过什么?

生1:想过吃苦。

生2:想过牺牲。

生3:想过奉献。

师：说得对呀！就这"笑了笑"和"想了一下"，看似平淡，背后包含着多么丰富的感情啊！志愿军战士只想着——

生：只想着奉献，没想过索取。

分析：如果单靠教师讲"笑了笑""想了一下"的含义，一两句话就结束了。但没有经过学生的内化，效果会很有限。在教师的启发引导下，学生经过思考，学习行为发生了，最后明白了。这就是生成效果。

但是，如果只有一部分学生参与、体验、内化、生成，另一部分学生是局外的、旁观的、无关的，那也不能说是好课。所谓"大众的"，就是80%以上的学生都能积极参与到课堂学习中来，才算是好课。只有50%是不合格的课，达到60%刚刚合格，达到70%是良好，达到80%是优秀，达到90%是优异，100%是奢望。如何避免不合格的课呢？必须借助小组学习，必须让学生成为展示的主体；尽量实现小班化教学，并且做到因材施教。

所谓深度，就是能够达到举一反三、触类旁通的效果。能够达到课堂既定目标，就已经很好了；如果还有超越课堂目标的情况出现，尽管是小众的，也足以说明课堂教学有突出的效果。请看孔子上课的情况：

子贡曰："贫而无谄，富而无骄，何如？"子曰："可也。未若贫而乐道，富而好礼者也。"

子贡曰："《诗》云：'如切如磋，如琢如磨。'其斯之谓与？"子曰："赐也，始可与言《诗》已矣，告诸往而知来者。"

——《论语·学而》

子夏曰："'巧笑倩兮，美目盼兮，素以为绚兮。'何谓也？"子曰:"绘事后素。"子夏曰:"礼后乎?"子曰:"起予者商也! 始可与言《诗》已矣。"

——《论语·八佾》

分析:《诗》是当时孔子教学的主要内容之一,但是并非所有学生都能有资格与孔子对话。子贡从与孔子的对话中受到启发,联系《诗》中"如切如磋,如琢如磨"的名句,理解为"修养品德是一个不断提高的过程",所以孔子非常高兴。这就是由此及彼的理解。子夏从孔子说的"绘事后素"联系到"仁"和"礼"的关系,认为"仁"是本、"礼"是表,深得孔子赞许。这种教学效果可遇不可求,一旦出现,即便是个别的,也足为可贵。

谈统编版初中《语文》读写能力的衔接和迁移

　　笔者是人民教育出版社教材编写委员，有幸参与了统编版初中《语文》教科书的编写工作，对此套教材的编写思想有一定的体会。三年来，笔者一直在初中执教这套教材，在落实编写思想的过程中有很多切身感受。我这样一个编者加教者的身份，比单纯的编者或单纯的教者多了一个视角。下面，笔者就这套教材读写能力的衔接和迁移谈一点个人的体会。

　　统编版初中《语文》课本在处理读与写的关系上，突出了二者衔接的编写意图，目的在于实现读写之间的有效迁移。六册《语文》共安排了32个阅读单元，配套安排了32次写作活动；阅读和写作两条主线贯穿始终，构成了教学内容的主体，线索清晰，分布合理。这一特点相比以前的教材是一个很大的进步，体现了更加成熟、科学的读写体系。

　　不过，教材与教学之间还是有很大差异的，理想的教材不等于理想的教学。如果说教材已经实现了读与写的有机衔接，那么教学则需要教师首先理解这种衔接，进而通过教学行为实现读写能力的迁移。

　　本套教科书在体现读与写的衔接上，表现为两种情况：第一种是文体上的衔接，是显性的，一线教师很容易理解；第二种是写作行为上的衔接，是隐性的，需要教师做些整合的工作。

先说第一种情况。八上有一个阅读单元，选了《藤野先生》《回忆我的母亲》《列夫·托尔斯泰》《美丽的颜色》四篇文章，除了《藤野先生》，其余三篇都属于人物传记。所以，在本单元配套安排了一次"人物传记"的写作活动。"写作导引"中，既介绍了人物传记的一般特点，也与本单元相关课文进行了衔接；随后的"写作实践"提供了三项写作内容，分别是写自己、写亲人、写同学，任选其一进行写作。整个设计明显体现了阅读与写作的衔接意图。再比如八下，有一个游记单元，选了《壶口瀑布》《在长江源头格拉丹东》《登勃朗峰》《一滴水经过丽江》四篇文章，都是游记散文。配套写作活动安排了"学写游记"。"写作导引"中，介绍了游记的一般特点，并与本单元相关课文进行了衔接。随后的"写作实践"提供了三项写作内容，学生任选其一。这样的设计，阅读与写作的衔接是十分明显的，是课文文体与写作文体上的衔接，师生一看便知，落实到位并不困难。

再说第二种情况。编写教材，不可能做到课文文体与写作文体完全对应，有时是阅读与写作行为的衔接，是局部衔接，教师在教学时要做些调整，于是这种衔接关系就不如前面那样明显。比如七上第一单元的课文是《春》《济南的冬天》《雨的四季》《古代诗歌四首》，而写作单元则安排了"热爱生活，热爱写作"。"写作导引"是这样写的：

> 也许有些同学不喜欢写作，拿起笔来觉得无话可说。其实，写作不是什么"高难动作"，而是生活中与人沟通、交流、分享信息的一种方式，就像我们平常说话一样。写作就是用笔来说话。

读完此篇"写作导引"，你会发现它与本单元所选课文的文体衔接不明显。记得在编写这个单元的时候，大家考虑到这是学生进入初中后的第一次写作活动，不一定非与文体挂钩不可，而应该站在学生写作行为、情感和态度衔接的角度来设计，引导学生深入认识写作行为，特别是从生活与写作的关系角度，引导学生热爱生活及写作，引导学生学会观察、积累，引导同学们想一想最近发生在身边的事情哪件值得写进作文里。后面的"写作实践"提供了三项内容：（1）观察由夏入秋自然景物和人们的变化；（2）刚上初中，来到新校园，走进新教室，见到新老师，结识新同学，写一写自己的见闻、感受和想法；（3）写自己成长过程中感触最深的内容。这三项内容，表面看似乎与文体关系不大，深入想一想，还是有很多联系的。比如《春》《济南的冬天》《雨的四季》都能与"秋天"衔接，而且都表现出作者热爱生活的情感。写新校园，也能与课文中的写景文字衔接。课文中的内容都源自作者细心的观察和深刻的感受。这种衔接，不是文体的，而是思想的；不是表层的，而是内里的；不是一个点，而是一条线。如果把六册阅读单元中的课文内容、文体与写作活动列表统计的话，那么，其衔接关系也就更加清晰了。先看阅读：

统编版初中阅读单元内容与文体列表

册次 单元	七上	七下	八上	八下	九上	九下
单元一	写四季美景的散文	记述杰出人物的散文	回忆、纪念类散文	表现民俗的文章	议论类文章	现代诗歌
单元二	写亲情的散文	写家国情怀的文学作品	描写山川之美的古诗文	写自然科学的文章	写景色、理想的古诗文	小说

册次 单元	七上	七下	八上	八下	九上	九下
单元三	有关学习生活的散文	记述小人物的散文	多样化的散文	写思想、情趣的古诗文	小说	古诗文
单元四	写人生意义的文章	体现中华美德的文章	写建筑、绘画的文章	写山水、抒情思的游记	议论类文章	议论类文章
单元五	写人与动物相处的文章	托物言志的作品	表现品格志趣的古诗文	表现现实的古诗文	小说	剧本
单元六	体现想象的文学作品	记述科学探险的文章				

显而易见，统编版《语文》阅读单元的组合，体现的是内容（主题）与文体合一的主线，九年级的文体主线更加明显一些。这样编排，既考虑到学生的接受心理，也体现了立德树人的原则。这样编写，也必然会出现显性与隐性两种衔接方式，要求一线教师要根据不同情况，分别采取不同的教学方式。再看写作：

统编版初中写作活动列表

册次 单元	七上	七下	八上	八下	九上	九下
单元一	热爱生活，热爱写作	写出人物精神	学写传记	学习仿写	观点要明确	学习扩写
单元二	学会记事	学习抒情	景物描写	说明顺序	议论要言之有据	审题立意

续表

册次\单元	七上	七下	八上	八下	九上	九下
单元三	写人要抓住特点	抓住细节	语言连贯	学写读后感	学习缩写	布局谋篇
单元四	思路清晰	怎样选材	说明事物要抓住特征	学写游记	论证要合理	修改润色
单元五	突出中心	文从字顺	表达要得体	学写故事	学习改写	有创意地表达
单元六	发现联想和想象	语言简明				

　　必须指出的是，理解了读与写的衔接关系后，不一定能引导学生写出好的文章。这里有一个很关键的问题，就是教师如何去"教"。所谓的迁移，不是说学生读了、教师讲了，学生就能够写好了。教师要激发学生写作的积极性，使之产生写作欲望。如何激发呢？一定要结合学生的生活。比如写游记，需要结合学生自己的旅游生活，处理好"游踪"和"游感"之间的关系。要在"游感"的基础上写游记，而不是单纯的写景。教师可以问学生："以前在游览参观过程中产生过感受的同学请举手。"估计有的学生不举手，缺乏感受，那么写出来的游记很可能是流水账，就是"写作导引"中批评的那一种。如果学生说有感受，教师就要让学生说一说，是什么感受，值不值得去写。这是写作前的准备过程，很有必要。经过准备后，学生再动笔写，就可能达到要求了。这也是初中游记写作与小学游记写作的区别。

　　有的同学写游踪、景物、叙事，似乎还可以，但写"游感"就感觉困难了。这就是初中写作与小学写作的不同。初中学生多数理性思维发展尚未形成，难以从形象思维向理性思维跨越。这很正常，教师不要急于求成，要善于通过阅读来提升学生的理性思维。以梁衡在《壶口瀑布》中的"游感"为例：

> 黄河博大宽厚，柔中有刚；挟而不服，压而不弯；不平则呼，遇强则抗，死地必生，勇往直前。正像一个人，经了许多磨难便有了自己的个性；黄河被两岸的山、地下的石逼得忽上忽下、忽左忽右时，也就铸成了自己伟大的性格。

这几句写得很精彩，是文章的"灵魂"，是作者写作的动力。教师要引导学生反复诵读，深入体会，把文字背后丰富、深邃的意蕴咀嚼品味出来。

教师还应该强调，"游感"要与"写景"相呼应。有的学生虽然写了"游感"，但与前面的"游踪""写景"和"叙事"对应不上。王国维说："一切景语皆情语。"这句话放在游记中十分恰当。写景的文字是受"游感"支配的，写景应为写"游感"做铺垫。学生以前学过《白杨礼赞》《爱莲说》，尽管不是游记，但景与情的关系是一样的。明白了这个道理，就掌握了语文学科的一个"素养点"。之所以称之为"素养点"，就在于它是经过长期反复学习才能领悟并掌握的。学生一旦掌握，就会阅读这类文章了，就会写作这类文章了。从这个意义上讲，读和写的确是相互衔接的，也是相互迁移的。

不过，学生的阅读能力和写作能力不是平行发展的。有的学生阅读能力强，但写作能力弱；有的学生写作能力强，但阅读能力弱。这说明读和写又是各自独立的。对这部分学生，教师要注意从读和写各自不同的发展规律上去引领。阅读能力和写作能力都有一个相对独立的体系。

尽管在统编版初中《语文》中，这两个独立的能力体系还没有完全建立起来，但目前教科书所显示的体系，是许多专家和一线教师共同努力探索的结果，是可贵的成果，具有实用价值。如果我们把阅读能力体系梳理出来的话，显示如下：

统编版初中阅读能力体系列表

册次\单元	七上	七下	八上	八下	九上	九下
单元一	朗读、想象、修辞	精读、关键语段、人物	真实、典型、细节、语言	表达方式、情思、语言	观点、材料、论证	朗读、韵律、意象、情理
单元二	朗读、把握思想感情	精读、抒情方式、批注	诵读、文言实词、文言虚词	顺序、筛选信息、事理	文言词句	情节、人物、主题、语言
单元三	默读、把握文意	读思结合、详略、角度	品味语言、散文类型	品味语言、文言词语	情节、人物、主题	意蕴、审视、语感、词语
单元四	批注、分段、关键语句	略读、阅读心得	特征、方法、语言、顺序	游踪、游感、写景角度	观点、材料、论证	观点、思辨、迁移
单元五	默读、语段、思路、概括	托物言志、比较分析	注释、文言词语	文言语感、说理技巧	线索、人物、白话小说	诵读、文言词句
单元六	快速阅读	浏览、思考				

过去，我们习惯把它们称作"知识点"和"能力点"，现在可以称作"素养点"。笔者之所以称"点"，是想将其量化，由"点"成"线"，由"线"成"学"。这些"素养点"体现了阅读的基本规律，体现了阅读学内部逻辑构成的要素。语文阅读学之所以能够成为一门学问，就是由这

些要素支撑起来的。当然，统编版初中《语文》对此体现得尚不全面，它的全貌应该由基础教育阶段十二年的语文教科书体现出来。

这些"素养点"有没有先后顺序呢？有没有逻辑上的层级分布呢？这是一个语文学科的科学性难题，不容易说清楚。但是这些内容事关语文学科核心素养，一线教师教语文、教阅读、教写作，最核心的任务就是教这些内容。笔者一直试图把它们梳理出来，使之呈现出逻辑分布的层级状态，但目前尚未完成，也许根本无法完成。笔者把这些"素养点"称作"学理"，想逐一解说，并转换成程序性知识，便于一线教师操作。这些"学理"在小学阶段很少接触，初中阶段呈现轮廓，高中阶段更加清晰，最终形成"素养"，即能力。比如初中生开始学习"意象"，九下阅读单元中，选了舒婷的《祖国啊，我亲爱的祖国》，诗中"破旧的老水车""熏黑的矿灯""神话的蛛网""雪被下古莲的胚芽""洁白的起跑线"等都是关键意象，含义深刻，是学习的重点。这些内容，在小学阶段并不接触，或者很少接触。

那么，小学生的阅读与初中生的阅读具有怎样的衔接关系呢？笔者曾经多次给小学生上语文课，感觉他们仅仅理解了诗文的表层含义，尚不掌握文学阅读的基本规律。比如阅读袁枚的《苔》，多数学生不能通过表层的"花"进入到深层的"人"，他们能做到的是背诵和默写，达不到真正理解，更谈不上文学鉴赏。到了初中，文学阅读就上了一个台阶，必须进入到深层意蕴。袁枚表面上写"花"，真正用意是写"人"。这就涉及对"托物言志""比兴寄托"手法的掌握，这是文学阅读的关键。统编版初中《语文》教科书七下专门安排了一个阅读单元来训练这个"素养点"。另外，八下还选了《关雎》一诗，颇能体现这个"素养点"的意义和作用。《关雎》一诗，表面上写爱情，怎么教呢？请看笔者和学生的一段对话：

　　师：《关雎》这首诗写的是什么内容？

　　生：写恋爱。

　　师：同学们写不写这样的作文？

　　生：不写。

　　师：为什么？

　　生：思想不健康。

　　师：既然思想不健康，我们为什么要学《关雎》呢？

　　（生面面相觑，无法回答）

　　这段看似滑稽的对话，其实反映了学生在阅读上的欠缺，也恰恰显示了初中阅读教学的必要性，也关系到小学阅读教学与初中阅读教学的衔接。

　　笔者认为，衔接既可以是"顺接"，也可以是"转接"。"顺接"，就是提高、完善；"转接"就是否定、重建，具有启蒙意义。对待《关雎》一诗，就需要"转接"。教师要引导、启发学生，写恋爱不一定是思想不健康。恋爱婚姻，是人的基本生活，而且是美好的生活，完全可以写。但是，《关雎》不是一般的恋爱之作，而是写"君子"和"淑女"的婚姻之作。《诗经》是儒家经典，体现了儒家的婚姻观。"君子"配"淑女"是古代树立的婚姻典范。诗中写思念之苦，表达了爱之深、思之切，很感人，绝不是什么"思想不健康"。美好的爱情是婚姻的基础，美好的婚姻是家庭幸福的基础，家庭幸福是社会安定的基础。儒家认为"夫妇，人伦之始也"——这就是"诗教"。这样的文学阅读观，在小学几乎不存在，在初中就显得很重要了，并形成初步的阅读理解能力，到了高中则应该成为学生的基本素养。文学素养是长期形成的，高中阶段基本成熟，初中阶段奠定基础，非常重要。

那么，非文学作品的阅读素养如何培养呢？笔者认为，也必须依据学理。无论是文学阅读，还是非文学阅读，都有规律可循，有方法可传授。这里的规律和方法就是学理。循着学理去教，才能衔接得好，实现迁移。阅读教学的任务就是把学生从非专业读者培养成专业读者，起码也是一个准专业读者。统编版八上第五单元选了《中国石拱桥》《苏州园林》《蝉》《梦回繁华》四篇说明性文章。笔者针对本单元的特点提出了"目录句"和"对应段"的概念。笔者认为，古今中外的文章，有一个突出特点，就是用"目录句"架构整篇文章，体现"纲"的作用，然后使用"对应段"一一展开，纲举目张。掌握了这个学理，阅读这个单元的几篇文章就容易多了。再进一步说，掌握了这个学理，写作也就变得容易多了。比如，让学生借助这个学理自读罗素的《我为什么而活着》，或者去写一篇《我们的校园》，就不是什么难事了。这就要求教师的教学，必须建立在学理的基础之上。学理是读与写衔接的媒介，更是实现迁移的路标。

至于小学和初中写作能力的衔接和迁移，笔者认为，在叙事和写景方面，小学毕业生已经具备了相当的基础，到了初中重点是要系统化。首先是文体的系统化，其次是写作知识的系统化，尤其是程序性知识的系统化。统编版初中《语文》在写作体系的构建上具有突破性的进步。除此之外，统编版初中《语文》还安排了新闻写作和演讲稿写作。整体来看，这已经是一个相对完备、科学的写作体系了。关键在于，一线教师如何使这个体系真正落地，富有实效。笔者认为，首先要将教材中的写作内容转换成程序性写作知识，即借助学理使写作理论具有可操作性；其次是实现"全程训练"，即由"准备阶段—写作阶段—讲评阶段—修改阶段"构成完整的写作教学过程，把简单的作文书写行为变成真正的写作教学行为。迁移，必须通过实践，也就是通过学生的亲身体验，在体验中出错、纠错，从而走向完满。

论"专业阅读"

——以统编版《语文》初中三年级教材为例

阅读教学发展到今天，取得了很大成绩。特别是新课标中"学科素养"概念的提出，更是一个科学性的突破，它预示着距离构建起语文教学科学体系的那一天，已经不远了。本文试以统编版《语文》初中三年级教材为例，提出"专业阅读"的概念，来呼应课程标准中关于"学科素养"的概念，为构建语文教学科学体系抛砖引玉。

笔者认为，阅读教学的基本任务是把学生从非专业读者培养成专业读者，起码也应该是个准专业读者。培养的周期很长，从小学到高中十二年的时间。小学阶段主要是积累语言材料，让学生获得初步的专业阅读技能；初中阶段开始大量阅读，形成一般性的专业阅读技能；高中阶段，学生能够运用所掌握的专业阅读技能进行有深度、有个性、有思辨、有创意的阅读，从而形成比较完备的阅读素养。三个阶段的技能梯度可以用下图表示：

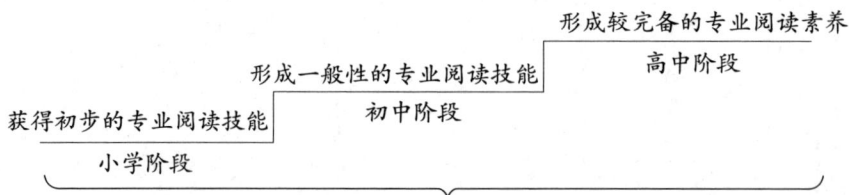

基础教育阅读技能层级分布图

本文包含了几个重要概念：学科素养、语文才能、阅读技能、专业阅读、类文体、学理。

"学科素养"，这是课程标准中提出的概念，是核心概念，其他概念由此派生出来。语文学科核心素养，指在长期语文学习过程中逐步形成的关键才能，主要包括语文知识、语文经验和语文能力，具体外化为听、说、读、写的技能。语文才能对语言、思维、文化和审美能力的形成和发展至关重要，尤其是对作为母语的语文来说，简直就是人生基石。

阅读技能的培养，是阅读教学的基本任务。什么是阅读？笔者以为，在语文教学中，阅读是为了完成某项任务而进行的以文字材料为主要对象的视觉行为。所谓阅读技能，就是学生在阅读文字材料过程中，支撑其完成阅读任务的技能，主要包括认读技能和领悟技能。认读技能，首先是认字的技能，它是阅读技能的基础。认读汉字的数量固然重要，但建立在数量基础上的解字技能更加重要。一个高中毕业生，应该在语文课上接触过汉字学的相关内容，应该对汉字的机理有基本了解。因此，语文教科书应该包含汉字学知识，但目前是缺乏的，这反映了语文学科内容的结构性缺失。领悟技能，指的是理解力和鉴赏力，即能够正确把握"作者意"，并在此基础上产生合理的"读者意"。

"作者意"是作者在文本中要表达的意思，即"原意"。阅读文本，首先是准确把握"作者意"。这需要"虚心涵泳""品味揣摩""莫先立己意"。但是，读者在文本面前不是被动的，完全可以结合自己的人生经验表达个性化的感受，这就是"读者意"。"读者意"与"作者意"可以相同，也可以不相同。比如《论语》中记载，子贡能从孔子讲的"贫而乐道，富而好礼"迁移到"如切如磋，如琢如磨"，子夏能从孔子讲的"绘事后素"迁移到"礼后仁先"。在阅读教学中，教师一定要在文本与学生之间建立联系，让学生认识到，所读文本与自己是有关系的。

无论是把握"作者意"，还是产生"读者意"，都离不开"专业知识"的支撑。"作者意"并不容易把握，千百年来强作解人者多如牛毛，误解、歪解举不胜举。孔子一句"唯女子与小人为难养也，近之则不逊，远之则怨"产生了无数解说，至今没有大家公认的观点。李商隐的《锦瑟》一首小诗，难住了无数读者，正所谓"一篇《锦瑟》解人难"。正因为如此，所以才需要遵循规律来进行解释，需要解释学的支撑。

德国哲学家施莱尔马赫创立了普通解释学，后又有伽达默尔、海德格尔等人的哲学解释学问世。在中国，解释学现象源远流长，解释学的著作也很多。在语文界，蒋成瑀先生的《语文课读解学》适合中学教师阅读。另外，金元浦的《文学解释学》、曹明海的《文学解读学导论》、龙协涛的《文学阅读学》都值得一读。

读了这些著作后，我们会明白一个道理：文学文本的解释是一项专业工作。由此，我认为进行专业阅读是提高阅读教学效率的关键之所在。所谓专业阅读，指的是用专业的眼光进行的阅读和理解。什么是专业眼光？就是运用专业思维方式来阅读文本。不同类型的文本，阅读的规律不同。文学文本和非文学文本的阅读大不相同。文学文本用形象说话，力求婉转。清代焦循云："夫诗，温柔敦厚者也。不质直言之而比兴言之，不言理而言情，不务胜人而务感人。"（《雕菰集·毛诗郑氏笺》）以袁枚的《苔》为例："白日不到处，青春恰自来。苔花如米小，也学牡丹开。"把这首诗翻译成大白话，意思是：尽管我出身卑微，但也想整点事儿干。同样的意思，用诗的语言写出来，就很美。这里的"苔花"和"牡丹"已经不是它们本身了,被诗人赋予了特殊含义,人格化了。只有这样,才能把握"作者意"。如果不按照文学规律去理解,就会出现"朱自清的父亲违反交通规则""愚公太傻""白居易深更半夜找陌生女子弹琴,人家老公又不在家,你就不避嫌疑啊""'夕餐秋菊之落英'不妥,因为菊花是不落的,是枯死在枝上的""'同行十二年,不知木兰是女郎'根本不可信"之类的笑话。如果不按照文学的规律阅读,就无法解释"为什么孙悟空不带着唐僧一个筋斗到西天取经,非要经历九九八十一难",就无法解释"既然冯骥才爱护小鸟,就应该把小鸟放归大自然",就无法解释"为什么李清照说'只恐双溪舴艋舟,载不动,许多愁'",就无法解释"那榆阴下的一潭,明明是清泉,徐志摩非说'不是清泉'",就无法解释贺铸的"试问闲愁都几许?一川烟草,满城风絮,梅子黄时雨",就无法理解"海内存知己,天涯若比邻"一句的精妙等。文学现象是复杂的,笔者在这里仅仅举了几个最常见的例子。要想解释清楚这些句子的特点,必须建立在懂文学的基础上。这就是我提出"专业阅读"的理由。

专业阅读离不开学理,学理离不开文本类型。不能笼统地讲学理,必须将学理与文体相结合。我认为,初中三年级是关键的一年。初三学生在继续学习古诗文以及记叙文、说明文的基础上,议论文、小说和戏剧成为学习的重点。至此,学生的文体概念基本建立起来了,与小学生的文体意识相比,有了明显进步。下面以统编版初三《语文》新增文体为例,来具体解说学理对于不同文体阅读教学的重要性。

第一,议论文的专业阅读。初三《语文》共有三个议论文单元,如下表:

议论文单元之一	议论文单元之二	议论文单元之三
《敬业与乐业》 （梁启超）	《中国人失掉自信力了吗》 （鲁迅）	《谈读书》 （弗朗西斯·培根）
《就英法联军远征中国致 巴特勒上尉的信》 （雨果）	《怀疑与学问》 （顾颉刚）	《不求甚解》 （马南邨）
《论教养》 （哈利乔夫）	《谈创造性思维》 （罗迦·费·因格）	《山水画的意境》 （李可染）
《精神的三间小屋》 （毕淑敏）	《创造宣言》 （陶行知）	《无言之美》 （朱光潜）
		《驱遣我们的想象》 （叶圣陶）

　　梁启超的《敬业与乐业》是一篇演讲稿，不属于常规性的议论文，其语言风格也带有从文言向白话转向的痕迹。怎么学这篇议论文呢？从议论文观点鲜明学起。要让学生接受一个基本知识：议论文一定要观点鲜明。这篇文章的题目标明了作者的观点——要敬业，要乐业。如果发表演讲，讲了半天，听者不知道你的观点，就不能算是好的演讲，就不能算是好的议论文。接下来，进一步思考，虽然有观点，也鲜明，但所讲的观点缺乏针对性，没有什么意义、价值，尽是些正确的废话，也不能算是好的演讲，或者说不适合初中生阅读。那么，梁启超的观点有没有意义呢？这就要看学生读后有没有受到触动了，看文中的观点有没有给学生留下深刻印象了。教师的引导启发要在这方面下功夫。接下来，看作者是怎样来证明自己观点的，也就是说，为什么要敬业乐业呢？理由何在呀？为了讲清楚这个观点，作者用了什么论证方法呢？所有这些，都在于引导学生掌握议论文说理为主的文体特点。这就是构建学生

的议论文文体意识，就是落实学科素养。这就是文体与学理的关系，就是引导学生走专业阅读的道路。

《就英法联军远征中国致巴特勒上尉的信》也不属于常规性的议论文。该文曾题为《文明与野蛮》入选语文课本，如今改成了书信体的题目，可以让学生就此讨论一下。这篇文章的学习重点还是把握作者的观点，另外还有讽刺和比喻手法。

《论教养》是一篇很好的议论文，教师要认真教。议论文，容易写得大而空，而此文深入浅出，结合日常生活，写得生动、深刻。我们引导学生学写议论文，不是写《敬业与乐业》那种文章，而是写《论教养》这种文章。学生年龄小，驾驭不了"大内容"。初中生，正处于形成良好教养的关键时期，学习此文很有现实意义。"作者意"很容易读懂，建议让学生谈"读者意"，甚至可以不同意作者的观点。

《精神的三间小屋》一文的突出特点是比喻。这是一篇有思辨色彩的随笔，属于哲理性的散文。本文思路清晰，观点明确，所谈观点富有启发性。

总体来说，教学本单元应把"观点要鲜明"作为基本素养点来对待。建议以《敬业与乐业》和《论教养》作为教读篇目，另两篇为自读篇目。

议论文单元之二的学习重点是论证。何为论证？就是分析，就是在观点和材料之间建立联系，从而形成因果关系。这是议论文的核心，初中生学起来有难度。《中国人失掉自信力了吗》是驳论型杂文，结合当下的"四个自信"，很有现实意义。教学时可以从驳论的角度抓住观点和材料之间的关系来学习作者的论证思路。《怀疑与学问》是一篇很好的议论文，观点有启蒙意义，对正在成长中的青少年来说，非常有益。题目显示本文是关系型的议论思路，即通过论证怀疑与做学问之间的关系来提出自己的观点。另外，作者举例简洁，点到为止，这对于学习议论中的记叙很有参考价值。《谈创造性思维》是典型的材料型议论文，教学时要充分利用这一特点。《创造宣言》是"宣言体"，曾经是高考阅读材料。宣言是一种极为严肃的文体，公布主张、意见；宣言具有鼓动性，充满情感色彩；宣言公开主张，态度鲜明；宣言种类较多，有联合宣言，有国家、政党、团体宣言，还有个人宣言。教学此文，可以从"宣言体"切入。

第三个单元，培根的《谈读书》是进行层次划分的好例文。题目"谈读书"，并没有指明具体内容，比如"谈读书与修养""谈读书的作用"等。这种题目确定了大方向，没有指明具体内容。这就需要读者划分层次，看看作者围绕"读书"谈了哪些内容，有什么观点，层次间有怎样的逻辑关系。《不求甚解》也是谈读书，但内容很具体，可以对比上一篇来学习。《山水画的意境》属于文艺论文，有别于一般议论文，学术性突出。学习此文一要了解"意境"，二要厘清文章思路，准确把握作者观点，还可以结合学过的诗词，谈谈对诗歌意境的理解，实现迁移。《无言之美》也是一篇文艺论文，想读懂它不是易事。这需要老师抓住核心词"无言之美"展开，把握作者的核心观点和分析的过程。《驱遣我们的想象》是一篇谈文学鉴赏的论文，核心观点是阅读文学作品时要借助想象才能真正获得美的体验。作者的观点对学生很有益，教学时可以放开，让学生谈阅读心得，提出自己的疑惑。对初中生来说，这单元的文章比较艰深，有的是从高中课本中下放过来的。

以上三个议论文单元，突出了议论文的多样性，忽视了议论文的典型性和规范性。作为初学议论文的初三学生来说，首先应该建立起议论文的基本范式，而不是追求多样化。从学生思维发展的角度说，三个议论文单元的教学，应重在培养学生的理性思维，引导学生把握作者观点，了解议论文的基本思路，掌握常见的论证方法，初步学习逻辑分析、思辨的说理方式。这是极其重要的语文学科素养。

第二，小说的专业阅读。在初一、初二阶段，虽然也有小说，比如《社戏》《皇帝的新装》《植树的牧羊人》《带上她的眼睛》《狼》等，但是并没有形成一个集中的小说单元，也不在小说文体的统领之下，比如《社戏》统领于民俗单元。小说文体集中编排，出现在九上、九下中，共有三个单元，如下表：

小说单元之一	小说单元之二	小说单元之三
《故乡》 （鲁迅）	《智取生辰纲》 （《水浒传》）	《孔乙己》 （鲁迅）
《我的叔叔于勒》 （莫泊桑）	《范进中举》 （《儒林外史》）	《变色龙》 （契诃夫）
《孤独之旅》 （曹文轩）	《三顾茅庐》 （《三国演义》）	《溜索》 （阿城）
	《刘姥姥进大观园》 （《红楼梦》）	《蒲柳人家》 （刘绍棠）

老舍先生在《怎样读小说》中写道："写一本小说不容易，读一本小说也不容易。"长期以来，中学小说教学存在突出问题：不能抓住小说的根本特性来教学，肤浅地讲所谓"人物、情节、环境"三要素，误将"三要素"当成了小说的本质特点，在培养学生小说素养上出现了偏

差。小说是一种专业文体，如果不能准确把握小说文体的本质，就无法把学生培养成为专业的小说读者。

如果一定要给小说下一个定义的话，那么，福斯特有一句名言具有权威性："所谓小说，即具有一定长度的散文体虚构作品。"小说理论是教师教学的学理支撑，语文教师要对小说具有专业认识。小说是虚构的，以塑造人物形象为核心任务，塑造人物形象有一系列的方法。小说虚构有一定长度的情节，情节需要精心构思。小说使用散文体语言进行叙述，叙述视角是小说突出的写作技巧。福斯特的《小说面面观》、曹文轩的《小说门》、毕飞宇的《小说课》等，都是很好的参考书。

三个单元的十一篇小说都是虚构的。小说以塑造典型人物为核心任务，情节是人物性格发展的历史，环境是人物生长的土壤。写人物，主要是表现人性，表现人的灵魂，表现人物的命运。小说在一定程度上具有诗意，具有象征性。小说的风格是多样的。这十一篇小说基本上是传统小说，学生到了高中会接触一点现代派小说。

《故乡》的核心，是作者虚构的"意外"。抓住"意外"，就抓住了小说的关键。"我"回故乡卖老屋，有来有往，有卖有买，本属"正常"。"我"对故乡的老屋很了解，卖掉它并不觉可惜。但是，"我"回乡后与闰土见面的场景实属"意外"，打破了"正常"，从而表现了人物和主题。这种"意外"又是通过对比和描写的手法实现的。这些体现了作者的精心构思。

《我的叔叔于勒》也有"意外"。"我"一家人把于勒当作福音，天天盼，夜夜想。这是前半部分内容，是上升的一条线。但是，"我"一家人"意外"地遇见了于勒，态度大转变，"母亲"拒绝相认，换船返回，是下降的一条线。用线段表示如下：

　　小说情节跌宕起伏，源于人物性格变化多端；人物性格的变化多端，体现了人性的本质；对人性本质的充分展示，体现了作者的创作意图和小说文体的社会功能。

　　《孤独之旅》也有"意外"，就是那场"暴风雨"。生活中每个人都会遇到"暴风雨"，人就是在"暴风雨"的洗礼下成长的。小说中其他内容，比如景物描写、心理描写等，是为"暴风雨"的出现做铺垫的。

　　《智取生辰纲》以情节取胜。卖枣七人的出现使情节出现拐点。小说的情节一定要安排"拐点"，这体现小说情节的本质——曲折性。可以说，没有拐点，就没有情节。拐点的前后有内在逻辑，看出内在逻辑，就会欣赏小说。

　　我们通常说"人物、情节、环境"是小说的三要素，不说"人物、故事、环境"是小说的三要素。可见，情节和故事是有区别的。二者的区别是什么呢？福斯特说："国王死了，王后也死了"，这叫故事；而"国王死了，王后由于伤心过度不久也死了"，这叫情节。

　　我们常说，这篇小说写了某某故事，不说写了某某情节。可见，故事可以指整体内容，情节可以指具体内容。"国王死了，王后也死了"，两个人的死亡有没有内在联系？看不出来。而"国王死了，王后由于伤心过度不久也死了"就看出来了。可见，故事是外在的，情节则进入内在逻辑关系。情节，一般是由两部分组成，一部分是铺垫、蓄势，另一部分是高潮、揭示。这就是在培养学生小说阅读的基本素养，所谓"会看的看门道，不会看的看热闹"。

《范进中举》写范进不相信自己中举，回家亲眼见了，便出现"意外"——疯了。这情节很妙！就在大家万般无奈之时，胡屠户"一个嘴巴打将去"，范进便清醒了，又是一个"意外"，更加精彩！这使我们联想起赵本山的小品《中奖了》。意料之外，情理之中，起伏跌宕，好戏连连。这就是情节，是对故事艺术加工的结果。

《三顾茅庐》课文节选得不够恰当。直接从第三次拜访孔明进行切分，学生看不到前两次的精彩铺垫，"蓄势"的效果表现不出来，失掉了小说情节的曲折性。建议教学时教师补上前两次的拜访。

《刘姥姥进大观园》的场面描写精妙绝伦，背后玄机颇深。表面上看，是几位女子合伙捉弄刘姥姥，背后却是哄着贾母开心。刘姥姥内心明镜一般。这与传统文化有关。鸳鸯嘱咐刘姥姥什么话？可以让学生变成自己的话说出来。场面描写、神态描写、语言描写、动作描写俱佳，教师要引领学生细细品味。

《孔乙己》是鲁迅小说中的精品，却没有什么曲折的情节。《孔乙己》取胜靠的不是情节，而是对人物的精心雕琢。鲁迅先生自己说，最喜欢《孔乙己》，他想表现"一般社会对于苦人儿的凉薄"，表现悲悯的情怀。所以，对孔乙己命运的把握是重点。如果理解为对封建科举制度的批判，有道理，但偏了。

《变色龙》表面上情节极尽曲折，本质是表现人性。不要简单地理解为批判鹰犬，要思考这位小警官奥楚蔑洛夫人格扭曲的深层次原因。其实，我们每个人身上都有这样的人性。

阿成的《溜索》是新课文。此篇小说颇有特色，以环境描写取胜，靠奇险景色吸引人。作者写景是为了渲染气氛，渲染气氛是为了表现人与自然的关系，最终是表现人的品格。小说的叙述视角很有特色，由此可以联系学过的其他小说，认识叙述视角在小说创作中的作用。

《蒲柳人家》篇幅较长，可以作为课外阅读材料来处理。课上教学此文，可以"选点"进行，不必面面俱到。比如选一丈青这个人物形象来欣赏。

第三，戏剧的专业阅读。学生在初三阶段，应初步建立起戏剧的文体概念，为高中基本掌握戏剧文体奠定基础。统编版初中六册《语文》课本中，戏剧单元只有一个（高中也只有一个，似乎少了一点），即九下的三篇课文——《屈原》《天下第一楼》《枣儿》。教师除了介绍必要的戏剧知识外，要根据三篇课文各自的特点来确定教学重点。

学生学习的是剧本，与戏剧不完全相同。剧本具有两个文本层次——对话和舞台说明。剧本的特殊性在于具有指示演出的功能。因此，我们把剧本言语称为行为式言语。剧本是以对话为主的语体。对话是由不同的言语单位按照某种逻辑关系构成的，可以分为对话篇、对话段、对话组。对话的双方，一方是主动方，一方是被动方，二者可以转换。可以借鉴"话轮转换"的理论引导学生学习话剧的对话语体。剧本不能对人物进行心理描写，需要读者进入人物内心，参与到对话中来。陈白尘《话剧的"话"》和王景丹《话剧语体论》值得参考。

郭沫若历史剧《屈原》，其主要内容是《雷电颂》，很容易教成朗诵课。所以，我不太赞同节选这一部分。有人认为"雷电颂"这一言语行为和剧情的发展以及人物性格之间缺乏逻辑关系。这可以作为一个专业阅读训练点来引导学生讨论。北京京剧院新编历史剧《屈原》非常成功，可以选一幕进来。

《天下第一楼》是何冀平的优秀之作，自上演以来，已累计演出近600场，创造了北京人艺新高峰。节选部分是第三幕，以卢孟实上场为界分为两部分：前半部分是对矛盾冲突的铺垫；后半部分是矛盾的爆发，卢孟实事业的发展遇到了巨大挑战，各种复杂的人物关系开始浮出水面。人物对话京味浓郁，语言精练，个性鲜明。

话剧小品《枣儿》最适合学生学习。这是一出具有象征意义的小品，语言含蓄，悬念迭出。剧本通过老少对话，折射出时代变迁和社会转型；小品构思精巧，特别适合演课本剧。

以上我着重从三种新增文体的角度谈了统编版九年级《语文》的教学思路，主线是抓住阅读技能，借助学理，体现专业阅读，培养学生的语文学科素养。

伽达默尔认为："文学概念绝不可能脱离接受者而存在。"（《真理与方法》）"接受者"是什么人？如果"接受者"是经过专业训练的读者，那么文学阅读就会比较顺利，否则就会比较困难。站在语文教学的角度来理解此话，那就是，离开了文学规律的阅读，就不是真正意义上的文学阅读，也就无法体现文学的意义与功能。而要想把握住文学规律，必须从文学文体入手。这再一次说明，阅读教学的任务是把学生从非专业读者培养成专业读者。

站在初高中衔接的角度来看初三的文学阅读，我们就能更加清楚地明白初三学年的重要性。经过初三学年的阅读教学，加上初一、初二的科学阅读，初中毕业生已经基本实现了"全文体阅读"，为高中真正意义上的"全文体阅读"做好了准备。有了中学六年的"全文体阅读",学生的语言发展开始从"日常话语"转向"科学话语"和"艺术话语"两个不同的话语体系。

语言学理论认为,一个人的语言发展,日常话语在先,在此基础上通过学习形成科学话语和艺术话语。一个人后天的科学文化修养程度,主要是由科学话语和艺术话语体现的。所谓科学话语,主要体现在概念、概括、精确、逻辑、判断、推理、抽象、规范等方面,其话语意义具有唯一性和工具性,它是冷静的,缺乏生命力。高中生必须掌握科学话语,形成科学思维品质,为走向科学研究之路奠基。艺术话语则是直觉的、审美的、情感的、精神的、模糊的、丰富的、形象的,它是多解的,具有象征和隐喻的特点,它是活跃的,富有生命力。学生在初中阶段开始接触艺术话语,到了高中阶段形成相对完备的艺术话语。初三是一个过渡阶段。比如《岳阳楼记》,是一篇文学作品,属于散文。作者在第三段用了隐喻的手法,"阴风怒号""浊浪排空"暗示邪恶势力强大,作者用"日星隐曜""山岳潜形"隐喻正人君子遭受排挤,暗示了恶劣的政治环境。迁客骚人此时登楼,"忧谗畏讥,满目萧然,感极而悲者矣"。第四段"岸芷汀兰,郁郁青青"则是借用屈原惯用的"香草美人"手法,象征正人君子得到重用,政治环境良好。此时登楼,"心旷神怡,宠辱偕忘,把酒临风,其喜洋洋者矣"。沿着文学的规律,就能够读懂;否则,会认为只是在写景。

专业阅读,需要专业理论支撑。阅读教学的任务是提供给学生一套相对科学合理的阅读理论和阅读方法,使学生从非专业读者成长为专业读者。专业阅读需要在单篇教学的基础上加强"类文体"的教学。但是，长期以来，中学阅读教学的专业阅读意识不强，多停留在对单篇的理解和鉴赏上，没有上升到专业的高度。义务教育课程标准颁布近20年了，高中新课标也颁布两年了，"学科素养"这一核心概念已经深入人心，阅读教学到了走向专业阅读的时候了。如果我们的阅读教学和考试命题都走向专业阅读这条路，那么距离语文教学科学体系的构建也就为期不远了。

试论语文学科内容的结构性缺失

在语文教育界，有一个著名的"吕叔湘之问"。1978年3月16日，吕叔湘先生在《人民日报》发表了《当前语文教学中两个迫切问题》一文，指出语文教学存在"少慢差费"的问题。他说："中小学语文课所用教学时间在各门课程中历来居首位。新近公布的《全日制十年制中小学教学计划试行草案》规定，十年上课总时数是9160课时，语文是2749课时，恰好是30％。十年的时间，2700多课时，用来学本国语文，却是大多数不过关，岂非咄咄怪事！"

四十多年过去了，重读吕叔湘先生的文章，感慨万千！笔者1982年参加工作后，曾斗胆给吕先生写过一封信，建议把对《现代汉语词典》的学习纳入语文课堂，成为语文学科内容的一个组成部分。吕先生亲笔回了信。遗憾的是，因我多次搬家，吕先生的回信找不到了。大概意思是，他肯定我重视工具书学习的想法，同时指出我的想法实行起来困难很大。但是，我的这个想法一直没有放弃。最近，中国语文现代化学会的同志来校和我座谈，提到语言文字规范化的问题，我旧事重提，认为语文学科内容的构成，应该包括语言文字规范化的问题，对方也深有同感。于是，尘封心底多年的想法终于被激活，我写下了这篇文章。

我国语文教学的最大问题是科学化建设步伐太慢。从语文独立设科至今100多年了，在课标、教材、教学、教师、评价等方面没有形成完备的、科学的语文学科框架，尤其在学科内容上存在严重的结构性缺失，造成语文学科的某些功能长期无法体现，导致语文教学质量低下。现在的学生高中毕业后，能写一手漂亮汉字的人很少，能用毛笔书写对联的人少得可怜，能全面、准确、熟练掌握3500个常用字的也不多，能做到出口成章、下笔成文的人更是凤毛麟角。总之，语文实用能力太弱了，剩下的只是考试做题。

问题究竟出在哪里？关键出在语文学科内容的结构性缺失上。试问：有几个语文教师熟知国家语言文字法律法规？有多少学生系统掌握标点符号使用标准？语文课程标准中对成语的学习有没有数量的要求？语文教材中应该有多少实用类的文本供学生学习？汉语知识的基本构成是怎样的？整本书阅读和单篇阅读的量如何确定得恰当合理？"海量阅读"的提法究竟合适不合适？语文实践类课程应占总课程的多大比例？语文学业水平考试如何改革，应具有怎样的地位？这些问题应该引起我们的深入思考。

长期以来，中学语文课本主要是文选型的，主要是文学作品，学生花了大量时间和精力去鉴赏文学作品，语文的审美功能明显超越了实用功能。这不能不说是结构上的一个严重缺失。学习语文的根本目的是什么？是具备文学鉴赏能力吗？不是。学习语文的根本目的是具备提笔能写、开口会说的实用性语文能力。实用性、实践性是语文学科的基本特点。一个高中生毕业后，应该能在大学学习论文写作的基本技能，能在大庭广众下自然得体地表达，会写计划和总结，会"三字一话"，当然，也会文学欣赏。如果不重视语文实用能力的培养，他们将来就会像某些领导作报告那样，把"滇池"读成"zhēn chí"，就会像某些大学校长那样闹笑话、丢面子。

其实，文学不仅仅是审美，也有实用功能。孔子教育孔鲤时说"不学诗，无以言"就是最好的证明。刘向在《说苑》一书中记录了很多在外交场合和日常生活中使用《诗经》的例子。《论语》中也有这样的记载：

> 子曰："诵《诗》三百，授之以政，不达；使于四方，不能专对；虽多，亦奚以为？"

孔子是典型的实用教学。在孔子看来，学《诗》如果不能实用，就等于没学。人不是书橱，关键是学以致用。一个没有语文素养的人站在长城上，很是感慨，只能说："长城长，真他妈长！"一个有语文素养的人则会说："长城长，它一头挑起大漠边关的冷月，它一头连着华夏儿女的心房。"一个粗人表达志向，会说："俺虽然卑微，但也想整点事干！"一个懂诗的人则会说："苔花如米小，也学牡丹开。"大学毕业去求职，人家问你："工作中会有各种矛盾，你准备怎样对待复杂的人际关系呢？"你说："岂能尽如人意，但求无愧我心。"这就很可能给招聘者留下好印象，很可能被录取。可以说，很多情况下，审美本身就是一种实用价值的体现，反过来，实用本身也具有审美价值。那种把实用与审美对立起来的观点是错误的。即便是学术研究，也具有实用价值。当年，涉及西藏、新疆问题时，陈寅恪先生引经据典，证明西藏、新疆自古就是中国神圣不可分割的领土。这就是学术的实用价值。随着人们生活质量的提高，审美成了一种基本需要，审美与实用的界限更加模糊了，达到了"游于艺"的程度，"诗意地栖居"了。但问题在于，我们究竟要把语文教育的目标指向哪里？指向实用，就能形成实用能力；指向象牙之塔，就只是花拳绣腿；指向应试，就是培养做题的机器。这可是语文教育的大问题。

文学作品理应成为语文课本的重要内容，但是长期以来单篇选文成为主体，即便有长篇也只是节选。缺少整本书阅读，是语文学科内容结构性缺失的大问题。但如果不给整本书阅读以应有的课时，我是坚决反对将整本书阅读纳入语文教学和考试范围的，因为存在着广大语文教师不能承受之重。整本书阅读是好事，好事一定要做好。这第一要著就是给课时，把整本书阅读作为教学行为来对待，来规范，来评价。笔者多次到国外考察中学教育，无论日本还是欧美，都有整本书阅读教学，在课上进行。我们要借鉴他们的做法。至于正常的课外阅读，教师不要做硬性规定，更不要考试，越自由越好，越个性化越好。明确了课内整本书阅读的地位，也就明确了阅读的量。要量力而行，切忌贪多。要引导学生认真读几本名著，让名著陪伴自己一生。

长期以来我们没有独立的写作课，缺少成熟的写作教科书，更缺少优秀的写作课教师。实用文的写作没有地位；小论文写作远未普及，仅仅是少数学校作为校本课程存在而已；文学写作也不理想，没有几个学生会写古体诗词，更不用说辞赋写作了。看看我们的中学生在考场上的作文质量，就知道我们的写作教学是多么失败了。笔者用了多年时间，搭建了初中、高中写作框架，如下表所示：

初中写作独立设课实验框架

初一第一学期

写作单元	写作内容	写作文体	写作素养
第一单元	自然之景	记叙类文体：写景散文	突出特点·语句通顺
第二单元	自然之景	记叙类文体：写景散文	修改提高：写景讲究顺序
第三单元	自然之景	记叙类文体：写景散文	修改提高：寓情于景物中
第四单元	动物或物件	记叙类文体：故事	完整的情节·故事的时限
第五单元	动物或物件	记叙类文体：故事	修改提高：故事的意义
第六单元	动物或物件	记叙类文体：故事	修改提高：语言生动

初一第二学期

写作单元	写作内容	写作文体	写作素养
第一单元	自己	记叙类文体：叙事散文	叙述顺序
第二单元	他人	记叙类文体：叙事散文	表现人物
第三单元	学校发生的事	记叙类文体：叙事散文	选材要严
第四单元	自然界	记叙类文体：童话故事	主题明确
第五单元	未知的事物	记叙类文体：科幻故事	学习扩写
第六单元	语文学习心得	实用类文体：总结	学习缩写

初二第一学期

写作单元	写作内容	写作文体	写作素养
第一单元	虚构的人和事	记叙类文体：小小说	提炼主题
第二单元	课文中的人和事	记叙类文体：小说改写为话剧	学习改写
第三单元	热点事件	记叙类文体：新闻稿	新闻稿写作常识
第四单元	科学现象	说明类文体：科普小品	说明的基本要素
第五单元	表达内心想法	实用类文体：演讲稿	清晰表达内心想法
第六单元	读名著活动	实用类文体：读书报告	表达读书感受和收获

初二第二学期

写作单元	写作内容	写作文体	写作素养
第一单元	风景名胜	记叙类文体：游记散文	学习立意
第二单元	人叙事	记叙类文体：叙事散文	多种表达方式综合运用
第三单元	设计语文活动方案	说明类文体：活动方案说明书	结构完整·表达明确
第四单元	表达一个观点	议论类文体：人物评论	用事实来证明
第五单元	评论一个观点	议论类文体：思想评论	初步的分析能力
第六单元	评论一个事件	议论类文体：时事评论	依据标准评判

高中写作独立设课实验框架

高一第一学期

写作单元	写作内容	写作文体	写作素养
第一单元	自己	记人的散文	故事·个性
第二单元	他人	记人的散文	故事·人性
第三单元	家庭生活	记事的散文	抓住动情点
第四单元	学校生活	记事的散文	故事要典型
第五单元	物	记物的散文	比兴寄托
第六单元	社会、自然生活	记人叙事散文	叙述线索

高一第二学期

写作单元	写作内容	写作文体	写作素养
第一单元	历史人物	人物传记	叙议结合
第二单元	历史事件	纪事本末	写出事件的波折
第三单元	塑造人物性格	小说	学习虚构
第四单元	咏史、怀古	格律诗	格律诗写作常识
第五单元	表达思想观点	演讲稿	观点与得体
第六单元	社会实践	小品	学习幽默

高二第一学期

写作单元	写作内容	写作文体	写作素养
第一单元	建言献策	建议书	突出针对性
第二单元	语文学习心得	总结	清晰·实在
第三单元	读书心得	读书报告	归纳·提炼
第四单元	家国情怀	词	词写作常识
第五单元	热门话题	杂文	学习讽刺
第六单元	国家·社会·人生	随笔	角度·深度

高二第二学期

写作单元	写作内容	写作文体	写作素养
第一单元	论当下人物	人物评论	学习分析
第二单元	论当下事件	时事评论	学习反驳
第三单元	鉴赏一首诗（词）	文学评论	景与情
第四单元	鉴赏一篇散文	文学评论	语言的魅力
第五单元	评论一部小说	文学评论	思想·艺术
第六单元	评论一部话剧	文学评论	对话·冲突

在很多人看来，这个框架可能过于理想化，但在我的教学实践中是落实到位的。写作实在太重要了。长期以来，我们没有给写作课应有的地位，这是语文学科内容结构性缺失的重大问题。

再说说考试。试卷长度越来越长，阅读量越来越大，究竟好不好？先从雷人口号说起吧。如今，什么"得语文者得天下""得语文者得高考"等口号甚嚣尘上，似乎高考、中考就靠语文提分了，只要学好语文就万事大吉了。这简直是滑天下之大稽，是对语文学科功能的严重误解！如果任其发展下去的话，那么语文教师岂不要成为高考、中考低分的罪人！夸大和弱化语文学科功能的言论都是错误的。语文只承担它学科内的任务，不能包打天下。

当代语文与现代语文有所不同，与古代语文更有明显差异。当代语文，是中学课程框架中的一个组成部分，与政治、历史、地理、数学、物理、化学、生物、音乐、美术、体育、计算机、劳动技术一样都是学生的必修课程。在国家课程方案中，语文与数学的课时相同，但在实际执行中，语文与数学、英语的课时相同。在高考中，语文与数学、英语的分值相同。单从课时和分值上看，语文算是主科，可是作为母语，语文的课时和分值没有突显出来。如果说语文学科有特殊性的话，那就是写入了《中华人民共和国宪法》。其中第十九条写着："国家推广全国通用的普通话。"还有一部《中华人民共和国国家通用语言文字法》，与语文教学的关系就更加密切。其他学科不具有这样的特殊性。

然而，学生在家用来学语文的时间很少。笔者做过调查，课余时间用在语文上的学生不到十分之二。学生把大量课余时间花在其他学科上了。在学生看来，一个月不学语文，考分掉不下来；努力学语文，成绩也好不到哪里去。从考试成绩上来看，语文是见效最慢的一科。这种情况下，无论你怎样强调语文的重要性，学生是不听的，学生是很实际很功利的。这种情况，在古代语文教育中不存在，在现代语文教育中也不突出，它是当代基础教育背景下的一种常态，不以个人意志为转移。所以，并非高考阅读量增大，学生就格外重视语文了；更不是维持原来的阅读量，学生负担就减轻了。我们国家光各级各类在校学生就有两亿多人，接近美国总人口。每年千万大军参加高考，全国高等教育毛入学率约为50%，大部分省区的985高校录取率不到2%。因此，高考首先是解决就业问题、生存问题。高考是生存考试。高考的确能改变命运，不仅能改变个人的命运，还能改变家庭的命运。不竞争行吗？不拼搏行吗？政协委员在两会上提出去掉挂在教室中血腥的"励志"标语，其实，从教室里去掉很简单，但从心中去掉很难。未来很长一段时间内，这种激烈竞争不会减轻。

可是语文教育仍然在沿着它固有的规律发展。整本书阅读上来了，阅读量上来了，等等。在这种情况下，我们只能把语文学科本身的事情做得更好一些，解决语文学科内容结构性缺失的问题，让那些参加考试的学生成长得更加优秀。

最后说说语文现代化问题。语文现代化工作十分重要，特别是语言文字规范化的问题，要从学生抓起，否则就晚了。我们应提倡说普通话，写规范字，正确使用《汉语拼音方案》。现在社会上很多人，语言文字法律意识淡薄，随意写，随意说，混乱不堪；你提出来了，他还不以为然。如果不从语文课程抓起，这个问题就无法从根本上解决。我建议在中小学语文课程中增加语文现代化的内容，主要是规范化的问题。

亲身体验与内化生成

——谈语文活动课的本质特征

要想解说语文活动课的性质、特点，似乎应该从课程的分类谈起，当下关于课程的各种概念基本上是舶来品。西方课程的分类是一个复杂的系统，不同的划分标准就有不同的分类构成，最后分出五花八门的课程。笔者不想陷入烦琐主义的泥潭，只想把问题说清楚。

笔者认为，语文活动课是针对应试背景下在教室里教师讲学生听的传统教学方式而提出的，是一种新的教学方式，它既改变了教师的教学方式，也改变了学生的学习方式。长期以来，特别是在应试教育背景下，教师讲，学生听，然后应对考试，似乎成了语文教学唯一的方式。如果教师讲得生动感人、富有启发性，学生还是有收获的。但是能够做到这一点的教师毕竟是少数，多数教师讲得不够生动感人，缺少启发性。再者，即便教师讲得好，如果没有经过学生内化生成，效果也是很有限的。教学的本质不是教师讲学生听然后应对考试，而是在教师的组织、引导、启发下，学生自己积极主动地学习的过程，是学生内化、生成进而形成基础学养的过程。

语文活动课的基本特征，首先体现在学生是全部活动的参与者。长期以来，我们的语文课上学生没有真正成为听、说、读、写、思的参与者，而是在被动听教师讲。听，是通过声音的传递诉诸听觉的行为，局限性太强：一句话传递的速度很快，只有短短几秒钟的时间，过后很快会忘掉；如果只是被动地听，效果就更差。听的行为如没有与说、读、写、思的行为结合起来，就不能构成真正意义上的学习行为。要想让学生的行为变成真正意义上的学习行为，必须将听、说、读、写、思，甚至包括交流、互助、探究等行为都融合起来。现代心理学认为，人的手、脑、口、眼、耳各个官能同时发挥作用时，学习效果最佳。

语文活动课的基本特征，其次体现在学生是学习活动的主体。有学生活动的语文课不一定就是语文活动课，还要看学生是不是活动的主体。学生必须在时间上是活动的主体。一节课45分钟，学生听、说、读、写、思的活动时间要占主体，一般不能少于30分钟。学生在空间上也必须是活动的主体。无论在室内，还是在室外，学生都是活动场所的主人。从数量上说，语文活动课必须是全体学生参加，不能只有几个爱好者参加。作为活动主体的学生，对于活动的目的和意义不能模糊不清，必须有明确的任务指向。达到以上几点，就体现了学生的主体性。

至此，我们可以这样总结：学生积极参与、体验，成为听、说、读、写、思全部活动的主动者，并在学习活动过程中自始至终处于主体地位，这样的课就是语文活动课。语文活动课不必另搞一套，无须另起炉灶，也不需要所谓语文专用教室。把常态课上成语文活动课，这是摆在语文教师面前的基本任务。

在有的人看来，语文活动课不是这样的，而是指专项语文活动的语文活动课，比如"辩论课""演讲课"，还有走出校门的语文社会实践课，等等。在笔者看来，语文课的场所原本就不应该局限于四面墙内，但由于各种因素的制约，在教室内上课便成为主流。北京市在教育改革中推出了10%的学科实践活动课程，这实在是无奈之举，目的在于打开一个缺口，然后推而广之。从逻辑上说，应该叫"社会实践活动课程"，否则，难道90%的课就不是实践活动课程了？10%指的是走出校园，走向社会，结合学科特点，上成社会大课堂。比如到颐和园参观，记录门牌额匾，认读真草隶篆，抄写楹联以及名人题写的书法作品，等等。这样的语文活动显然远远超出了语文课本和教室的范围，从"小语文"走向了"大语文"。但这种专项的语文活动课不是没有边界的，依然要立足于语文学科。

这样，一个对语文活动课的清晰认识就梳理出来了：（1）应试背景下教师讲、学生听的语文课基本上不属于语文活动课，我们现在要改造它。（2）体现了全部参与和主体地位特征的语文常态课属于语文活动课。这是从广义上来说的。（3）专项的语文活动课肯定是语文活动课，它包括社会实践和在校内开展的语文专题活动两大类。这是从狭义上来说的。

我们必须清醒地认识到，对应试背景下教学方式的改造并不简单轻松，教师难于抛弃以讲授为主的教学方式。实现学生的全部参与和主体地位还有很长的路要走，特别是对学生学习规律的认识上，我们还需要深入研究。如果有一天真正实现了这种转变，我们就没有必要再提"语文活动课"这个概念了；因为常态课就是活动课，活动课已常态化。

在达到理想状态之前，我们进行专项的语文活动课设计和操作是有必要的。我们要讨论进行哪些语文活动。如能编成教材当然好，在没有教材的情况下，语文教师可以因地制宜。比如河南安阳的学校，完全可以把参观中国文字博物馆当作语文活动课的必修内容。再比如山东莒县的学校，可以把"认识刘勰"作为语文活动课的必修内容。如果当地没有名人故居，没有任何人文遗存，那也不要紧，可以结合语文课本和学生的语文学习规律来进行设计，比如召开"诗歌朗诵会""辩论会""书法展览""撰写对联"等，都是很好的语文活动。北京一零一中有自己的特色，一是坚持开展"古韵金声"古诗诵读活动，二是坚持举办"全国中学生朗诵大会"，三是开展戏剧活动。考虑到多数学校存在的实际困难，建议有关部门组织力量编写专供学校使用的语文活动课教材，也可以将相关内容融进语文课本之中。条件好一些的学校，应当自主构建语文活动课方案，体现学校特色。

语文活动课，一定要体现语文特色。笔者以为，语文活动课有别于综合实践活动课。我们不能把语文活动课搞得失掉了语文本色。那种打着语文活动课的旗号，搞不伦不类的活动的做法不值得提倡。比如有的学校在语文活动课上请专家讲中国古代建筑，这既非语文课，也非活动课。课程边界相对清晰是语文活动课的基本要求。当然，从"小语文"走向"大语文"，这是语文活动课的必然趋势。

再来说说语文活动课的教学价值。传统的语文教学基本上局限在阅读和写作上，师生的视野都比较狭窄。语文活动课给学生拓展了更加广阔的时空。单从教学的角度看，活跃了学生思维，拓展了学生视野，提升了学生交流探究的能力，也提升了教师设计活动、组织活动的能力。比如我的学生参加话剧剧本撰写和演出，从不会写剧本，到写出了一部成功之作，这中间教师要学习很多东西，还要指导学生去做，师生皆有收获。我的学生，联合创作了话剧剧本《少年施光南》，得到了专家的肯定。我的一名学生，平时很内向，很少与同学交流，自从参加话剧《雷雨》演出后，变得开朗多了。她说："演话剧改变了我的性格。"我的一名学生喜欢朗诵，后来考入中国传媒大学，计划将来专门从事朗诵方面的工作。语文活动课为学生的未来打开了一扇窗户。

　　当然，把传统的语文课堂教学转变为真正的活动课是有困难的，需要克服的障碍是巨大的。因为教学思想的转变不是一件简单轻松的事情，从理念到实践操作层面又有许多具体问题需要解决。前几天笔者看到一则材料，写杨绛先生在回忆钱钟书教育爱女钱瑗学英语时讲了一个故事，说有一次钱瑗遇到一个陌生的英文单词，查了三部词典仍不能解决问题，于是就去问学识渊博的父亲。一般情况下，父亲可以告诉孩子了，因为已经查了三部词典。但是钱钟书没有告诉钱瑗，而是要求她继续查。于是钱瑗查到第五部词典时解决了问题。这个故事颇能体现活动课的特点。我们来比较一下：听父亲讲述答案和靠自己独立完成这两种方法，哪一种属于真正的活动？显然是后者。钱瑗不断查阅词典，有一个"山重水复疑无路，柳暗花明又一村"的过程，在这个过程中，她亲身体验，经历了从无到有的变化，有困惑、迷惘，更有发现的喜悦。正因为有过困惑和迷惘，所以才激发起进一步学习的欲望，学习行为才得以发生，才越发显得"喜悦"之可贵。无独有偶，在钱梦龙老师的教育实践中也有一个典型的例子。钱老师教学一篇课文，采取了两种方式：一种是以教师讲学生听为主，一种是以学生自学教师答疑为主。过了一段时间，钱老师出题考学生，结果后者优于前者。为什么呢？前者没有建立在活动的基础上，学生只是被动地听，不能保证全体学生都听进去了，更不能保证全体学生都消化了。后者则不然，学生在自学的过程中，深度参与，亲身体验，内化生成，所获得的知识与能力是从自己身上扒下来的，理解得深，掌握得牢。

我们还可以从物理、化学老师的课堂上得到启发。如果物理、化学老师只是讲授相关的定理，学生当时似乎听懂了，但一接触到实际仍然会出错。这就是我们经常遇到的那种情况：学生一听就懂，一做就错。其中的原因就在于缺少了学生的亲身体验，缺少了活动，缺少了内化生成。我们语文老师让学生读课文，学生如果读得不理想，教师会示范朗读，会传授给学生一些具体的方法。学生知道了这些具体的方法之后如果不去实践，不在实践中纠正错误的读法，仍然读不好。学生只有用这些方法去实践了，去练习了，并在练习中不断修正自己，才能真正读好。在这个从不会读到会读、从读得不好到读得较好的变化中，是什么因素起了关键作用呢？是实践，是内化生成。同样道理，一个字写错了，怎么办？需要老师适当讲一讲，但讲过之后必须让学生动手写几遍才管用。听、说、读、写、思这五个方面的能力（或者叫素养），是在实践中逐步形成的，是经过内化然后生成的。如果用一个图来表示的话，可以是这样的：

$$\boxed{\text{学习内容}} \longrightarrow \boxed{\text{亲身体验}} \longrightarrow \boxed{\text{内化生成}}$$

在上图三个步骤中，"学习内容"是定位。目前，一部分教师对于课堂学习内容的定位是存在问题的，主要是不能从课文所体现的语文功能上定位。一节课学什么，教师心中要非常清晰、有条理。教师要有一双语文的眼睛来锁定课堂学习内容，要有"用教材教"的意识。笔者曾经邀请一位生物教师到我的语文课上讲《〈物种起源〉导言》，结果他大讲生物知识，上了一堂生物课。这说明，这位生物教师缺乏语文的眼睛，他不明白教材编写者把这篇文章编入语文课本的意图。学习内容定得不准，甚至错误，后边的"亲身体验"和"内化生成"就会随之出现偏差。可见，定位是前提条件。定位准确了，课堂教学如果不能从学生活动的角度来进行，而只是教师讲学生听，那么学习效果就会大打折扣，课堂效率就会大大降低。这一点早就被证明了。亲身体验，一定是由浅到深转化的过程，一定是从错误到正确变化的过程。因此，关注学生的学习起点就显得很重要。课堂上教师一定要让学生发生变化，让学生有切实的收获。这一步做好了，第三步的内化生成是水到渠成的事。在这三个步骤中，最关键的是"亲身体验"，它体现着语文活动课的本质。它要求教师必须改变传统的教学方式，探索新的教学途径。这既是挑战，也是机遇。坚持下去，教师的教学能力一定会有所提高，教学效果也一定是理想的。

关于整本书阅读

整本书阅读固然很重要，但要防止走极端。那种把整本书阅读捧上天的说法不可信。阅读《报任安书》《前赤壁赋》《记念刘和珍君》等经典单篇的意义绝不亚于整本书。

自从初高中课程标准提出"读整本书"的概念后，广大语文老师普遍具有了整本书阅读教学的意识；自从初高中《语文》课本中设置"名著导读"的教学内容后，广大语文老师开始探索整本书阅读教学的途径和方法；自从有的省市中高考命题考查名著阅读后，整本书阅读教学开始成为语文教学的新内容。那么，这一变化究竟给中学语文教学带来怎样的影响？这一影响带来的问题是什么？

"读整本书"是新概念吗？不是。早在《论语》中就有这方面的记载，孔子对儿子孔鲤说："不学《诗》，无以言。"（《论语·季氏》）这大概是关于读整本书最原始的记载了。"四书五经"是数百年来中国文人必读的儒家经典，朱熹还专门写过《读〈论语〉〈孟子〉法》等指导读整本书的文章，并且有精到的论述。至近现代，语文学习中读整本书仍然是比较普遍的做法。早在1941年，叶圣陶先生就明确提出"读整本的书"的观点。叶圣陶在《论中学国文课程标准的改订》一文中说:"把整本书作主体,把单篇短章作辅佐。"(见《叶圣陶集》第16卷)可以说,从古代至近现代,语文教学一直是"把整本书作主体,把单篇短章作辅佐"的。

为什么当代语文教学变成以单篇阅读为主了呢?原因可能很多,但笔者认为主要是课时太少。如今普通高中语文课每周只有4—5课时,少得可怜!请问,这样少的课时,怎么进行整本书的阅读教学?近年来,某些省市中高考语文试卷中考查整本书阅读的试题已经出现,并且划定了名著范围,一线教师不得不拿出课时来应对整本书阅读,使得原本已经很少的语文课时更加紧张。其实,中高考中的名著考查与整本书阅读不完全是一回事,整本书阅读也不是语文教学的"专利",语文教学中的整本书阅读也不能仅限于小说。廓清这些基本问题后,我们才能有共同的话题:语文教学中如何进行整本书的阅读教学。

第一,整本书阅读的学科定位是核心问题。读整本书要达到什么目的?肯定不是娱乐消遣。叶圣陶先生在《论中学国文课程标准的改订》一文中用"养成读书习惯""了解固有文化""增强民族意识""发扬民族精神"的表述来表达整本书阅读的目的(见《叶圣陶集》第16卷),是很正确的。笔者认为,整本书阅读的定位要依据语文学科的性质,要服从语文教学的目的任务。整本书的阅读应该定位在对以母语为载体的优秀书面语言作品的学习上。比如阅读《诗经选》,就要感受先民创造的精美诗句以及表达的美好情感,培养民族自豪感;阅读《呐喊》《彷徨》,就要从语言文字的角度切入,感受鲁迅先生的语言风格,体会鲁迅先生通过遣词造句表现深刻思想的文学才华;阅读《围城》,就要体会钱钟书先生独特的幽默讽刺艺术，欣赏其表现人物的手法，而不是单纯地阅读情节故事。一个经历了整本书阅读训练的学生，其解悟能力应当明显高于未经历整本书阅读训练的人。从语文的角度讲，整本书阅读就是要把学生从非专业读者培养成专业读者（或准专业读者），从而培养学生的语文核心素养。

第二，整本书阅读应该不应该占据主体地位呢？它与单篇阅读是什么关系呢？叶圣陶先生提出"把整本书作主体，把单篇短章作辅佐"是有其时代背景的。当时叶圣陶先生并没有成熟的想法，正如李怀源指出的那样："就叶圣陶个人而言，究竟也没有一个完整的教科书的编制计划在里面。只能算是心存美好理想。……也就是他心中没有描绘出一个'以整本书为主体'的教科书体系。"（见李怀源硕士论文《叶圣陶"读整本书"思想研究》）其实，整本书阅读和单篇阅读各有优长，不能互相替代。但是叶老在强调整本书阅读时，流露出了"重整轻单"的倾向。他说：

> 现在的精读教材全是单篇短章……从好的方面说，可以使学生对于各种文体都窥见一斑，都尝到一点味道。但是从坏的方面说，将会使学生眼花缭乱，心志不专，仿佛走进热闹的都市，看见许多东西，可是一样也没有看清楚。现在的国文教学，成绩不能算好，一部分的原因，大概就在选读单篇短章，没有收到好的方面的效果，却受到了坏的方面的影响。再说国文教学的目标之中，大家都知道应有"养成读书习惯"一目，而且是极重要的一目。……试问，要养成读书习惯而不教他们读整本的书，那习惯怎么养得成？以上的话如果不错，那么，国文教材似乎该用整本的书，而不该用

单篇短章。

——《叶圣陶集》第16卷

针对叶老的观点，当时就有人表示了不同看法。余冠英在《坊间中学国文教科书中白话文教材之批评》一文中指出："短篇自有短篇的结构，短篇自有短篇的特色。"后来叶老这一观点是有所变化的。顾黄初先生在《叶圣陶的教育理论及其形成和发展》一文中指出："……但到四十年代末期以后，他这种看法却有了修正，认为初中应该读典范的单篇短章，高中阶段则可以'兼采现代语的整本的书'。"（《顾黄初语文教育文集》）新中国成立后，叶圣陶先生主持编写的《语文》课本也多以单篇为主。其实，单篇阅读的作用是很大的。它涵盖面广，便于教学，尤其适用于现代课程体系，适用于目前学校课程框架。如果我们回到传统的官学、私塾、书院模式中去，那自然适合"整本书为主"。一节课45分钟是目前比较通行的做法，据说有心理学上的依据。笔者认为，整本书阅读需要相对长一点的时间，最好两节课连排。如果仍以单节课为主，还是比较适合单篇阅读。叶老也认为，单篇适宜"精读"，整本书适宜"略读"。尽管必读书籍的整本书阅读属于"课内阅读"，但毕竟以"略读"为宜。不必担心"略读"的效果低，学生在单篇阅读中获得的能力，可以支撑整本书的阅读，倒过来就不一定了。

第三，语文教学中的"整本书"当指推荐书籍和必读书籍两部分。推荐书籍包括语文课本以外的优秀读物，也包括理科书籍，绝不单指文学书籍，更不单指长篇小说。比如《史记选读》《诸子选读》《科学的历程》《数理化通俗演义》等，学生可以根据自己的爱好灵活选择，但不要进行考试。至于必读书籍的整本书阅读，应当侧重文学、文化类著作，不应当有太明显的跨界，否则就有点无边无际了。世上好书太多，学生读不过来。守住语文学科本质，必读书籍整本书阅读的边界就清晰了。从这个意义上说，必读书籍主要指《语文》课本中"名著导读"涉及的经典，比如《论语》《红楼梦》等。这部分内容能够落实到位就已经很不错了。至于如何考查，可以研究；在成熟的考试方案出台之前，不妨先考查常识性的内容，范围也仅限于《语文》课本。要处理好学生个体阅读兴趣与语文教材学习的关系，不能无限扩大语文的边际，不能随意增加学生阅读数量，不能把成年人的观念强加给学生，更不能跟风跑。当务之急，不是扩大学生的阅读面，而是把《语文》课本中整本书的阅读要求落实到位。

第四，整本书阅读教学应该如何操作呢？目前，语文教育工作者已经开始研究操作层面上的"整本书阅读"。比如吴欣歆、许艳主编的《书册阅读教学现场》（教育科学出版社2016年版），是一本具有开拓性的著作，很值得参考。一线语文教师中也有优秀代表，比如北京十一学校语文特级教师来凤华写的《整本书阅读的思与行》具体介绍了他的做法，值得借鉴。再比如北京一零一中青年语文教师杨海威执教的《追风筝的人》整本书阅读公开课，也是很好的尝试。无论单篇阅读，还是整本书阅读，只要纳入语文教学中来，就应当属于教学行为，而非单纯的自由阅读行为。既然是教学行为，那就需要计划和设计，具有可操作性。首先要确定阅读目标。拟制"整本书阅读的专题目标"是比较好的做法。比如师生共同从《平凡的世界》中梳理出若干专题，进行分类，像人物分析、主题探究、情节分析、艺术手法欣赏等，然后学生自选。目标可以是微观的，也可以是宏观的；可以学生确定目标，也可以教师确定目标。阅读《平凡的世界》，既可以拎出"郝红梅偷手帕"的具体情节让学生欣赏，也可以选择"从改革开放大背景下看孙家的变迁"这样的大视角进行梳理和分析，把对人物的理解置于宏大的历史文化背景之下，抓住时代特点，感受当代中国改革的步伐与人物命运之间的关系。如何理解长篇小说中的人物形象，是一件难度较大的工作。像孙少平和孙少安兄弟俩，既有共同的命运，又有各自不同的性格特点，进行比较分析是需要一定学术功力的，但不失为有效的途径，对于培养学生的思维品质大有裨益。目标确定后，要深入阅读，然后在语文课（阅读课）上口头交流。可以尝试把整本书阅读课与写作课结合起来，把阅读感悟写成文章，与同学分享。还可以与研究性学习结合起来，写成小论文，一举两得。至于版本考证、作者研究等工作，也可以尝试做一做，以便开阔视野，活跃思维。

第五，中高考中对整本书的考查应当缓行。中高考试题中名著考查早已有之，可以继续下去。但是，名著考查与整本书阅读考查不完全是一回事。名著考查可以考文学常识，但整本书阅读的考查则要复杂一些。在我国当代语文教学中，关于整本书的教学和考试既无系统的理论研究成果，也无可资借鉴的成熟的实践经验，目前不宜纳入考试范围。在语文课时甚少、学生负担甚重的情况下，增加整本书的考试，只会加重教师和学生的负担。整本书阅读极具个性色彩，若划定范围变成考题，味道就变了。如果试图通过考试这个指挥棒强行推进学生的课外阅读，实在不太高明。我们应当探索整本书阅读教学的有效途径和方法，引导学生多读书、读好书。要将已列入《语文》课本中的名著阅读落到实处，让学生读起来，召开读书会，撰写读书报告，请老师或作家给学生作辅导报告，观看根据名著改编的影视作品，等等。这样可以把语文课上得丰富多彩，让语文课堂活起来。等到整本书阅读教学积累了一定经验，再考不迟。

第六，最新高中课程标准颁布后的整本书阅读问题。以2017年版《普通高中语文课程标准》为界限，此前，人们对于整本书阅读的理解五花八门，此后，就很清晰了。此前的种种探索固然是有意义的，但有些盲目，个性化突出。此前的考试和教学，属于抢跑行为。"此后"这个时间概念，准确说应当始于2019年秋季新教材投入使用。现阶段仍属于"特殊时期"——新课标、旧教材并存时期。

整本书阅读贯穿必修、选择性必修和选修三个阶段。选择一部长篇小说和一部学术著作阅读。18课时，大约一个月的时间。课时可安排在两个学期，集中使用。比如，高中第一学期安排长篇小说，第二学期安排学术著作。估计市县一级教研部门会统一要求。

篇目：可从推荐范围内选择，也可师生共同商定。

推荐范围：

《论语》《孟子》《老子》《庄子》《史记》

《三国演义》《红楼梦》《儒林外史》

《呐喊》《彷徨》《子夜》《家》《四世同堂》《边城》《暴风骤雨》

《平凡的世界》《堂吉诃德》《悲惨世界》《欧也妮·葛朗台》《大卫·科波菲尔》《战争与和平》《约翰·克利斯朵夫》《老人与海》

莫泊桑、契诃夫、欧·亨利的短篇小说

鲁迅杂文、朱自清散文、叶圣陶散文等

《窦娥冤》《西厢记》《牡丹亭》

《屈原》《雷雨》《茶馆》

莎士比亚戏剧

《语文常谈》《谈美书简》

《歌德谈话录》

长篇小说整本书阅读的教学任务：

1. 整体把握思想内容和艺术特点；

2. 抓住故事、人物、场景、语言，欣赏语言表达的精彩之处；

3. 梳理整体艺术架构，理清人物关系，欣赏人物形象，探究人物的精神世界；

4. 体会小说的主旨，研究小说的艺术价值。

整本书阅读教学与单篇阅读教学不同之处，可能有以下几个方面：

第一，整本书不便于重复阅读。阅读整本书需要的时间长，读一遍就需要很长时间，不是几节课能够完成的。单篇阅读花费的时间少，一天之内可以读多遍。从实际出发，教师不可能做到对整本书的备课像处理单篇那样从容充分。单篇阅读可以做到课内完成，整本书阅读则做不到，需要课内外结合。

第二，阅读整本书不容易记住，往往是读到后面，就忘了前面。单篇则好得多。

第三，对整本书的把握需要深厚的功力。语文教师如果不去专门研究某一本名著，很难全面准确深入地理解和把握它。大学中文系的老师在这方面的优势是明显的。

第四，单篇阅读，可以兼顾众多单篇短章，涵盖面广，就像吃菜，可以各种蔬菜都尝一点；读一遍《红楼梦》就得几周甚至几个月，且没有太深印象，读上三五遍，没有一个学期到一学年是不行的。一学期甚至一学年不干别的，只读《红楼梦》，就像吃菜，只吃一样，固然也能吃饱，但总觉得变成了研究《红楼梦》的专业人士了，中学生毕竟是普通读者。

第五，长篇小说情节生动，人物众多，线索繁复，结构复杂，掺杂水分，文体单一（《红楼梦》除外）。单篇文章，形制短小，内涵丰富，高度凝练，众体兼备，耐人咀嚼。读长篇小说，要理解核心人物，抓住关键情节，可以忽略次要人物及情节。读单篇文章，要善于抓文眼，不能忽略看似次要的内容。

第六，学生在单篇阅读过程中获得的能力可以支撑整本书的阅读，倒过来就不一定了。学生阅读整本书，效果主要体现在获得精神养料、丰富人生感悟上。单篇阅读在获得精神养料、丰富人生感悟的同时，还可以夯实学生语文的"双基"。

第七，师生应对整本书的考试很困难，大海捞针，负担成倍增加，效果还不一定好。应对单篇的考试则简单得多。

老舍先生在《怎样读小说》中写道："写一本小说不容易，读一本小说也不容易。"又说："小说是讲人生经验的。我们读了小说，才会明白人间，才会知道处身涉世的道理。这一点好处不是别的书籍所能供给我们的。"又说："看它怎么以最少的文字，形容出复杂的心态物态来；看他怎样用最恰当的文字，把人物情状一下子形容出来，活生生地立在我们眼前。"又说："断定一本小说内容的好坏……我们可以这样来决定：关心社会的便好，不关心社会的便坏。"

探索学理观照下的语文教学之路

我曾经有过缺乏学理的语文教学经历，仅凭热情，根据好恶、感觉和经验教学，教学缺少理论修养，有时面对学生质疑，心里发虚，感到汗颜。后来我走上自觉探索学理观照下的语文教学之路，教有所依，讲有所据，练有所控。从缺乏学理到拥有学理，这是我教学生涯中质的变化。

学理，有两层含义：一是已有的原理和法则，二是新生的原理和法则。

中学语文教学属于教育范畴，所以语文教学必须遵循教育的原理和法则：（1）培养学生健康独立的人格，使学生得到全面和谐的发展。（2）尊重学生的生命、人格和个性。（3）处理好教育的世界性与民族性的关系，以民族性为主体，把"培养什么样的中国人"作为教育的灵魂。（4）教育是一把双刃剑（有好的教育，也有坏的教育）；教育不能急功近利，不能追风赶潮；不能用管理企业、军队的方法管理中学生；要警惕"过度教育"，防止"教育异化"。（5）教师的天职是促进学生的发展，评价教师的标准就是看其在多大程度上使学生得到了发展提高。教师一个肩膀担负着学生的今天，一个肩膀担负着祖国的明天。今天的教育质量，决定了明天的国民素质。

语文教学又属于教学与课程的范畴，所以必须体现教学论与课程论的原理和法则：（1）激发学生兴趣，实现学生从不愿意学到愿意学的转变。（2）注重学生的参与、体验、内化与生成，让学生获得成功感，逐步发现自身优势，实现学生从不能学到能学的转变。（3）善于引导、启发学生，教授方法和规律，促进学生思维品质的提升，实现学生从不会学到会学的转变。（4）充分体现课程的功能。教师要有一双语文的眼睛，教材无非是个例子，教师是"用教材教"，不仅仅是"教教材"。（5）教学的本质是一种实践活动，学生是实践的主体，教师的"教"是为学生的"学"服务的；教学的有效性主要表现在教师引导下的学生自主体验与内化生成。

再说语文教学本身。

我对语文教学的认识经历了一个漫长的过程。起初，我对语文教学的性质和任务缺乏足够的认识，对语文教育发展史知之甚少，是一位"糊涂老师"。后来经过学习，我逐渐明白了语文这门学科的意义和内涵。

我国古代没有严格的学科意义上的语文教育，也没有"语文"名称。古代语文内容十分丰富，涵盖文、史、哲等多个领域。"语文"一词出现在鸦片战争后。当时，英国敦促中国加强英语教育。清王朝也在惨败中吸取教训，开展洋务运动，开办同文馆，培养外语人才。于是有了"洋语""洋文"，指外国的语言文字，简称"洋语文"。"语文"一词最早见于光绪十三年（1887年）六月十四日两广总督张之洞所呈《创设水陆师学堂折》，中有"肄习西洋语文、算法""其水师则学英国语文""其陆师则学德国语文"的内容，但这时的"语文"并不是学科名称。

1905年，清朝废除科举，开办新式学堂。此前，张之洞等人拟制《奏定学堂章程》，即"癸卯学制"，首次为"中国文字""中国文学""读经讲经"单独设科，规定了具体课时数，占全部课时的四分之一。至此，国文课程才有了严格的学科意义。当时其他课程、教材几乎都是从外国引进的，只有与"洋文"相对的"国文"课教授的是中国历代古文，但口语与书面语严重脱节，学习难度大，不易普及。晚清时期，白话文教学开始萌芽，到民国时期发展成为白话文运动，即"国语运动"。该运动提倡"言文一致""国语统一"，推行"国音"，实行注音字母。这对于开启民智、统一语音十分有益。1919年，爆发了五四运动，出现了白话文与文言文之争，最终是白话文战胜了文言文。同年，《新体国语教科书》也由商务印书馆出版。1920年，中华民国教育部正式颁令，将小学国文学科名称改为"国语"，白话文著作进入教科书，语文教学与现实生活结合起来，书面语与口语结合起来，读、写、听、说并重，语文的实用价值得到重视，这标志着古代语文脱胎换骨走向了现代语文。国语运动的倡导者说："我国是一个共和国，内忧外患又很紧急，普及教育是救国的根本法子；这个火烧眉毛的应急的注音字母，是普及教育的最好的利器。"又讲道："我们要知道：造这注音字母的主要目的，是为着中国十分之九的目不识丁的国民，增加知识，灌输教育；这注音字母实在是四万万人的救星……所以我们要救国，要提倡注音字母，就是现在这个时候，迟就不好了。"（吴稚晖《草鞋与皮鞋》）可以说，秦始皇"书同文"，国音运动是"语同音"，对中华民族大家庭的完整统一具有十分重要的意义。

20世纪30年代后期，叶圣陶、夏丏尊二人提出将"国语"和"国文"合二为一，改称"语文"，并尝试编写新的语文教材，后因抗日战争爆发被迫停止。1949年8月，叶圣陶主持草拟《小学语文课程标准》及《中学语文课程标准》，第一次使用"语文"作为学科名称取代"国语""国文"。新中国成立后，叶圣陶又一次提议改革"语文"科，被当时的华北人民政府教育机关采纳，随后推向全国。从此，"语文"便成了中小学教育中的主要课程。1950年，人民教育出版社出版了全国统一的《初级中学语文课本》和《高级中学语文课本》。

由此可知，作为学科名称的"语文"不仅仅是一种交际工具，其内涵十分丰富。统一的语言文字，历来就是民族团结的纽带。1903年国粹派代表邓实写道："故一国有一国之语言文字，其语文亡者，则其国亡；其语文存者，则其国存。"（《鸡鸣风雨楼独立书·语言文字·独立第二》）有人说过一句很深刻的话："消灭一个民族，首先瓦解它的文化；要瓦解它的文化，首先消灭承载它的语言；要消灭这种语言，首先从他们的学校里下手。"都德在《最后一课》中借韩麦尔老师之口说出了这样的话："亡了国当了奴隶的人民，只要牢牢记住他们的语言，就好像拿着一把打开监狱大门的钥匙。" 杨绛先生说："我十分爱我们的文字，几千年中国的统一靠的就是汉字。"她又说："越南和中国以前用同一种文字。越南成了法国殖民地之后，法国人首先灭了他们的文字，改为拼音。我们出国时在船上碰到一个越南人，他痛哭流涕地说本来我们用同一种文字，现在不同了。那个人姓吴，可是拼音一变就成了'鹅'了。"母语是一个民族的精神家园，是一个民族的整体记忆，丢掉了母语就找不到回家的路。

因此，语文教学自然具有突出的育人功能，语文教学的根本任务是：（1）培养学生热爱母语的感情，传承以母语为载体的祖国优秀传统文化；（2）奠定运用母语进行听、说、读、写的知识基础和能力基础；（3）对学生的心灵、精神、人格成长产生积极影响。

语文教学有四个具体任务，即培养学生听、说、读、写的能力。人的听、说行为在其进入学校前就已经在父母的培养下开始了，属于自然习得，即第一语言习得。人的读、写行为则是在其进入学校之后，在老师的引导下系统学习所得，即第二语言学得。对母语的习得贯穿人的一生，对母语的学得则是有阶段性的，而中小学阶段最为重要。所以，下面我重点谈一谈阅读教学和写作教学。

阅读教学

阅读教学的学理是什么？第一，汉语学原理；第二，阅读学原理；第三，文艺学原理；第四，语言学原理；第五，教学论和课程论原理。

最初，我对阅读教学的理解很狭窄，以为阅读教学就是理解字、词、句、篇。后来，通过不断学习、实践和思考，我逐渐掌握了一些学理。

我在备课时经常问自己：我要教给学生什么？为什么教这个内容？我怎样教？为什么这样教？比如，刚参加工作时，我教的第一篇课文是《荷塘月色》，第一个教学环节是朗读课文。谁来朗读？当然是我自己了。我喜欢朗读，得过奖，常以此为荣。我朗读完，学生鼓掌，我洋洋得意。在很长一段时间内，我就陶醉在这种浅薄之中，不懂得教师是干什么的。后来，我明白了，我自己读得再好，学生不会读，教学是无效的。于是，我就把第一个环节改成学生读课文。学生读得不理想，字音都有读错的，不要紧，正好给他纠正嘛，课堂就是要让学生有发展提高。学生实在不会读，我才示范一下。我发现，只要教师引导得法，学生的提高是很快的。比如《谁是最可爱的人》中有一句"把敌人抱住，让身上的火，也要把占领阵地的敌人烧死"。学生读不出味道来，我就启发学生，发音时"咬牙切齿"能表现对敌人的恨，"烧"这个字的字音应该从牙缝里发出。学生马上就明白了，咬着牙读"烧"字，效果好多了。

教师不要炫耀自己，而是要让学生锻炼。学生出错不可怕，学生的错是教师教学的起点和依据。我教《在马克思墓前的讲话》，先让学生读课文，读完后我让喜欢这篇课文的学生举手，只有三五个举手。我叫一个不喜欢的学生说一说理由，他说了一大堆。我才明白原来学生不喜欢，这怎么教呢？于是我就重新调整教学计划，得先吊起学生的胃口呀！两节课下来，学完了，我又问学生，喜欢的举手，结果都把手举起来了。学生发生了变化。

魏书生老师有一句话说得好："教师要有走进学生心灵世界的本领。"阅读教学必须研究学生的心理。我的一个学生学习不好，从来没有完整地背下来过一篇课文，成绩又差，同学们瞧不起他，他在同学们面前抬不起头来。我就想：学习不好就一定背不下课文来吗？我想尝试一下。有一天，放学后，我对他说："明天语文课检查背课文，我提前告诉你，要检查你，你回家好好准备一下，怎么样？"他点了点头。第二天的语文课上，当我叫到他名字的时候，有的同学直撇嘴，意思是"白耽误工夫"。但是，奇迹出现了，他背过了。同学们瞪大了眼睛看看他，又看看我。我带头鼓掌，学生们明白了我的意思，全都鼓掌。我说："今天的情景同学们都看到了，请大家写一篇作文，题目是'掌声响起来'。你们写，老师也写。"作文收上来了，我先看那位学习有问题的同学的作文。

他写道：

> 那天放学回到家，我对爸爸妈妈说，明天老师要检查我背课文，今晚请帮我。我背一段，你们听一段，有错立刻指出来。就这样，忙活了一晚上。第二天，我一睁眼，看到爸爸妈妈早已站在床边，说，先别起床，躺着背一遍，别睡一晚上给忘了。我躺在被窝里背了一遍，没忘，很高兴。起床、洗漱、吃饭，背上书包上学。走出家很远了，回头一看，爸爸妈妈还站在家门口望着自己呢。放学回到家，爸爸妈妈问的第一句话就是："孩子，背过了吗？""背过了，老师和同学都鼓掌呢！"妈妈听到这话，激动得眼里含着泪花，说不出话来。

作为爸爸妈妈，最难过的就是自己的孩子在学校里抬不起头来。现在孩子终于抬起头来了，爸爸妈妈的心情难以用语言来形容。通过这次尝试，我的收获是：即便是学习有问题的学生，如果教师引导得法，也会出现奇迹。

阅读教学的专业性是很强的，教师必须具有深厚的专业素养，语文课不是随便什么人都能教明白的。我在实践中明白了这样的学理：一篇文章从"自然文本"变成"教学文本"，必然承担一定的语文功能，体现"课文"的本质特点。作者的写作目的与语文教学目标的关系是复杂的，有的完全吻合，有的部分吻合，有的完全不吻合。这就需要有一双语文的眼睛，具有独立确定教学内容的能力。"任凭弱水三千，我只取一瓢饮。"要区分"定篇""例文""样本""用件"的不同功能，将"类文本"的共性与个性有机结合起来。比如教学《雷雨》，我借助语体学"话轮转换"的理论确定了一个教学目标——认识话剧 "对话"语体的特点。话剧是对话的语言艺术。对话往往围绕一个话题展开，对话过程中话题会发生转换。在转换处进行切分，可以将对话划分为对话篇、对话段和对话组；对话的双方分为主动方（发话方）和被动方（接话方），主动方挑起话题，被动方被动应对；主动方和被动方在一定条件下会发生转化，主动方可以变成被动方，被动方可以变成主动方。主动方为何挑起话题？被动方为何会变成主动方？这对把握人物性格非常有帮助。章熊先生发邮件问我："听说你教《雷雨》效果很好。你是怎么教的，把教案发给我。"陈钟樑先生现场观摩我教《雷雨》的全过程之后说："看了你的《雷雨》课，感慨万千。"语体学中"话轮转换"理论就是我教话剧的学理依据。在此，我向老师们推荐袁晖、李熙宗写的《汉语语体概论》一书。另外，王景丹的《话剧语体论》也值得一读。

阅读教学需要借助解释学的原理和法则。一切历史都是解释的历史，文本阅读更是如此。如何解读文本？有没有规律可循？怎样处理一元理解和多元理解的关系？这是摆在语文教师面前的基本问题。我用了两三年的时间集中学习了解释学的著作，从中国解释学到西方解释学，从一般解释学到哲学解释学，它们给了我很大的启发。我在阅读教学中让学生区分"作者意"和"读者意"。阅读文本，首先掌握"作者意"，然后走向"读者意"。把握"作者意"，就要"知人论世""以意逆志"，就要了解"文本结构""观物取象""立象尽意"的语言艺术规律。朱熹说："虚心涵泳""莫先立己意"。这对于引导学生会读书及读懂书大有裨益。读者反应理论又告诉我们，读者在文本面前不只是被动接受，可以结合自己的生活经历和思想感情与文本进行对话，可以超越文本。于是，从"作者意"走向"读者意"，阅读的现实意义和批判性阅读的价值就体现出来了。在此基础上，我提出了"基本理解"的阅读教学模式，即从"原始阅读"开始，经过"原始理解""后续理解"，走向"基本理解"。我写的《论"基本理解"》一文，就是在这方面的实践和探索的结果，得到了语文教师们的认可。有关解释学的著作很多，我向老师们推荐蒋成瑀先生写的《读解学引论》一书。

符号学理论也是语文教学的重要学理依据。懂得"表层含义"与"深层意蕴"的关系，是解读文本的一把钥匙。在此我向老师们推荐赵毅衡先生的《文学符号学》一书。

心理学原理也很重要。比如《林黛玉进贾府》中写"宝黛初会"时，林黛玉见到贾宝玉，心中大吃一惊："好生奇怪，倒像在那里见过一般，何等眼熟到如此！"贾宝玉见到林黛玉，也说："这个妹妹我曾见过的。"怎么解释这一现象？仅仅靠"木石前盟"吗？有没有"学理"上的解释？心理学上讲，每个人在心灵深处都会有异性偶像，荣格把它叫作"阿尼玛"和"阿尼姆斯"，即"原型理论"，就是一个人对异性偶像的容貌、气质、风度、情趣、志向和价值取向会有心灵上的勾画；当勾画的偶像一旦出现在眼前，就会产生一见如故的感觉，甚至一见钟情。在《牡丹亭》里有这样的典型情节，在《聊斋志异》中也有，大概《红楼梦》写得最好。贾宝玉和林黛玉互为偶像，心有灵犀，曹雪芹把二人的爱情故事写得荡气回肠，感动了无数读者。

文学是审美的，不追求实用价值。教学朱自清的《背影》，有学生说朱自清的父亲"违反交通规则""长得也不潇洒"。对此，语文老师不能简单地鼓励学生有独立见解，而是要引导学生从美学的角度正确理解文学作品的情感因素，给学生以审美启蒙。孙绍振先生认为，越是不顾交通规则，不考虑自己的安全，就越是显示出对儿子的深厚感情。如果父亲认真地考虑上下月台的安全问题，就太理性，就没有感情可言，甚至煞风景了。越是没有实用价值，越是有情感的价值。阅读教学的任务，就是把学生从一个非专业读者，培养成一个专业读者，或者接近于一个专业读者。

是否懂得隐喻，往往是区别专业读者和非专业读者的分水岭。非专业读者阅读文学作品，往往读什么就相信什么，走进去就出不来，以至于有的读者阅读《红楼梦》，心血崩溃，气绝身亡，有的读者阅读《少年维特之烦恼》，就模仿作品中的人物去自杀。这都是非专业读者的表现。非专业读者最突出的毛病是"悖体阅读"，即不能遵照文体规律来阅读和理解。曾祥芹先生指出，所谓"悖体阅读"是违背文体特性和文体思维法则的阴差阳错的阅读。曾先生以《论语》解读为例，批评了那种将《论语》作为纯文学作品来阅读的做法，指出"具有文学价值"和"文学作品"毕竟不同，"事料的真实"与"意旨的鲜明"是体现《论语》文体特性的关键，只有将《论语》作为"学术文章"来阅读才是"适体阅读"。

语文教学究竟有多少相关的学理，我说不清楚，但我知道学理往往随着文本体裁的具体情况而出现。文体是有限的，学理也就是有限的，是可以穷尽的。对某一学理的掌握，往往是因为读了某一本书。涉及语文教学学理的书究竟有多少本？大概有一百本吧。但是想要知道是哪一百本，可能需要用一生去追寻。

写作教学

写作教学的学理依据包括：第一，写作学原理；第二，文章学原理；第三，文体学原理；第四，叙事学原理。

一、写作观

写作行为是人类特有的，是人区别于动物最显著的特点。

写作是一项宏大的事业，在传播人类文明、促进社会发展过程中具有不可替代的作用。

写作是一项精神活动，可表达人的思想情感，体现创新思维和个性特点。

写作是一种职业，是一种生存技能。写作在人的日常学习、工作和生活中发挥着重要作用。

写作的过程就是"整理思想"的过程，要培养学生养成"整理思想"的习惯。

写作的篇数不求多，但是要写一篇成一篇，注重修改完善，数量目标服从质量目标。

写作要表达独立见解，切忌千篇一律；写作要体现思辨力和逻辑性，切忌写流水账。

写作不是肤浅地歌功颂德，而是要表现人性，表现心灵。写作要表达真情实感，体现作者悲悯的情怀，不要简单地用是否"思想健康"来评价学生作文。

故事性和象征性是记叙类和文学类文体的特点；思想性和逻辑性是议论类和说明类文体的特点。写作教学应该在文体上有明确要求。

写作知识既有陈述性知识，也有程序性知识。后者更为重要。

二、"写什么"的学理依据

刚参加工作时，我对"写什么""为什么写"说不出充足的理由，往往是随便找一个题目让学生写，凑够写作次数就可以了。后来我逐渐明白，写作是心灵的表白、情感的宣泄、思想的展示、个性的体现。只有触动了心灵，才会产生写作欲望。古人云："情动于中而形于言。"司马迁说："盖文王拘而演《周易》；仲尼厄而作《春秋》；屈原放逐，乃赋《离骚》……《诗》三百篇，大抵圣贤发愤之所为作也。"这是写作的基本道理。我明白了，再去要求学生，他们的写作就走出了迷宫。

写作内容包括人、事、物、理、情五个方面。写人，首先要写自己，然后是写他人，写家庭，写学校，写社会，写自然。总之，要写触动心灵的人和事，不要"被立意"。事实证明，"被立意"是假写作，不能真正提高学生写作水平。

我教的学生写过很好的作文，有的公开发表。每到作文讲评时，学生都很兴奋。我看到学生写出一篇好的作文，比我自己写一篇好文章还高兴。因为我看到的，不仅仅是一篇文章，还有学生的精神成长。

三、文体原理

以文体为训练主线的写作教学观由来已久，并形成著名的"三大教学文体"。但是很多年来，高考写作淡化文体、不限文体，造成写作教学不重视文体，学生的作文不伦不类。事实证明，文体是不能超越的。离开文体，写作教学就没有了抓手，就不能成为一门独立的学科。

古人非常重视文体，有过很好的论述。明代徐师曾在《文体明辨·序》中说："夫文章之有体裁，犹宫室之有制度，器皿之有法式也。"明代陈洪谟说："文莫先于辨体，体正而后意以经之，气以贯之，辞以饰之。"古人很早就有了文体意识，并对文体进行了划分。曹丕在《典论·论文》（作于东汉末年）中提出："盖奏议宜雅，书论宜理，铭诔尚实，诗赋欲丽。"西晋陆机在《文赋》中把文章分为10类，并指出其各自的特点："诗缘情而绮靡，赋体物而浏亮，碑披文以相质，诔缠绵而凄怆，铭博约而温润，箴顿挫而清壮，颂优游以彬蔚，论精微而朗畅，奏平彻以闲雅，说炜晔而谲诳。"南朝梁太子萧统编《昭明文选》，具有教材性质，将所选的700多篇诗文分为39大类，并区分文学作品与非文学作品。同时代的刘勰在《文心雕龙》中以大量篇幅阐述了文体分类的理论问题，将文体分为大小70多类。宋代真德秀《文章正宗》是最早进行教学文体划分的著作，他将选文分为"辞命、议论、叙事、诗赋"四类，比较接近现在的分类。明代吴讷的《文章辨体》将文体分为59类，明代徐师曾的《文体明辨》将文体分为127类。在此我向老师们推荐钱仓水的《文体分类学》和褚斌杰的《中国古代文体概论》。

这是关于古代文体的学理概况。

废除科举后，语文开始独立设科。新文化运动之后，语体文写作逐渐替代了文言写作，现代文体增多，同时，西方文体分类开始进入国人视野。在此背景之下，如何给写作教学提供科学的文体分类就成了一个重要问题。

20世纪二三十年代，梁启超、陈望道、叶圣陶、夏丏尊、阮真等人在写作教学的科学性和操作性上做了可贵的探索，提出了"教学文体"的概念。现在中小学语文教学常用的记叙文、议论文、说明文三大教学文体就是在他们研究的基础上逐步形成的（一说源自美国希尔《修辞学原理》"四分法"）。

有的学者批评三大教学文体，斥之为"伪文体"，有一定道理。但在找到更合适的名称之前，继续使用"三大文体"未尝不可。问题的关键在于，我们要从广义上去理解"三大文体"，不能一提记叙文就局限于"六要素"，不能一提议论文就局限于"论点、论据、论证"。所谓记叙文，指的是记叙类文章，包括散文中的叙事作品，甚至更广；所谓议论文，指的是议论类文章，包括散文中的说理作品，甚至更广。

四、技法原理

写作要不要技法？回答是肯定的。写作是专业性很强的学科，写作能力必须经过专门、系统的训练才能获得。没有人天生会写作。

传统的写作技法训练侧重于对陈述性知识的学习，忽视程序性知识。写作技法训练，就是将陈述性写作知识与程序性写作知识结合起来，按单元有规律、有梯度地分布。

陈述性知识是关于"是什么"的知识，侧重于"知"。朱德熙的《写作指导》、何家槐的《作文基础知识讲话》、北京大学中文系的《写作知识》、复旦大学中文系的《写作基础知识》，以及刘锡庆的《写作基础知识》都对写作知识有所构建。另外，陈子典主编的《写作知识辞典》将写作知识分成17类，收辞目2000多条，可谓写作知识大全。这些知识总体上看属于静态的，对于提升学生的写作素养有益，但不能很快地转化成写作技能。

程序性知识是关于怎么做的知识，侧重于"做"。程序性写作知识就是我们常说的写作技法，很多学者在这方面做了有益的探索，如秦亢宗的《写作技巧杂谈》、谭兴国的《写作技巧探微》、洪威雷的《写作技巧教程》等。另外，毕桂发主编的《写作技巧词典》、林三松主编的《写作艺术技巧辞典》、阎景翰主编的《写作艺术大辞典》，也都为构建程序性写作知识体系提供了有益的参考。

理想的程序性写作知识应该具有可操作性。我举几个例子：（1）"脉络句构篇法"，就是先确定脉络句，串联文章的段落，再具体写段落内容，使每个段落都紧紧围绕中心展开。脉络句一般放在每段的开头，从不同的角度、层次上来表情达意，像一条绳索紧紧捆住文章的中心。（2）"分歧式构思法"，在记叙类文体写作中使用，就是利用现实生活中的"分歧"来构思，形成"出现分歧—消除分歧"的基本思路。（3）"联想·分类·层进表现法"，这是议论类文体的写作方法，就是先联想，后分类，再按层进的逻辑关系确定写作顺序。（4）"选取空间立足点"，这是说明类文体的写作方法，比如在说明空间物体时，首先确定一个立足点，然后以此为参照，按照前后、上下、左右的顺序，使用方位名词进行说明。（5）"捕捉动情点"，就是先叙述自己被感动的故事，然后描写感动后内在和外在的表现，最后揭示感动的原因，记叙、描写、抒情、议论多种表达方式综合运用。（6）"寻找寄托心灵的绿洲"，这是咏物作品的写作方法。散文讲究意境，意境需要情景结合。先写事物的外形，展示"文学符号"的表层含义，然后揭示其深层意蕴（也可以不揭示，让读者去领悟）。描写"形"是为表现"神"服务的，"一切景语皆情语"。

一旦掌握了程序性写作知识，学生的写作就会进入一个新的境界。请看下面一篇学生作文。

绅士风度

秋日的清晨吹来徐徐凉风，阳光透过枝叶斑驳地倾洒在地面上，让人觉得时节正好，心情也不免愉悦起来。

我在鸟鸣声中向小区大门走去，准备到学校开启一天崭新的学习生活。其实如今已不能称之为"大"门，自从一天夜晚发生了醉酒驾车横闯小区大门并撞伤一名保安的事件之后，居委会便决定把这个门只开45度角，防止机动车随意进出。如今这个"小"门只能勉强容许一人推着一辆自行车通过，但小区里的行人在门里门外相遇时总会互相谦让，显得和睦而美好。

在走到离小区门不远时，从旁边的楼里走出一位衣着考究、拎着公文包的叔叔。他健步走着，显得沉稳而有力，一看就是一位有素质、有内涵的成功人士。我走在叔叔后面，离小区门越来越近。这时，从小区门外走来一位老奶奶，手里挎着菜篮，新鲜的紫甘蓝和娇嫩的奶白菜带着晶莹的露水，仿佛让人看到了生活的美好。老奶奶和叔叔相向而行。他们一定会在门口相遇，我想，和谐友爱的场景一定又会在这舒爽的清晨出现。这位绅士叔叔一定会将身子退后，侧身请老人先进来；这位老奶奶一定是面带微笑表示感谢，她甚至已经对那位叔叔点头微笑了一下。

然而不可思议的事情就在这一瞬间发生了。这位"绅士"紧迈一步跨进铁门，用胳膊抵住老奶奶，迅速通过了铁门，老人被推向了一边。老奶奶对这突然的一抵和冲撞感到非常吃惊，幸而扶着栅栏勉强站稳了脚；蔬菜上的露水在空中划出不和谐的放射状轨道，最终一小棵芹菜不幸就义，掉在了地上。"绅士"口中还念念有词，奶奶的微笑早已凝固成了尴尬与惊诧。

我很幸运没有看到那位"绅士"的表情，如此绅士风度，想必那面容一定会令人回味良久。

本文在叙事结构上有一个突出的特点：

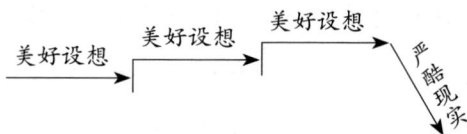

美好设想 美好设想 美好设想 严酷现实

设想越是美好，与现实形成的反差越是强烈。这个写作思路启发我们，可以有另外一种相反的结构：

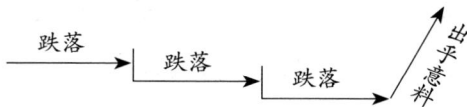

跌落 跌落 跌落 出乎意料

由此可见，叙事结构是很重要的。在此，我向老师们推荐罗钢的《叙事学导论》一书。

写人性，必然涉及人性丑陋的一面。如何引导学生正确对待丑陋的人性呢？我的观点是：要用悲天悯人的情怀去写作。我们写人性之美固然是追求真善美的表现，我们批判假恶丑也是追求真善美的表现。同学们用笔去揭露和批判丑陋人性，不是发泄私愤，不是图个痛快，而是悲悯人类。这是写作的境界问题。古今中外，著名的作家都有悲悯的情怀。

综上，从没有学理到拥有学理，我追寻了几十年，有一点收获，还很不够，要继续追寻。同时我也知道，不是所有的语文教学活动都能够找出恰切的学理来。正如鲁迅先生所说："从前教我们作文的先生，并不传授什么《马氏文通》《文章作法》之流，一天到晚，只是读，做，读，做……一任你自己去摸索，走得通与否，大家听天由命。"

最后，我想说一说语文教师的专业价值问题。作家的价值体现在文学作品上，艺术家的价值体现在艺术作品上。语文教师的专业价值体现在哪里？体现在"课堂作品"上。什么是"课堂作品"？就是代表教师最高教学水平并取得明显教学效果的教学设计、教学实录、教学论文或教学视频。一般而言，"课堂作品"须满足三个条件：（1）体现了对课文的准确把握和深刻理解；（2）体现了精心的设计并取得了良好的效果；（3）包含着师生双方尤其是教师一方的感情投入。一篇"课堂作品"不是一蹴而就的，须经过反复推敲，千锤百炼。一个学期能够积累一篇就很不错了。工作10年，能有10篇至20篇"课堂作品"支撑着，就能够成长为一位优秀的语文教师了，甚至就是一位教学的行家里手了。教师的成熟往往就是在一篇一篇的"课堂作品"的积累中实现的。我们看《于漪教案选》和钱梦龙老师的《语文导读法》，会被其中一篇一篇的教案所折服，因为这就是他们的"课堂作品"，浸透着他们的心血和智慧。我有大约50篇"课堂作品"，是我30多年一篇一篇积累起来的，有的修改了十几遍。对这50篇"课堂作品"，我烂熟于心，无论何时何地，拿起来就能教，不需要备课。对这些课文，我基本能背下来。有没有积累"课堂作品"的意识，直接反映了教师有没有职业的觉醒。教师具有了职业的觉醒，才能认识到教学的意义，才不会产生职业倦怠。

感性·知性·理性

——以于漪为例浅析语文教师素养构成

2018年1月20日，中共中央、国务院颁布了《关于全面深化新时代教师队伍建设改革的意见》。文件指出："教师承担着传播知识、传播思想、传播真理的历史使命，肩负着塑造灵魂、塑造生命、塑造人的时代重任，是教育发展的第一资源，是国家富强、民族振兴、人民幸福的重要基石。"中央计划，到2035年，教师综合素质、专业化水平和创新能力大幅提升，培养造就数以百万计的骨干教师、数以十万计的卓越教师和数以万计的教育家型教师。这是一个宏伟蓝图，鼓舞人心。同时我们也感到任重道远，因为教师专业发展周期长，见效慢，过程复杂。

我是一名在三尺讲坛耕耘了36年的语文教师，在成长过程中受到许多优秀语文教师的指导帮助，他们精湛的专业技能和先进的教育思想深深影响着我。于漪老师就是其中典型代表。我受于漪老师影响始于1985年，当时就立志要做一名像于漪老师那样的语文教师。光阴荏苒，日月如梭，30多年过去了，我从于老师那里学到了很多很多，我由衷感激于老师。在此，我想谈一谈我向于老师学习的一点粗浅体会，以就教于我敬仰的于老师，就教于广大同仁。

　　我使用"感性""知性"和"理性"三个概念，不想从时间上梳理于漪语文教育形成的过程，更不想从深浅上揭示于漪语文教育的发展轨迹，而是想解释支撑于漪语文教育的人性基础。三者是并列的，不分等差。

　　在中央刚刚公布的改革开放四十年100名杰出人物中，于漪老师名列其中。这是于老师的光荣，也是广大中学语文教师的光荣。于漪老师是"杰出语文教育家"，有别于一般意义上的"优秀教师"。杰出语文教育家固然需要多方面的素养，比如政治素养、学科素养、教学素养、教育素养，但我认为还应该具有必不可少的人性素养。当学科专业方面的素养达到基本要求之后，决定语文教育成败的关键是人性素养。

　　人性素养何以有如此重要作用呢？这是由语文教育的性质特点决定的。语文教育不仅关注学生的言语技能发展，还关注人的情操心灵发展。学生想要学好语文，必须在感性、知性、理性上得到良好发展。感性素养体现语文教育的基础，知性素养体现语文教育的宽度，理性素养体现语文教育的高度。于漪老师具有良好的素养构成，并使其成为教育名家。

　　感性通常指性情和情怀而言。感性素养好就是对人和事敏感，能保持心灵的温润。作为语文教师，见到学生就心花怒放，学生进步就由衷高兴；听到动人歌曲就心摇神驰，读到优美文字就情不自禁。让我来举一个于漪老师的例子。《宇宙里有些什么》是篇说明文，开头一句很简单："让我们把目光投向无穷无尽的宇宙。"于漪老师敏锐地抓住这句话，设计了这样一段教学语言：

　　　　白天我们仰视天空，或丽日蓝天，白云朵朵，或彤云密布，灰幔笼罩；夜晚仰视天空，或皓月素辉，群星灿烂，或黑色浓重，深邃无底。彼时彼刻，你们想到些什么呢？是否想到天空究竟有多少奥秘？宇宙究竟有多大？宇宙里究竟有些什么？如果能洞悉宇宙的奥秘，该多幸福啊！

多数语文教师可能不会这样设计教学语言。于漪老师以她优良的感性素养，丰富了课文内容，起到了感染作用，一下子就把学生的心灵引向了神秘的苍穹。这里，体现了于漪老师的一种情怀，即用富有诗情画意的优美语言激发孩子的好奇心，培养孩子的求知欲。听于老师讲这段话就是一种享受。

于漪老师具有语文人的情怀。于老师说："胸中要有教文育人的蓝图。"她又说："语言不是无情物，教师要善于把课文中无声的文字通过有声的语言传递到学生心中。诗与文都是情铸成，教师备课深味文中情意，受熏陶感染，有真切体会，教课时情注其中，文字就不是无生命的符号，而是有血有肉，能给人以启示，以鼓舞，以力量。感人心者，莫先乎情。"于漪老师告诉我们，语文要感人，感人莫先乎情。我们很难说数、理、化等学科要感人，"感人"一词似乎最适宜用在语文学科上。

感性是人性中情感敏锐的一种机能，具有先天的一面，也可以后天养成。我们说某人是"性情中人"，侧重于先天因素；我们说某人酷爱朗诵、书法，侧重于后天养成。于漪老师集二者于一身，闪耀着人性美的光辉。于漪老师和苏霍姆林斯基有很多相似之处，特别是在美好人性方面，让我常常感到阳光照射的温暖。

王元化先生在《人性札记》一文中提到马克思在《资本论》第三卷有"最与人性适合也最光荣的条件"之语，并对其进行了深入研究。我受其启发，认为马克思这句话指的是人的行为对于人性应该具有适切增益的作用。语文教育行为与彰显美好人性当然是适切增益的。由此，我们也可以说，学生人性素养的提升，需要汲取来自语文教师的美好人性。于漪老师之所以能够成为杰出的语文教育家，与她本身的美好人性分不开。于漪老师以自身的美好人性深刻地影响了学生。

具有良好感性素养的人适合当教师，尤其适合当语文教师。刘勰在《文心雕龙·神思》中讲"登山则情满于山，观海则意溢于海"，这是诗人应该具备的感性素养，"一枝一叶总关情"。杜甫身居茅屋，却推己及人，写出了"安得广厦千万间，大庇天下寒士俱欢颜"的名句。这是诗人最重要的品质——悲悯情怀。语文教师也需要这样的情怀。同时，语文教师还要对语言文字特别敏感，读课文时能随着文字的感情而喜怒哀乐，讲课时能绘声绘色，声情并茂。

相反，如果一个人不善于说话，很内向，不喜欢孩子，那就最好不要选择教师这个职业。苏霍姆林斯基说："如果你天性孤僻、不爱交际、沉默寡言，更多地愿意独处或与少数朋友交往；如果和人多的集体交往使你头疼，那就不要选择教师职业。如果你和儿童会发生无休止的冲突，那就根本不要当教师。如果你缺乏心灵与理智的和谐，热情不足，理智有余，对面临的一切都要进行仔细斟酌，谨小慎微地遵行各种规定，那么你将难以使学生在你面前吐露心思，你是否选择教师职业也需要三思而行。"可见，感性素养对于语文教师是多么重要。没有美好的人性，就教不好语文。

于漪老师曾教过一个非常差的学生，他偷窃扒拿，什么事都做过，以至于哪个班都不要他。于老师就把他带到自己的班上。当时班上同学们都反对，于老师耐心说服了同学，让大家一起来帮他。就在他有所好转之时，他父亲因为一块三角板打他骂他，他一气之下，离家出走，旧习气死灰复燃。怎么办？于老师就把他带到自己家里，当作自己的孩子来教育。那些日日夜夜，于老师和爱人一起来教育他，反反复复，苦口婆心，终于铁树开花。一次，于老师生病住院，他到医院看望于老师，于老师不禁热泪夺眶而出。类似这样的例子在于老师从教生涯中是很多的，每读至此，我心中都感动不已，这不就是人性美的写照吗？苏霍姆林斯基说过，一个教师重要的品质就是热爱孩子。热爱孩子的情感，是人的天性，也是后天接受教育浸染而成的。

与高尚的人接触才有可能成为高尚的人。于漪老师在《老师，我永远记着您》一文中深情回忆了自己学生时代的老师，对他们表示了深深的怀念和感激之情。中学时代的于漪上晚自习时曾经被一只红色大蜈蚣蜇伤，管宿舍的严老师全力帮助她，摸黑跑到很远的郊区找来一只公鸡，把公鸡的唾液涂到于漪被蜇的伤口处，于是疼痛减轻了。于漪老师说："教育过我的尊敬的中小学老师，我感谢你们，对你们的恩泽，我永志不忘。"这就是美好人性的继承和延续，薪火相传，永远闪亮！

"知性"在我国学术界一直存在争议。康德把认识划分为"感性—知性—理性"三种，黑格尔沿用此说。我国学术界曾将此概念译作"悟性"。贺麟译作"知性"，为学术界所接受。王元化先生依据马克思《政治经济学批判导言》，梳理出这样的公式：混沌的关于整体的表象—（感性）—分析的理智的一些简单的规定（知性）—许多经过规定的综合而达到多样性的统一（理性）。我认为，所谓知性，就是在实践基础上形成认识的过程，它以实践为基础，以理性为归宿。所谓"感性—知性—理性"的公式，其实就是"实践—认识—再实践"的公式。

于漪老师首先是一个语文教育实践者。她从初登讲台，到退休，到现在，几十年如一日，实践着，探索着，思考着。她之所以成为杰出语文教育家，是因为她辛勤耕耘，努力实践。于漪老师在《于漪文集·自序》中写道："做了一辈子教师，一辈子学做教师。"于老师不是学中文的，自称"非科班出身"。当年老组长听她执教《普通劳动者》，听完后对她说："语文教学的大门在哪儿你还不知道，人物形象分析是这样贴标签的吗？"于老师当时如五雷轰顶，一下子就蒙了。

语文教学的大门究竟在哪儿？于老师开始了长期、艰难的探索。"路曼曼其修远兮，吾将上下而求索。""山重水复疑无路，柳暗花明又一村。"于老师研究教学原则、教学方法，读教育学、心理学，如饥似渴地学习，夜以继日地总结。她说："寻觅语文教学大门的步子已经跨了出去，要走下去，绝非轻而易举，其中的艰辛、曲折一言难尽。"在经历了"步履维艰"的过程之后，于老师迎来了"欢乐时光"。她和学生一起沉浸在民族优秀文化的浓郁氛围中，强烈地意识到带领学生学语文，绝不是只让学生学一点文字上的技能技巧，而是要在学生心田做"植根"的工作，植志向的根、理想的根、人格的根，植良好道德情操的根，植意志毅力的根。她追求的课堂境界是：教师与学生和谐互动，教师崇高使命感和对教材的深刻理解碰撞，感情发生"井喷"，感染学生，推动教学进程；学生自主学习，充分发挥，或质疑，或评论，或挑剔，或追根究底，发表个性化的独特看法，闪现思想火花，促使教学往深处开掘，往广处延伸。每当学生以满腹经纶的姿态发表高见时，每当师生为探求真知争论得脸红耳赤时，每当学生对某个问题恍然大悟时，于老师的欢乐难以言表。

似水流年，学生离校后眨眼间就是10年、20年乃至30年。重逢时朝花夕拾，欢乐从眼睛里、从心头、从朗朗笑声中、从幽默的语言中奔涌而出，于老师被欢乐包围，有时竟自失起来。于老师的脑海中不时浮现出一批批跟着她学语文、学做人的学生的群像，文化在他们身上传承、发展，生命在他们身上延续、闪光，于老师沉醉在幸福之中！我写到这里，眼里禁不住含着泪花。是啊，只有真正热爱教师工作并努力付出的人，才能理解于老师的幸福，才能被她的精神所打动，才能分享于老师的幸福。

知性的认识过程，其实就是求语文之道、修语文之道的过程。《中庸》说："天命之谓性，率性之谓道，修道之谓教。"语文教学有其自身的规律，于漪老师几十年如一日，兢兢业业，孜孜矻矻，探索语文教学的规律。于老师成就卓然，这与她的知性素养分不开。于漪老师摸索到了听、说、读、写，字、词、句、篇，语、修、逻、文逐项能力形成的规律，更充分地认识到知、情、意对于学生人格形成的重要意义。她注重语文的工具性，也注重语文的人文性。当然，于老师的知性素养还表现在她的渊博上。她热爱知识，满腹经纶，几十年来始终保持着旺盛的求知欲。

不是所有的语文教师都具有如此良好的知性素养。面对纷繁芜杂的社会现实，面对"乱花渐欲迷人眼"的翻滚折腾，于老师内心沉静，淡定从容。她实践思考，总结提升，一步一步攀登开拓，由浅入深，从易到难，继往开来，经历了多次蜕变，最终百炼成钢。这里，知性的自觉、自省意识至关重要。于老师经历过"文革"，遭受过冲击，切身体会到人性的善与恶；她心系国运，廓然远见；她具有忧患意识、改革意识、探索精神和创新的勇气，具有敢为天下先的担当品格。一个人有了这样的知性素养，就达到了职业觉醒的境界，就不会有职业倦怠，其教育教学行为自然进入自由王国。

北宋大思想家张载有名言曰："为天地立心，为生民立命，为往圣继绝学，为万世开太平。"康德在《实践理性批判》中也说过："有两样东西，人们越是经常持久地对之凝神思索，它们就越是使内心充满常新而日增的惊奇和敬畏：我头上的星空和我心中的道德律。……这个世界具有真实的无限性，但只有对于知性才可以察觉到，并且我认识到我与这个世界（但由此同时也就与所有那些可见世界）不是像在前者那里处于只是偶然的联结中，而是处于普遍必然的联结中。"东西方两位哲人的话，都说明了担当和探索品格是一个人良好知性的表现，弥足珍贵。

理性是高级认识能力，是经过怀疑和批判后形成的信仰。康德在《纯粹理性批判》一书中把知识划分为经验的知识和先验的知识，先验的知识就是纯粹知识。康德说："所以，理性的批判最终必然导致科学。"他又说："所以纯粹理性就是包含完全先天地认识某物的诸原则的理性。"

我之所以引用康德的观点，目的在于说明于漪语文教育思想闪耀着理性的光辉，体现了于漪的语文教育信仰。于漪老师写的《教师的天职就是奉献》《重要在于素质培养》《教育的生命力在于质量》几篇论文，体现了教育哲学层面上的思考。正是有了哲学的思辨力，所以于漪老师能够在风云变幻中坚守母语规律，毫不动摇。她在《实事求是，研究中国语文教学的规律》一文中指出："语文本来是什么就是什么，不要搞得那么玄。母语教学与外语教学是不一样的，外语教学可以听说领先，因为它本没有语言的环境；母语教学呢，学龄前的儿童说的能力已基本能应付他的生活了。上学后，是规范的语言，扩展他的思路，开拓他的阅读视野，提高他的思维层次。语文老师，尤其是青年同志，一定要把这些思路理清楚，从理论上认识什么叫科学。"于漪老师在《素质·能力·智力》一文中指出："语文教师教学生'文'，对学生进行严格的语文基本训练，使学生正确理解和运用祖国的语言文字，具有一定的读写听说能力，当然是义不容辞的责任；然而，与此同时，必须高度重视培养学生的思想素质、道德情操和文化素养。语文教师应树立鲜明的'育人'目标，'教文'要纳入'育人'这个大目标。"于老师说，教师一个肩膀挑着学生的今天，一个肩膀担负着祖国的明天。今天的教育质量，就是明天的国民素质。我们再看她2016年发表在《语文教学通讯》（高中版）上的《语文教学现状的思考》一文，于漪老师针对"乱花已经迷人眼"的现状，再次重申："我们教的是中国语文，本来应该最有发言权；但是，语文学科教学和研究中，很多理论和做法都是源自外国的，比如进行写作指导和研究时，不少人言必称'外国人怎么讲'，阅读教学也是这样，几乎都以洋为荣，甘愿用我们自己的教学充当外国教学理论的论据。我觉得，我们的教师绝不能甘愿把自己当成弱智，听凭别人说长道短，绝不能甘愿做'学徒工'，绝不能甘愿做'思想的矮子'。"于老师又谆谆告诫我们："我们要有哲学眼光，不能对外来的理论全搬照抄。西方文化背景、文字形态与我们很不一样。比如说欧美国家学生在低年级主要是学习语言，到中学阶段文学的分量就加重了，他们基本上是语言文学分开，而我们是语言文学综合；就文字形态来讲也不同，西方主要是表音文字，而我们的汉语则是音形义紧密结合的双脑文字。所以，我们对西方教育教学理论要秉持'拿来主义'，要有开放的心态，但一定要有自己的立场。"这些话铿锵有力，掷地有声，又语重心长。这是文化自信的表现，也只有这样才能教好语文。于漪老师这样的理性思辨，不是一时一地心血来潮所致，而是几十年坚守不变，表现出高度的理性光辉。

这就是信念、信仰的力量。一个教师树立了坚定的教育信念，就有使不完的劲儿，就胸有朝阳，每天都精神饱满，面对困难和挫折就无所畏惧。于漪老师曾说："我献身教育的理想是中学时萌发的，十几岁的时候就想一辈子做一个合格的中学教师。""我还体会到，树立了崇高的信念，就有持久的内驱动力，一个人靠外因总还是不够的，外因是变化的条件，内因是变化的根据。当你树立了信念，把教育教学工作和我们12亿人民的伟大事业紧密相连的时候，你就有无穷的动力，就有使不完的劲。"没有对语文教育的坚定信仰，就不可能教好语文。

在《语文教学现状的思考》一文中，于漪老师还指出："语文是什么？语文教育是什么？对于这些根本性的问题，教师要反反复复思考，努力想清楚。"这就是要求教师具有思辨能力。于老师多年来理性思考的结果是：（1）语言文字是民族文化的根；（2）语文教育是母语教育；（3）语文教育的基本特征是工具性和人文性的统一。于漪老师进一步要求大家，要有历史眼光和批判精神。语言文字是"体"，人文内涵是"魂"，二者要融为一体；剥离开来，语言文字就会变成僵死的符号。于老师希望大家要有批判精神，因为批判性思维是思维中最高级也是最核心的能力。批判并不是否定，而是进行科学的分析，在原有基础上把好的发扬光大，把不足的加以弥补，把缺点加以克服，把错误加以抛弃。当教师最怕的就是人云亦云，当教师要有独立思考的精神。于老师的这些观点，无不闪耀着理性的光辉，启迪人们的思想。

良好的感性、知性和理性素养，构成了于漪老师人性素养的三大基石。正是这三大基石，支撑起了于漪语文教育的大厦。这三大基石，拥有其一就可以成长为优秀教师，而于漪老师三者同时具备，所以成为了杰出的语文教育家。凡是想要成为于漪老师那样的人，包括我在内，一定要努力向于老师学习，全面要求自己，全面提升自己。我深知，取法乎上，仅得其中。但有了这样的高标，就有了人生事业的方向。

我从1985年在济南第一次听于老师报告至今，30多年一直学习于老师的语文教育思想，学习于老师的人品，常有高山仰止的感觉。我最感佩的，就是于老师那深邃而又牢固的信念，那捍卫祖国语言文字的勇气和情感。于老师曾对我说，她是看着我成长起来的。这话一点不假，我们"青语会"倾注了她老人家多少心血呀！于老师最希望看到的是一代又一代语文教师健康成长，守正出新。今天，在纪念于漪老师从教70周年的难忘时刻，我作为于老师的学生，向她老人家表示衷心的感谢和深深的祝福！我的文章写得很浅薄，远不足以表达我对于老师的感激之情，远不能全面准确地把握和阐述于老师的语文教育思想。我说过，于漪老师是当代圣贤，她所达到的高度后人难以企及。有了这盏明灯，青年人就有了方向，就不至于迷失航路。

章熊写作教育思想研究

　　我很幸运多年受教于章熊先生，面聆謦欬，获益良多。1998年，我刚调到北京就去看望章熊先生。先生把他的心血之作《简明·连贯·得体》（语文出版社1996年版）一书送我一本，并亲笔签名。2013年，先生的《和高中老师谈写作教学》（人民教育出版社2012年版）出版，他又签名送我一本。我的藏书中除了以上两种，还有先生的《语言和思惟的训练》（上海教育出版社1983年版）、《提高写作技能》（译著，福建教育出版社1984年版）、《高考作文能力要求及评分参照量表》（中国广播电视出版社1992年版）、《汉语表达》（与汪寿明、柳士镇合著，江苏教育出版社1994年版）、《高中议论文写作》（北京出版社1999年版）、《中国当代写作与阅读测试》（四川教育出版社2000年版）、《中学生论文写作》（知识出版社2001年版）、《思索·探索——章熊语文教育论集》（人民教育出版社2002年版）、《中学生言语技能训练》（人民教育出版社2005年版）。其中，《中学生论文写作》是我在北大附中工作时因开发校本课程为章熊先生重新出版的。

　　章熊先生关于写作的论著有三个显著特点：一是服务于中学师生，目标明确，针对性强；二是深入到写作的具体环节中，深耕细作，探幽发微；三是形成了科学的训练体系，体大思精，论述详备。我认为，在当代语文教育史上，章熊先生是一个重镇，不可绕行。章熊先生的写作教育思想师承叶圣陶、吕叔湘和张志公先生，流传有自，守正创新。如果说以叶老为代表的语文教育家是现代语文的奠基者，那么以章熊先生为代表的语文教育家就是现代语文的继承者、当代语文的奠基者。如今，先生已逝，《语文教学通讯》王建锋主编约我写一点东西来纪念先生，于是我重读先生著作，写了这篇文章。本文从三个方面来阐释章熊先生的写作教育思想，也是借此机会向各位同仁汇报我的学习体会。敬请指教。

一

章熊先生写作教育思想有一个明确指向，就是为中学师生服务。章熊先生1951年清华大学中文系毕业，在中学从教数十年。他深知，教师写作水平对语文教育质量的提升至关重要，学生写作能力的训练对于其智力的发展影响巨大。1985年先生调到中央教科所专门从事科研工作，仍然心系中学这块热土，关心中学师生的成长。

他十分关注教师写作能力的提升。1982年，章熊先生写了一篇《试谈语文教师的业务修养》。文中写道："全国有八十三万中学语文教师，我们又有着几千年语文教学的丰富经验，然而迄今为止，我们还没有形成自己的富于民族特色的语文教学理论，甚至我们的教学现状也远远不能令人满意。面对着如此庞大的队伍，如果能研究语文教学人才成长的规律和特点，如果我们能据此进行人才发展的自我规划和设计，则必将大大有利于语文教师的提高和优秀人才的成长。"他又写道："培养一名成熟的语文教师往往比培养其他学科的教师困难，它所需要的周期更长，而且在逐渐熟悉本科教学工作并达到一定水平之后就停滞不前的现象更为严重。"章熊先生认为，对于语文教师来说，阅读能力和写作能力不可偏废。教师应该动笔，才能体味写作的甘苦，指导时才能切中要害，点拨得当。述而不作是不足取的。这个观点与叶老完全一致。叶老提倡教师写"下水文"。章熊先生对此又做了进一步的阐述，他说："然而中学语文教师不是作家，中学语文教师的写作能力也不同于作家的写作能力。首先，教师所熟悉的，应该是中学生所常用的几种文体样式，其他文体样式可以不做要求；其次，教师除了能进行示范性写作之外，还应该具备修改学生作文的文字能力。"（《思索·探索——章熊语文教育论集》）

章熊先生特别重视教师修改作文的能力，这个做法是从叶老那里继承来的。叶老曾经给章熊先生亲笔修改文章，读他的《哭叶老》一文就可以知道。修改学生作文，不仅仅是写作能力的问题，也是教育理念的问题。张志公先生说过："一位优秀的语文教师，他的学生的作文会像他；但是一位优异的语文教师，他的学生的作文不会像他。"章熊先生深为赞同，他说："原因在于前者用自己的面目去塑造学生，后者则是超越了自我。……顽强地用自己的面貌改造世界的人是执着的人，是有追求的仁者。我们尊敬他，但并不一定都赞同他。只有超越自我才能避免局限。"（《语文教学沉思录》）章熊先生认为，这种修改，不是另起炉灶，而是按照学生实际水平，顺着学生原来的思路，顺理成章。这种修改能力类似编辑。在这样的修改过程中，语文教师将形成一种职业的眼光，不是简单地评判学生作文的优劣，而是根据不同对象看出学生的弱点和发展趋势，根据学生的实际掌握把文章修改到什么程度。章熊先生认为这种做法是一种"境界"，这种境界不是青年教师都能达到的，但这样要求将成为青年教师走向成熟的起点。

章熊先生这个观点，建立在关注学生个性发展的基础上，是对教师教育思想的引领。章熊先生认为：中学生作文已经从"写话期"进入"写作期"，学生的视野不断扩大，理想和道德评价的色彩日益浓厚；学生思想十分活跃，常常有新颖的构思，但又不够严谨；学生的表达技能迅速提高，但又时有疏漏。这是青少年身心发展的加速期，也是对他们今后发展产生巨大影响的时期。正是因为青少年作文有着鲜明的、不同于成年人的个性特色，所以对他们的作文评价也应该有不同的要求。有的教师，语言修养可能并不差，但往往用自己的思维定式要求学生就范，而真正优秀的教师却永远在因势利导。这就是"名师"与"非名师"的区别。

章熊先生指出，教师的写作教学应体现在关注学生思维发展上。20世纪80年代他写的《语言和思惟的训练》就紧紧围绕语言和思维的关系这个核心问题进行了深入研究。语言是语文学科的内核，也是语文教学的内核。语言的发展与思维的发展密不可分，只有从思维的角度来研究语文教学，才能落地生根开花。章熊先生认为，语言学的研究启发着语文教学，但是，语言学不是语文教学。语文教学的灵魂是"开发"，而不是"纠错"。他赞同乔姆斯基的话："不是语言是发展智力的基础，而是智力是发展语言的基础。"他在此基础上进一步提出："智力是发展语言的基础，语言需要科学的训练。"语言训练不是万能的，但毕竟重要。语言训练的要领在于"点拨"，它不需要面面俱到。语言训练的精髓在于激活学生的思维。学生的写作心理始终处于变化之中，它主要经历由模糊而清晰、由无序到有序、由整体而局部、由残缺而完整、由内部语言而外部语言的过程。这是一个变化多端、发展行进的动态过程，各种信息、符号在大脑中不断地融会、碰撞、解体又重新组合。这一过程要到完篇才结束。语文教师要有极细腻的心思才能观察真切，才能因势利导，而这就是语文教师写作教学能力的发展目标。这些观点，形成了章熊先生写作教学的核心观点，十分深刻。刚刚颁布的高中语文课程标准，提出了"语文核心素养"的概念，其中就有语言和思维这两个方面。

章熊先生长期参加人民教育出版社教材编写工作，可以说，20世纪八九十年代人教版语文教材中的写作部分，深深打上了章熊先生的印迹。比如某空间描写训练题，就非常适合初中生：

北京的天安门广场上有五座建筑物——天安门、人民英雄纪念碑、人民大会堂、中国历史博物馆（2003年与中国革命博物馆合并，改为中国国家博物馆）、毛主席纪念堂。写一段话说明这五大建筑的位置关系。

章熊先生为师生提供了训练的抓手：表明空间位置的关键——参照点。他说，这种表明事物位置关系的对照物相当于数学坐标中的基准点，实质上构成了一种参照系，所以称为参照点。找到了恰当的参照点，然后使用方位名词，按照一定顺序写下来，就能准确清晰地说明五大建筑的位置关系。参照点是固定的，是定点描写；参照点是变动的，是动点描写。总之，要为学生着想，尽量编写出合乎学生思维特点的练习来。在此基础上，章熊先生描绘了"我理想中的教材"，即将教材分为"读本"和"训练"两个系统。前者是"语言输入"，后者是"语言输出"。读本系统属于"目标语言",训练系统属于"伙伴语言"。如果说前一个系统基本上能够容纳我国传统语文教学经验的话,那么,后一个系统将是转变教学观念、改造教学内容的突破口。这里已经涉及课程类型问题了,具有很强的前瞻性。章熊先生还提出了"读本精品群"的概念。他说:"好的教材便于培养教师。一位还不够成熟的教师,既可以从课本的精品群中补充业务营养,又可以从训练课本中了解培养语言技能的途径,提高自己的语言运用水平。这时候,我们就可以不必企羡其他学科,慨叹语文教师成长之不易。"(《语文教学沉思录》)

在《中学生言语技能训练》的绪论中,章熊先生指出:"我们的研究对象是中学生,而且是中学生的大多数。如果我们的焦距没有对准,我们眼前的影像就会模糊。" 他在《中学生论文写作》一书序言中说:"论文习作并不神秘。在许多国家,它已经列入中学语文写作教程,这是时代的需要。中华民族从来就是一个聪慧的民族,那么,外国青少年能够做到的,为什么我们中国的青少年就不能做到呢?事实证明,只要开展这方面的活动,中国的青少年表现得绝对不比外国的差,甚至可能更好一点。"读着这些文字,我感受到章熊先生的拳拳之心:为了师生的成长与发展,呕心沥血,鞠躬尽瘁。多么感人,多么可贵!

二

章熊先生写作教育思想的另一个突出特点是,深入到写作的具体环节中,深耕细作,探幽发微。我读他的著作,常常被他这种细腻所打动。反观自己,我的语文教学则是粗疏的。老子说:"天下大事,必作于细。"在章熊先生那里,没有抽象空泛的研究,都是具体而微的语例,读后有切实的收获。比如,《简明·连贯·得体》《汉语表达》《中学生言语技能训练》《和高中教师谈写作教学》这四部著作,都丝丝入扣,细致入微。下面我以后两种著作为例谈谈我的学习体会。

《中学生言语技能训练》的整体架构如下:

第一章 同义形式

一 汉语组合的灵活性

二 什么是同义形式?

三 同义形式的变化

第一章参考答案

第二章 言语运作的基本技能

一 中学岁月:发展和语病共存

二 长短句转换:思维单位的划分与组合（上）——长句的组合

三 长短句转换:思维单位的划分与组合（下）——长句的化解

四 转换、移位和其他:语句的灵活调整

五 整齐与变化:声律和对称的艺术（上）——对称、声律

六 整齐与变化:声律和对称的艺术（下）——整齐、变化

七 句子的链接与衔接:连贯的原理和技巧（上）——话题·观点·材料

八 句子的链接与衔接:连贯的原理和技巧（中）——句序·思维·梳理

九 句子的链接与衔接:连贯的原理和技巧（下）——衔

看了这个框架，我的第一感受就是，作者是一位古汉语语言学家，条分缕析，各得其所。但是当我深入书中具体内容的时候，我发现最初的感觉不完全对，这部书紧扣学生实际。比如《整齐与变化：声律和对称的艺术（上）——对称、声律》一节摘选学生习作片段如下：

① 诱惑，是一个陷阱，上面放着食物，等着野兽去上当；诱惑，是一条美女蛇，有美丽的外表，却专门把人害；诱惑，是有毒的蘑菇，有着鲜亮的外表，实质上却有毒，能将人致死。

章熊先生认为，这位同学的言语技能已经比较熟练，三个比喻组成排比格，句子写得还是不错的。可是仔细推敲，总觉得有不够熨帖的地方。其原因就在于第一个分句与后面两个分句的句式不尽相同，语势不够顺畅。倘若把句式调整一下，使它出现转折的语气，也许会好一点。

② 诱惑是一个陷阱，表面上看不出异常，却在等人上当；诱惑，是一条美女蛇，有美丽的外表，却专门把人害；诱惑，是有毒的蘑菇，有着鲜亮的外表，实质上却有毒，能将人致死。

这样一改，句式虽然大体一致，却似乎还有某些不足。仔细品味，一是"把人害"和"将人致死"语体方面不够协调，二是"表面上……，却……""有……，却……""有着……，实质上却……"显得参差不齐。如果进一步调整使之前后完全一致，这固然不错，组句却比较困难，干脆改成结构基本相同、同中略有差异的句式。

③ 诱惑，是一个陷阱，表面上看不出异常，却在等人上当；诱惑，是一条美女蛇，有美丽的外表，姣好的面具下面却是一个魔鬼；诱惑，是有毒的蘑菇，尽管外表鲜亮，却暗含着致命的毒素。

这样一改，句子错落有致，效果好多了。读到这里，我恍然大悟：章熊先生是在用古代汉语的基本原理来修改学生的现代白话文。这就是典型的古今结合，典型的学理观照。如此具体，如此鲜活，启发颇多。这样精彩的例子比比皆是。由此我敢说，章熊先生是将语言学原理与语文教学实际结合得最好的位个学者。

下面再看《和高中老师谈写作教学》一书的目录框架:

绪论：关注写作学的发展——要站在学科发展的最前沿

第一章　总说

　　第一节　我们的口号应该是：努力写出你自己

　　　　　写作的多样性

　　　　　中学生写作内容的发展轨迹

　　　　　努力写出你自己

　　第二节　发散思维的动力——联想、想象能力的培养

　　　　　联想一：层次、视角、逆向思维、单纯联想

　　　　　　　　　和复合联想

　　　　　联想二：联想的感性思维与理性思维、强化

　　　　　　　　　能力的基本训练及想象力的培养

　　第三节　让学生学会在限制中开拓空间

　　　　　学会在限制中开拓空间是适应现代社会的需要

　　　　　限制性与启发性的辩证关系

　　　　　系列组合——限制性与启发性结合的一种尝试

第二章　材料的使用和处理

　　第一节　从原始素材到写作材料

　　　　　原始素材的转化

　　　　　认知的深化：感性思维和理性思维

　　　　　素材转化与表现方式

　　第二节　学会压缩

第四节　连贯与衔接
　　　统一的话题
　　　合理的句序
　　　衔接与呼应（一）
　　　衔接与呼应（二）

参考答案

　　我对这个框架感到亲切，因为章熊先生曾约我和他一起为人民教育出版社编写高中写作选修教材《文章写作与修改》，我作为副主编曾经系统学习过章熊先生的有关论述，当时就觉得受益匪浅。不同的是，《和高中老师谈写作教学》这部书的架构更加宏大，微观部分也更加缜密。可以说，这部著作集中体现了章熊先生在高中写作教学理论与实践上的可贵探索。我以《捕捉"动情点"》为例来谈点学习体会。

　　章熊先生以《尝试》和《回家》两篇学生习作为例进行分析、修改，然后提出了"捕捉'动情点'"的写作观。这是在记叙类文章的写作中需要掌握的一个能力点。章熊先生说，学生自由构思的时候，教师要引导学生捕捉"动情点"。所谓"动情点"，就是感受最强烈的部分，它可以只产生于某种特定事件，但常常蕴含着更多的生活体验。"捕捉"是一个思维加工、深化的过程，而且是一个复杂的过程。《回家》可以说是一篇温馨的亲情之歌，但有点头重脚轻，感情平淡，修改之后就好多了。综观前后的变化，值得注意三点。第一点是感情抒发带来的篇幅扩充；第二点是确定"动情点"以后开头的变化；第三点是捕捉到"动情点"以后结尾的变化。原本一篇平铺直叙、感情平淡的文章，经过这样一改，生动多了。由此可见，"动情点"的捕捉可以牵动篇章结构，引起连带的变化。章熊先生认为，捕捉"动情点"的过程是一个"聚焦"的过程，对于取材范围、时间跨度和叙述顺序都会产生影响，另外，还会涉及细节的变化。可以说，《捕捉"动情点"》是章熊先生构建程序性写作知识的典范，深深影响了我的写作教学。

写作教学不仅需要宏观架构，更需要微观操作，必须深入到写作的每一个具体环节中。对于广大语文教师来说，写作教学往往失之宽泛、粗疏，似乎静不下心来细细打磨。其实，写作教学需要一种工匠精神，切磋琢磨，精益求精。章熊先生不仅为一线教师提供了可资借鉴的操作模型，更重要的是，他为写作教学科学体系的架构奠定了厚实的基础。在此基础上，一个科学的写作教学体系呼之欲出。

三

探索语文教育科学之路，引领当代语文教育走上科学大道，是章熊先生的梦想。张彬福先生评价说："崇尚科学精神，讲究科学研究，是先生的人生观，也是他语文教育思想的灵魂。"（《吾师章熊》）我认为，在当代语文教育史上，章熊先生对于语文教育科学化的贡献少有比肩者，这个贡献展示出中国现代语文向当代语文转向的轨迹，影响了当代语文教育的走向。

1979年，章熊先生率先在北大附中改革语文课程，提出开设"小论文写作课"，表现出科学探索精神。起初，有人不理解，甚至反对。章熊先生和语文组同仁顶住压力，坚持改革，硬是挺了过来。后来，这项改革获得北京市教育科研成果二等奖。2001年，教育部正式印发《普通高中"研究性学习"实施指南（试行）》的通知，全国普通高中研究性学习普遍展开。如今，义务教育阶段也开展了研究性学习。可以说，章熊先生是有远见的。他在《中学生论文写作》一书序言中说："论文习作是一种大运动量的写作训练：篇幅长，容量大，材料多。在这样的写作中，如何驾驭自己的思路，如何准确地表达，是对我们思维和语言能力的一次考验，也是一次极其有益的锻炼……论文写作在归纳、概括能力方面要求比较高，然而它的基本结构相对地说比较简单。尽管论文的基本结构并不复杂，它的内部逻辑要求却相当严格。从事这种练习，可以培养我们缜密思维的习惯，并且学习在科学研究中必不可少的分析与综合的方法。这种逻辑要求也体现在语言的表述方面。论文的语言应该准确、严密、清晰而连贯，当然，也不排斥生动性。"由此可见，章熊先生关注的是学生的思维是否得到科学的训练、学生的智力是否能够沿着科学的方向发展的问题。他说："语文教学的改革，如果不是扎根于传统的土壤之中，它是结不出果实的；传统经验如果不加以改造，它是没有前途的。"（《中学生言语技能训练》）小论文写作这项改革发出了当代语文课程改革的先声。序言中的写作关键词——时代、思路、表达、思维、语言、归纳、概括、结构、逻辑、缜密、分析、综合、严密、清晰、连贯、生动等，完全可以构成一个具体而微的写作训练框架了。

《简明·连贯·得体——中学生语言修养和训练》一书是章熊先生结合当时《九年制义务教育全日制初级中学语文教学大纲》而写的一部著作。如今，简明、连贯、得体的写作要求已经深入人心，成为写作教学遵奉的坐标。"简明"包括：冗语词的处理、语言歧义问题、句子的组织（代词的使用、复指的作用、词语的移位）、句式的调整与变化（长句与短句、整句与散句、把字句与被动句）、复句的组合与语义重点的转移。"连贯"包括：关联词语的使用、代词的呼应与调整、语句的修辞与逻辑排列、语段的话题及中心、衔接与过渡、句式的调整与连贯性。"得体"包括：语境知识，制约语言运用的因素——内容、对象、场合、目的、手段，以及语言风格和语体常识。整部书涉及几十个写作概念，共同构成了一个具体而微的科学架构。加上其他著作中的写作能力点，章熊先生为写作教学梳理出大约100个能力训练点，采撷中外，参酌古今，这是多么可贵的贡献啊！

章熊先生特别重视程序性写作知识。他认为，传统写作过分看重静态的陈述性知识，而对动态的程序性写作知识重视不够。他的《和高中老师谈写作教学》是一部以程序性写作知识为支撑的写作教学专著，体大思精。程序性写作知识的优长在于学以致用，可操作性强，避免了教师净说"正确的废话"。我认为，程序性写作知识形成科学完整的知识体系之时，即是写作教材走向科学道路之日。

章熊先生研究作文评价的成果集中体现在他的《中学生写作能力的目标定位》一文中。目标分为"内容、语言、结构"三条线。内容目标有：（1）中学生作文内容发展的一般规律；（2）"内容"的界定与内涵，包括中心、材料与审题；（3）能力层级。语言目标有：（1）中学生语言发展的一般规律；（2）能力层级。结构目标有：（1）"结构"的界定与内涵；（2）能力层级。章熊先生还专门设计了目标定位的手段——评价量表。制作这个量表绝不是闭门造车，而是在研究了世界各国作文评价量表的基础上结合国情制作出来的，是章熊先生主持"大规模考试作文评分误差控制"课题研究的核心成果，充分体现了国际视野和科学精神，对当代语文考试学产生了深远影响。

　　《高考作文能力要求及评分参照量表》和《中国当代写作与阅读测试》是章熊先生关于语文考试学的重要著作，科学含量极高。章熊先生长期主持国家高考语文学科命题工作，他深入教育测量学领域，打开了一片新的天地。这个领域对于一个学文科的人来说难度极大，但是章熊先生啃下了这块硬骨头。我读完章先生这两部著作，心中十分感佩，我看到了一位语文教育家身上所具备的科学品质。

　　作文评分误差控制是个世界难题，是教育测量学研究的重要内容。章熊先生带领课题组成员，经过五年的辛勤努力，研究了世界各国作文评价量表，结合我国实际制作出了《高考作文能力要求及评分参照量表》。直到今天，它仍是我国高考作文评价的指导性量表。分项、分等评价赋分是这个量表的核心。那么，分项、分等评价赋分为什么成为高考作文阅卷的主要方法呢？章熊先生在《中国当代写作与阅读测试》一书中做了揭示。在作文评分方法中，引起广泛争论的是"综合评定"与"分解评定"的问题，两派各有理论依据，互不相让。到底如何来认识这个问题，需要通过实践来检验。"感觉不能代替事实，经验不能代替分析。"（见《中学生言语技能训练》）章熊先生主持了多次实验，进行了广泛调查，取得了大量数据。可以说，那个时候他就运用了大数据理论。实验的结果是，"分解评定"的稳定性优于"综合评定"，而且"分解评定"过程中包含"综合评定"的因素。现在，全国各省市的高考、中考作文阅卷基本上采用"分解评定"法。课题组还进行了一项针对作文阅卷人员身份、职称与阅卷误差关系的调查。根据调查结果，章熊先生提出建立健全我国高考作文阅卷人员资格认证制度的建议，意义重大。

学术界对高考标准化命题褒贬不一，对此，章熊先生在《中国当代写作与阅读测试》一书中做了学理上的科学分析。人们对标准化试题的各种担心，章熊先生都分析到了，他对标准化试题的优点也分析到了，客观理性，令人服膺。对那些年的高考作文题目，社会各界基本肯定，但是他明确指出："社会写作实践中一般不会遇到'审题'问题，它是作文训练中特有的现象，特别是作文考试中特有的现象。"章熊先生还分析了写作题目的限制性和启发性之间的关系，认为这是命制写作题目的关键。这就提醒我们，常态写作与应试写作是不一样的，在教学上也应区别对待。可以说，我国语文考试学在那个年代成长并走向成熟，与章熊先生的贡献分不开。

章熊先生是一位杰出的学者。学者的品质在于理性看待语文教育的方方面面，用学术的眼光分析出现的各种问题，用科学的方法寻求解决这些问题的途径。章熊先生是当代语文教育史上的标志性人物，他的学术造诣在中语界少有比肩者。今天，我写这篇文章纪念先生，研究先生，归根到底是向先生学习。

谈创意写作

　　我们认为，创意写作不是抛开传统写作另起炉灶，也不是抛开高考命题的优良传统而翻新花样。就像历史无法"清零"一样，创意写作必须建立在尊重优良传统的基础上。高考写作目前确实尚存在种种问题，但是另起炉灶之后，就能彻底解决问题吗？笔者持怀疑态度。很可能是旧的问题没得到解决，新的问题又出现在面前。鉴于这样的考虑，我们认为，创意写作要走中国特色的道路，不能像国外那样写"我从哪里来，我到哪里去"那样的哲学论文。中国的文化背景和学生成长环境与西方国家差异性很大。我们可以适当借鉴，但不可照搬。

　　笔者以为，创意写作命题的特点之一是避开当下政治热点。中学生关心政治是应该的，但政治究竟是什么，中学生认识十分肤浅，勉强去写，只能空洞，只能喊口号。另外，高中学生已经具有了初步的政治倾向，强制他们写热点题目，他们的内心不一定完全认同，而又不能违规，于是就会言不由衷。这是高考写作的重大问题。而创意写作的很多题目比较中性，选择空间大，不用担心出现政治性错误，可以放开去写，于是抒发性灵、富有文采的文章就会出现得多一些。写作的一个基本规律是，解放心灵、有实际感受就容易写得好，反之，就不容易写好。这些年来，全国各地举办了很多作文大赛，颇有创意，值得借鉴。请看：

第四届"北大培文杯"大赛题目

初赛题目：

以下是两道开放性命题，要求参赛选手从中任选一题进行自由创作。

题目1：请以"到世界去"为题，创作一篇3000字以内的作品，文体不限。

题目2：著名诗人北岛《生活》一诗只有一个字："网。""网"的含义十分丰富，蛛网、渔网、法网……而今网络的普及不断改变着"网"的内涵，从而影响着我们的生活方式，网友、网红、网文……请以"网"为核心元素，展开联想和思考，创作一篇3000字以内的作品，题目自拟，文体不限。

决赛题目：

题目1：尼采曾说："没有可怕的深度，就没有美丽的水面。"请思考这句话，自拟题目，文体和字数不限。

题目2：请以"度"为题创作一篇作品，文体和字数不限。

以上任选一题，请在专用稿纸上写作，考试时间为180分钟。

第五届"北大培文杯"大赛题目

初赛题目：

以下是两道开放性命题，要求参赛选手从中任选一题进行自由创作。

题目1：请阅读诗歌《点灯》，展开联想和思考，自拟题目，创作一篇3000字以内的作品，文体不限。

点灯

陈冬冬

把灯点到石头里去，让他们看看

海的姿态，让他们看看

古代的鱼

也应该让他们看看亮光

一盏高举在山上的灯

灯也该点到江水里去，让他们看看

活着的鱼，让他们看看

无声的海

也应该让他们看看落日

一只火鸟从树林里腾起

点灯。当我用手去阻挡北风

当我站到了峡谷之间

我想他们会向我围拢

会来看我灯一样的

语言

题目2：请以"纸"为主题，自拟题目，创作一篇作品，3000字以内，文体不限。

决赛题目：

题目1：荷兰著名画家梵·高曾说，在我们的心里或许有一把旺火，可是谁也没有拿它来让自己暖和一下，从旁边经过的人只看到烟囱里冒出的一缕青烟，不去理会。请就此展开思考和联想，创作一篇作品，题目自拟，文体和字数不限。

题目2：请阅读诗歌《一些东西在飞行》，以"飞行与安停"为题目创作一篇作品，文体和字数不限。

一些东西在飞行

〔美〕艾米莉·狄金森

一些东西在飞行——

鸟儿——时光——野蜂——

它们没有悲歌哀鸣。

一些东西在安停——

悲伤——山丘——永恒——

这并非我的使命。

静默之物，升起。

我能否辨明天理？

多难解的谜！

（徐淳刚译）

以上任选一题，请在专用稿纸上写作，考试时间为180分钟。

2018年"开拓杯"决赛命题

我低声问："你家还有什么人？"她说："现在没有什么人，我爸爸到外面去了。"她没有说下去，只慢慢把橘瓣一个一个放到妈妈枕头边。

请你在这个基础上把故事讲完整，力求有完整的人物、情节和环境，要求题目、立意、体裁自定（不含诗歌），不少于1000字。

2019年"开拓杯"决赛命题

我独自行走在雨后的小径上，背后的群山越来越远，未来的样子我一点都预测不到。

按照上述情节写一篇文章，要求题目、立意、体裁自定（不含诗歌），不少于1000字。

第十五届"叶圣陶杯"全国中学生创新作文大赛现场决赛命题

将下面的诗歌改编成一篇散文，或微型小说，或小剧本。

夜雨寄北

李商隐

君问归期未有期，巴山夜雨涨秋池。

何当共剪西窗烛，却话巴山夜雨时。

以上这些题目都属于创意写作题目。什么是创意写作？就是超越传统的写作，就是能够激活学生思维使之发挥写作才华的写作。这些年来，中学写作教学日趋僵化，学生思维拓展不开，缺乏灵动生机。这样培养下去，基础教育如何适应新时代的需要呢？当然，这些题目不能照搬到高考中来，但是可以适当借鉴。比如续写的形式就很好，既能避免宿构套作，也能考查学生的创新思维。

还有，传统写作缺少非虚构写作和实用写作，如果能够在这方面有所突破，也是很有意义的。一般来说，虚构写作属于文学类写作，而中学生走向社会之后，大多数人从事非虚构写作。比如让中学生写"孔子小传"这个题目，颇能考查学生的阅读范围和对文献资料的整理水平，同时也能考查学生的语言功底。再比如，制定一个全校"读书交流活动的方案"，或者写一篇"中学生朗诵大会开幕式的开幕词"，或者写一篇"高中三年语文学习总结"（这三个题目仅仅是做个例子）。这样的实用类文章在将来用得更广，它要求有创新，有格式，有实际内容，还有语体风格上的要求。估计相当一部分学生未必能写得好，因为平时这方面的训练太少了。

总之，创意写作已经向我们走来，正在走进我们的常规写作教学。如果我们因循守旧，抱残守缺，那就会影响中学生写作能力的提升。将传统写作与创意写作有机结合，既是社会发展、培养时代新人的要求，也是写作教学本身发展规律的要求。我们应该努力探索。

| "目录句"与"对应段"

一件衣服，可以按照接缝拆解，然后再缝合；一件家具，可以循着卯榫拆解，然后再拼装。文章也是如此。一般情况下，单篇文章都可以拆解再拼合。

拆解文章从哪里下手？可以选择"目录句"。何为"目录句"？人们打开一本书，总要先看目录，看完目录就知晓了这本书的基本框架。目录的作用是重要的，它让读者知道了作者的思路，有利于读者阅读。如果一本书没有目录，读起来就很费劲。书中的具体内容就是对目录的展开，与目录构成对应关系。

一篇文章也有类似目录的句子，我把它叫作"目录句"，把与之相对应的段落叫作"对应段"。它们属于文章学范畴，体现章法、思路和布局。我们先来看下面的文字：

　　　为了达到这个目的，他们讲究亭台轩榭的布局，讲究假山池沼的配合，讲究花草树木的映衬，讲究近景远景的层次。

　　　　　　　　　　　　　　　　　　　　——叶圣陶《苏州园林》

作者用了四个"讲究"，从"布局""配合""映衬""层次"四个方面来介绍苏州园林的特点，像目录一样展示得非常清晰，意在告诉读者，下面的具体内容主要围绕这四个方面展开。

先看第一个"对应段"的内容：

> 我国的建筑，从古代的宫殿到近代的一般住房，绝大部分是对称的，左边怎么样，右边也怎么样。苏州园林可绝不讲究对称，好像故意避免似的。东边有了一个亭子或者一道回廊，西边决不会来一个同样的亭子或者一道同样的回廊。这是为什么？我想，用图画来比方，对称的建筑是图案画，不是美术画，而园林是美术画，美术画要求自然之趣，是不讲究对称的。

> ——叶圣陶《苏州园林》

这一段的核心词是"对称"和"不对称"，是对应"布局"来说的。作者先从我国建筑说起，指出绝大部分是对称的，然后突出苏州园林的特点——不对称。最后运用比喻说明的方法，指出苏州园林是"美术画"，不是"图案画"，追求的是"自然之趣"。这话里暗含了中国传统文化中"天人合一"的哲学思想。有人若问："目录句"中有"亭台轩榭"四种建筑，但在"对应段"中只出现了"亭"一种建筑，是否对应得不全呢？笔者以为，亭是个代表，无须一一点到，知其段意即可，不必胶柱鼓瑟。

由此，我们可以画出《苏州园林》主体部分结构图：

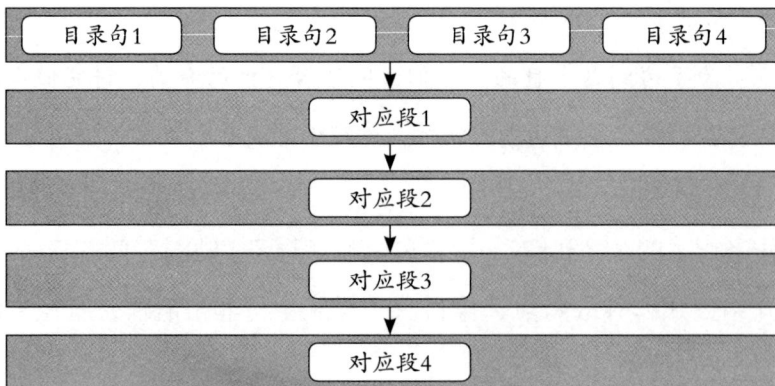

目录句1	目录句2	目录句3	目录句4

对应段1

对应段2

对应段3

对应段4

这样，我们就拆解了《苏州园林》主体部分，同时，也基本理清了作者的写作思路。在统编教材《语文》八上中，安排了一个说明文单元，除了《苏州园林》，还有《中国石拱桥》《蝉》和《梦回繁华》。除去《蝉》比较特殊外，另外两篇说明文也使用了"目录句"和"对应段"。请看：

> 我国的石拱桥几乎到处都有。这些桥大小不一，形式多样，有许多是惊人的杰作。其中最著名的当推河北省赵县的赵州桥，还有北京丰台区的卢沟桥。
>
> ——茅以升《中国石拱桥》

> 作品描绘了京城汴梁从城郊、汴河到城内街市的繁华景象。整个长卷犹如一部乐章，有慢板、柔板，逐渐进入快板、紧板，转而进入尾声，留下无尽的回味。
>
> ——毛宁《梦回繁华》

显然，这就是"目录句"，它告诉读者作者重点表达的内容是什么。教师的教学要引导学生抓住这些"目录句"，提纲挈领，理清作者思路。这样阅读，不仅便于学生理解，也能提高阅读速度，还有助于整理写作思路，进而写出条理清晰的文章来。

大概除了小说，很多文章都有"目录句"和"对应段"。比如朱德《回忆我的母亲》开头："得到母亲去世的消息，我很悲痛。我爱我母亲，特别是她勤劳一生，很多事情是值得我永远回忆的。"再比如朱自清《背影》开头："我与父亲不相见已二年余了，我最不能忘记的是他的背影。"杨振宁的《邓稼先》一文使用六个小标题，是分散的"目录句"。《项脊轩志》中"然余居于此，多可喜，亦多可悲"承上启下，连接全文，兼有过渡作用。这些"目录句"，或在开头，或在中间，或分散，或集中，其作用是一样的，都明确告诉了读者本文的主要内容，使得文章思路十分清晰。这就叫心中有读者。我在一篇文章中把这样的句子叫作"脉络句"（《一种基本的章法训练模式——脉络句训练法》）。其实"目录句"是"脉络句"的一种形式，所有的"目录句"都属于"脉络句"，因为这些句子起到了一个共同作用：表现文章脉络。正如叶圣陶先生所说："文章思有路，遵路识斯真。"（《语文教学二十韵》）

古人早就有使用"目录句"的先例。贾谊在《陈政事疏》开头写道：

臣窃惟事势，可为痛哭者一，可为流涕者二，可为长太息者六，若其它背理而伤道者，难遍以疏举。……陛下何不一令臣得孰数之于前，因陈治安之策，试详择焉！

接下来，贾谊用大量事实力陈可痛哭者，然后写道："可痛哭者，此病是也！"后面分别陈述，一一对应，从而构成若干"对应段"，文脉灿然，气贯长虹。

再如苏洵的《六国论》，开头这样写：

六国破灭，非兵不利、战不善，弊在赂秦。赂秦而力亏，破灭之道也。或曰：六国互丧，率赂秦耶？曰：不赂者以赂者丧，盖失强援，不能独完。故曰：弊在赂秦也。

后面紧跟两个"对应段"，分别从"弊在赂秦"和"不赂者以赂者丧"两方面来论述核心观点，文章的思路十分清晰。

古人如此，今人也是如此。邓小平同志《我们对香港问题的基本立场》第一段内容是：

我们对香港问题的基本立场是明确的，这里主要有三个问题。

一个是主权问题；再一个问题，是一九九七年后中国采取什么方式来管理香港，继续保持香港繁荣；第三个问题，是中国和英国两国政府要妥善商谈如何使香港从现在到一九九七年的十五年中不出现大的波动。

后面的"对应段"围绕这三个问题展开。学习邓小平同志的文章，就要学习这样清晰的表达思路。

前人对于"目录句"和"对应段"这一文章学章法现象也有理论上的阐述。刘勰在《文心雕龙》中专设"附会"篇，对文章结构、思路等发表了深刻见解。他说：

> 何谓附会？谓总文理，统首尾，定与夺，合涯际，弥纶一篇，使杂而不越者也。若筑室之须基构，裁衣之待缝缉矣。……凡大体文章，类多枝派；整派者依源，理枝者循干。是以附辞会义，务总纲领；驱万涂于同归，贞百虑于一致。使众理虽繁，而无倒置之乖；群言虽多，而无棼丝之乱。扶阳而出条，顺阴而藏迹；首尾周密，表里一体：此附会之术也。

刘勰使用了"纲领"一词，可能类似"目录句"。把"目录句"叫作"纲领句"未尝不可，但此处"纲领"的含义毕竟与"目录句"不完全相同。不过，刘勰对我的启发是很大的。我教《在马克思墓前的讲话》一文时，曾抓住"这个人的逝世，对于欧美战斗的无产阶级，对于历史科学，都是不可估量的损失"中两个"对于"，来理清文章思路，并指出这是一个"纲领句"，后面的内容就是对其进行的具体阐释。"纲领句"容易被理解为"总起句"，那样的话，"对应段"就成了"分写段"。"目录句"固然有总起的作用，但更多情况下就是表现为具体的"目录"，没有总起作用。所以，我还是采用了"目录句"的说法，我觉得这种说法更能准确表达我的意思。

宋代陈骙的《文则》也有类似的概念。《文则》是我国第一部文法修辞专著。陈骙指出："数人行事，其体有三：或先总而后数之……或先数之而后总之……或先既总之而后复总之。"他又说：

> 文有目人之体，有列氏之体。《论语》曰："德行：颜渊，闵子骞，冉伯牛，仲弓。言语：宰我，子贡。政事：冉有，季路。文学：子游，子夏。"此目人之体也。

陈骙所说"目人之体"与我所说"目录句""对应段"的意思很接近了。甚至可以说，陈骙是第一个涉及这个具体问题的学者。再往后发展，很多学者或多或少有所提及，比如陈望道等人。这里笔者举夏丏尊和叶圣陶的例子。两位先生在《文心》一书中专写了一篇《文章的组织》，谈到了类似问题。文章写道："一篇文章犹如一所房子，每一节就同整所房子中的每间房间一样，都应该有它的适宜的位置。所以，写作文章必须得讲究'组织'。""目录句"和"对应段"就是这个文章组织过程中的基本内容。由此可见，这是文章学的客观存在，不可绕行。

当建立起"目录句"和"对应段"的意识后，我们就可以将文章分解得很清晰，特别是在写作训练中可以引导学生整理好自己的写作思路。比如统编教材《语文》八上说明文单元在"写作实践"中设计了这样一个练习题："利用下面材料，抓住坎儿井的一两个特征，整理出一篇说明文。题目自拟，不少于300字。"要想写好这篇说明文，最好先给"材料"写出"目录句"。学生看过之后，比较快地写了出来：

> 我给读者介绍一种特殊的井——坎儿井。它不仅开凿巧妙、艰

难，还有着扑朔迷离的身世，而保护坎儿井更是我们义不容辞的责任。

这个"目录句"是在阅读材料之后写出来的，与作者原文相对照，基本吻合。原文题目是《地下人工长河——坎儿井》，作者胡文康。他在原文中用了四个小标题——"何为坎儿井？""起源之谜""坎儿井：艰苦的开凿作业""保护坎儿井"。可见，学生写的"目录句"与原文基本吻合。这样训练之后，再选一两个"特征"整理出一篇300字的说明文，应该不困难了。

建立起"目录句"和"对应段"的概念后，有助于阅读理解，有助于准确梳理文脉。但是，这还不等于一定能写出好的文章来。写好"对应段"才是关键。

那么，怎样才能写好"对应段"呢？首先要对"对应段"进行拆解，搞清"对应段"的组合原理。刘勰在《文心雕龙·章句》中写道："夫人之立言，因字而生句，积句而成章，积章而成篇。"张志公先生说："几乎可以断言，能够写好一段，一定能写好一篇；反之，连一段话都说不利落，一整篇就必然更夹缠不清了。""一篇文章是由若干段组织成的，一段是由若干句组织成的，一句是由若干词组织成的。从小到大是词、句、段、篇。"（《张志公文集》第三卷）这就是说，要想写好一个"对应段"，先分成几个层次，层次之间注意顺序，所有层次都紧扣该段的核心内容。我们以《中国石拱桥》为例，来看看"对应段"是如何写的：

赵州桥非常雄伟，全长50.82米，两端宽9.6米，中部略窄，宽9米。桥的设计完全合乎科学原理，施工技术更是巧妙绝伦。唐朝的张嘉贞说它"制造奇特，人不知其所以为"。//这座桥的特点是：（一）全桥只有一个大拱，长达37.4米，在当时可算是世界上最长的石拱。桥洞不是普通半圆形，而是像一张弓，因而大拱上面的道路没有陡坡，便于车马上下。（二）大拱的两肩上，各有两个小拱。这是创造性的设计，不但节约了石料，减轻了桥身的重量，而且在河水暴涨的时候，还可以增加桥洞的过水量，减轻洪水对桥身的冲击。同时，拱上加拱，桥身也更美观。（三）大拱由28道拱圈拼成，就像这么多同样形状的弓合拢在一起，做成一个弧形的桥洞。每道拱圈都能独立支撑上面的重量，一道坏了，其他各道不致受到影响。（四）全桥结构匀称，和四周景色配合得十分和谐；桥上的石栏石板也雕刻得古朴美观。//唐朝的张鷟说，远望这座桥就像"初月出云，长虹饮涧"。赵州桥高度的技术水平和不朽的艺术价值，充分显示出了我国劳动人民的智慧和力量。//桥的主要设计者李春就是一位杰出的工匠，在桥头的碑文里刻着他的名字。

这一段分为四个层次，用双斜线划分。第一层介绍赵州桥的总体规模并进行评价。第二层从四个方面介绍赵州桥的特点。第三层再次评价赵州桥。第四层介绍桥的设计者。层次很清晰。尤其在介绍赵州桥的四个特点时，作者用了序号，从大拱、小拱、拱圈和结构四个方面进行介绍，按照由主到次的顺序排列，井然有序。每一个特点都由两个以上的句子组织而成，先介绍，后评价。

相比较而言，"目录句"好写，"对应段"难写。几个"对应段"按照一定顺序排列在一起，就构成了文章的主体，加上"目录句"，就构成了全篇。这就是拆解与拼合的原理。掌握了这个原理，就掌握了文章学章法的基本内容。这个基本内容是语文学科核心素养之一。

篇幅短小的文章，可以不用"目录句"；如果是长篇大论，"目录句"就不应省略。我们看习近平同志的发言，"目录句"使用得十分恰当。仅以习近平同志《携手共命运 同心促发展——在二〇一八年中非合作论坛北京峰会开幕式上的主旨讲话》为例，就可以看出四个"目录句"：（1）中非双方基于相似遭遇和共同使命，在过去的岁月里同心同向、守望相助，走出了一条特色鲜明的合作共赢之路。（2）我们坚信，和平与发展是当今时代的主题，也是时代的命题，需要国际社会以团结、智慧、勇气，扛起历史责任，解答时代命题，展现时代担当。（3）我们愿同非洲人民心往一处想、劲往一处使，共筑更加紧密的中非命运共同体，为推动构建人类命运共同体树立典范。（4）中国愿以打造新时代更加紧密的中非命运共同体为指引，在推进中非"十大合作计划"基础上，同非洲国家密切配合，未来三年和今后一段时间重点实施"八大行动"。第一个"目录句"有四个"对应段"，第二个"目录句"有四个"对应段"，第三个"目录句"有六个"对应段"，第四个"目录句"有八个"对应段"。这些内容构成了讲话的主体。有了这些"目录句"和"对应段"，虽然讲话内容比较长，但也清晰明白，井然有序。

当然，很多情况下"目录句"是隐性的，"对应段"是显性的。"目录句"可以不出现在文章中，但"对应段"一定出现在文章中，成为撑起文章的主体。"目录句"存在于作者心中，是骨架，"对应段"是血肉。

张志公先生说过："总之，世界上的事物没有不能分析的，分析出来的结果没有不能综合的。写文章的时候，也就是按照我们分析综合的层次和步骤去安排材料。"（《张志公文集》第二卷）在语文教学实践中，教师

引导学生建立起"目录句"和"对应段"的概念，进而沿着这条线索对文章拆解拼合，这就是在训练学生的思维，提升其思维品质，体现梁启超的"整理思想"写作教学观。

也许有人反对"目录句"和"对应段"的概念，因为它们容易走向"套路"。夏丏尊和叶圣陶两位先生早就看到这一点了。他们比较过西洋"序论、立论、论证、结论"的议论文四段组织法，也比较过佛教学者"序分、正宗分、流通分"的三段组织法，认为如果公式化，就束缚说话和作文了。于是，两位先生提出了"秩序、联络、统一"的作文组织原则，"随时随地可以应用"。（《文心》）

在新课标提出"语文学科素养"的今天，一线教师要努力做好转化工作，将课标的素养理念转化成一个个具体的"教学点"。这些"教学点"其实就是"知识点""能力点""陶冶点"，是"学科素养"的具体化。当然，怎样才能转化好，转化得恰当、实用可操作，这就是一线教师的任务了。课标理念再先进，也只是理想状态，落地的工作必须由教师来完成。从这个意义上说，教师的作用是无法替代的。

论"于漪精神"

改革开放40年，中共中央、国务院表彰了100位杰出贡献人物，于漪老师是基础教育界的唯一代表。2018年12月28日，人民教育家于漪教育思想研讨会在上海开放大学隆重召开，笔者有幸参加了这一盛会，并作了发言。会议期间，一个问题始终萦绕在笔者头脑中：我们究竟向于漪老师学习什么？

于漪老师年且九十。在中国，提起"年且九十"，我们会想起一个人物——愚公。《列子》一书中写了一个著名的寓言故事《愚公移山》，年且九十的愚公率领子孙后代，挖山不止，成为激励中华民族的一种精神——愚公精神。毛泽东同志高度赞扬了愚公精神，并指出愚公精神的实质就是充满信心，坚持不懈。于漪老师从教近70年，始终耕耘在基础教育这块土地上，兢兢业业，孜孜矻矻，就像愚公一样挖山不止。"文革"期间，她遭受过冲击；工作之中，她受到过嘲讽；改革过程中，她历尽坎坷。但是，艰难困苦没有磨灭她对教育事业执着的信念。为了心中的梦想，她几十年如一日，如今"年且九十"，仍然"挖山不止"。我听于老师作报告，她铿锵有力的声音就像鼓点敲打在我的心上。1985年8月，我在济南第一次听她作报告，立刻就被她的声音吸引住了。从那

作者向于漪老师敬贺（陕西师大《中学语文教学参考》副主编张矛拍摄）

以后，我暗下决心，一定要像于漪老师那样做教师。几十年来，于老师就是我事业上的灯塔，照亮我前进的道路。我是于老师的晚辈，如今我的学生中也有一批从事基础教育工作的，正是"子子孙孙无穷匮也"。可以说，从"愚公精神"出发，继承发扬，形成了当代至为宝贵的"于漪精神"。

于漪出生于1929年，那时的中国积贫积弱。她目睹了满目疮痍的旧中国，亲身经历了外敌入侵、炮火连天、国破家亡、人民流离失所的灾难生活。她从小就有一个梦想，希望全中国所有的孩子都有书读，都受到良好教育。她为了这一梦想努力奋斗了一生！她爱学生胜过爱自己。她用自己微薄的工资给生病的学生买贵重的药品，她把无家可归的学生接到自己家中生活，她给学习成绩差的学生开小灶补课，她把一颗爱心奉献给了自己的学生。"文革"期间，她被扣上"腐蚀学生"的罪名，被剃阴阳头，遭受拳打脚踢。但是，她没有怨恨谁，一如既往为学生服务。她深知祖国在遭受灾难，自己这点苦不算什么。她深知，只有祖国好，才能家家好，才能人人好，并始终把自己的命运与祖国的命运联系在一起。她深深热爱着祖国，盼望着祖国强大，盼望着学生健康成长。忠诚于祖国的教育事业，这是"于漪精神"的实质。

于漪老师经常用闻一多先生的《红烛》一诗来勉励自己："红烛啊！流罢！你怎能不流呢？请将你的脂膏，不息地流向人间，培出慰藉的花儿，结成快乐的果子！""于漪精神"集中体现了"红烛精神"，那就是奉献。于漪老师认为，奉献是教师的天职。教师把知识奉献给学生，把技能奉献给学生，用高尚的品格引领学生，用精神的阳光照亮学生心灵。这不是奉献是什么呢？习近平总书记在全国教育工作大会上指出："教师是人类灵魂的工程师，是人类文明的传承者，承载着传播知识、传播思想、传播真理，塑造灵魂、塑造生命、塑造新人的时代重任。"2014年教师节，习近平总书记到北京师范大学看望教师时说："一个人遇到好老师是人生的幸运，一个学校拥有好老师是学校的光荣，一个民族源源不断涌现出一批又一批好老师则是民族的希望。"我们向于漪老师学习，就是要学习她为了学生无私奉献的"红烛精神"。

学识渊博，业务精湛，治学严谨，改革创新，这是"于漪精神"的又一内涵，即"学者品格"。于漪老师说过，她钦佩钱钟书先生的渊博，他的知识如大海。于漪老师认为，教学是一门专业性很强的工作，教师没有渊博的知识，就不能教好学生。为此，她如饥似渴地读书学习，夜以继日地丰富提高自己。她懂得，要给学生一杯水，自己要有一桶水。她认为，教师的知识越多越好，对知识的学习永无止境。她认为，一个语文教师一定要热爱祖国的语言文字，切磋琢磨，精益求精。我每次听于老师的报告，每次读她的著作，都有一个突出的感受，就是渊博、严谨，她是一位真正的学者。初登讲台时，于老师也曾出现过失误，但她有"一事不知，深以为耻"的自觉，她有"吾日三省吾身"的反思意识。她对语文教学一丝不苟，哪怕是一撇一捺都毫不马虎。她认为，只要站上讲台，就要精神饱满，忘记其他，心中只有学生。她深知语文教学积弊深重，她注重实践，努力探索，敢于质疑，勇于改革。于老师几十年潜心钻研，淡泊名利，提出了一系列重要观点，形成了自己的语文教学思想。她从事基础教育，卓然大家，在平凡岗位上做出了不平凡的业绩。于老师勤于笔耕，著作等身，从《于漪教案选》到《于漪文集》，再到《于漪全集》，她走过了一个中国知识分子"读书—教书—写书"的典型历程，上下求索，惠泽读者。

愚公精神、忠诚教育、红烛精神、学者品格，铸就了"于漪精神"的基本内涵。今天，党中央、国务院十分重视教育，颁布了《中共中央 国务院关于全面深化新时代教师队伍建设改革的意见》，提出到2035年，教师综合素质、专业化水平和创新能力大幅提升，培养造就数以百万计的骨干教师、数以十万计的卓越教师、数以万计的教育家型教师。而于漪老师已经走在了时代前列，树立了新时代的楷模。"于漪精神"是当代中国基础教育界一面光辉的旗帜！

灵魂·学理·尊严

我1982年参加工作，至今在中学语文三尺讲台耕耘了37年。如今离退休还有四年时间，回顾走过的路，有一些感悟，写出来，就教于大家。

一、做有灵魂的教育，一切为了学生的健康发展。作为一名语文教师，我爱教育，爱学生，酷爱语文教育事业，坚守三尺讲台。"粉笔一支传道授业解惑，诗书半榻修身养性育人。"语文教学已成为我生命中重要组成部分。我要求自己，不仅做"经师"，更要做"人师"，把"立德树人"作为根本目标，做有灵魂的教育，培育学生心中的太阳。我的教育格言是：培养学生的独立人格，不迷信教师，不迷信课本，不迷信权威；成绩落后不可怕，但要努力学习；家庭贫寒不可怕，但要有志气；长相不好不可怕，但要有一技之长。同时有三个"可怕"：心灵扭曲是可怕的，精神麻木是可怕的，灵魂堕落是可怕的。教师的天职就是把课教好，把孩子教育好。我对学生一视同仁，有教无类，因材施教。我认为，无论升学竞争多么激烈，学生的生命健康不能超越，学生的人格尊严不能超越，学生智力上的个性差异不能超越。学生的潜力是无限的，但学生当下的能力是有限的，教师要为学生的一生发展奠定坚实基础。奉献是教师的天职，教师一个肩膀担负着学生的今天，一个肩膀担负着

157

民族的明天。今天的教育质量，就是明天的国民素质。我教育学生要深深热爱母语，因为热爱母语就是热爱祖国。我教过的学生，有的参加竞赛获奖，有的公开发表作品，很多考入名牌大学，他们的成绩里有我的一份汗水。我最感欣慰的是转化问题学生，让他们成为优秀学生。这些年来，无论我多忙多累，也无论我的心境如何，只要学生有需求，我都是有求必应。我帮助过经济困难的学生，我为成绩差的学生做过个别辅导，我曾把全校最难管的学生转变成"小英雄"，我为有一技之长的学生量身定做生涯规划……我让昔日的丑小鸭变成了白天鹅！我的教育信仰是：为了学生的健康成长，我甘愿效犬马之劳。

在常规教学方面，我从教37年，一直在第一线，从未离开讲台，总是满工作量甚至超工作量。我精心备课，认真上课，作业全批全改，加强对学生个别辅导。我的语文教学重基础、重能力，学生均有明显收获。我的课堂教学具有趣味性、知识性、学术性和艺术性，深受学生喜爱。在每学年的学生评教中，学生都给我很高的评价。我在以下三个方面对学生的语文学习产生了深刻影响并取得了显著成效：一是培养学生热爱和敬畏母语的感情，使学生深深懂得母语是精神家园、学不好母语就找不到回家的路；二是培养学生正确运用母语的实用能力，在听、说、读、写各方面打下扎实基础，为将来的工作和学习奠基；三是对学生的精神、心灵和思想产生积极影响，使他们具有美好人性。我还对语文命题有所研究，提出了"教—学—考"一致性的观点，主持过中考命题工作，并参加了北京市2017年高考命题工作。

二、教有学理的语文，做科研型教师。我从叶圣陶、朱自清等大师的著作中吸取营养，我从于漪、吴心田等前辈那里悟出语文的学理，我在实践中探索语文教学的有效途径。37年来，我对语文教学艺术进行了深入研究，我的教学具有科学性和艺术性，做到了理论与实践相结合。我先后参加了市、省、全国各级教学比赛，均获得一等奖，深受听课专家和教师的好评。我始终认为，一丝不苟，把课教好，把孩子教育好，就是师德的具体表现。我历时六年主持了"语文单元教学改革实验"项目，获得突出成绩。我先后在《教育研究》《课程·教材·教法》《中学语文教学》等杂志上发表论文一百多篇，出版专著十余部。我对阅读教学、写作教学进行了比较深入的研究，形成了自己的语文教学观——"教有学理的语文"。比如我提出"基本理解"的阅读教学观，以阐释学理论为依据构建了"台阶式阅读教学基本模式"，一线教师深受启发，认为具有较强的操作性。再比如我总结的"三维写作教学体系"，对矫正写作教学的盲目性、随意性和应试带来的弊端起到了积极作用，已有很多学校表示愿意加入到这项改革实验中来。另外，我借助"作者意"和"读者意"、"自然文本"和"教学文本"、"悖体阅读"和"适体阅读"、"生活语言"和"文学语言"、"话轮转换"和"原型理论"等概念，系统整理并深入阐释语文学科核心素养的具体内涵，努力将语文学科核心素养落到实处。我的《语文课堂教学研究与实践》《语文人生》两部著作列入"中学教师进修丛书"；我的《课堂阅读教学论》一书获全国首届基础教育课程资源博览会教育科研优秀成果奖；我的《一个语文教师的心路历程》一书被《中国教育报》评为2010年度"影响教师的一百本书"之一。

基于我在教学和科研上的突出成就，我被教育部聘为"国培计划"专家库首批专家，2017年入选国家"万人计划教学名师"。我多次在北京大学等国内高校为"国培"学员作报告，均受到高度评价。我的《积累"课堂作品"是教师专业发展的有效途径》的培训报告，受到"国培"学员广泛欢迎，被誉为理论与实践有机结合的典型报告。我还被北京大学语文教育研究所聘为兼职研究员，被北师大、首都师大聘为硕士生导师，被北京语言大学聘为博士生毕业论文开题专家。我多次给北师大本科生作《怎样当一名优秀中学语文教师》的报告。我还被聘为教育部"中华经典资源库"讲课专家，主讲10篇经典课文，在中央电视台播放，反响良好。我多次参加语文国际研讨会，并作大会典型发言；曾应邀到中国香港、中国澳门、马来西亚讲学，受到好评。由于我的努力，我被全国中语会评为"中国语文人"和"学术领军人物"。2015年5月，北京市海淀区教委举办了"程翔语文教育教学实践研讨会"。从1994年至今，《中国教育报》先后三次以整版篇幅报道我的事迹，在全国引起较大反响。2018年教师节期间，我作为新时代教师代表接受了中国美术馆为我塑像的活动。

三、当有尊严的教师，走文化学术之路。语文教师要成为一个文化人，要站在文化的制高点上教书，要尽量俯视语文，起码是平视它。语文教师的文化学术建设是永葆教学青春的基石。我从年轻时就喜欢学术与创作，我说过："能评上副教授，给个县长也不换。"对学术的敬仰，对文化的向往，对真理的追求，支撑起我的精神大厦。我在文献学上有一点研究，取得了一点成绩。我先后在《文史知识》《文学遗产》《中国典籍与文化》《光明日报》等报刊发表学术论文多篇，出版了《说苑译注》和《论语译解》。我撰写的《发现莫斯科国家图书馆藏宋版〈说苑〉》一文在古籍版本研究领域产生了影响。2018年3月，我评注的《说苑》列入"诸子现代版丛书"由商务印书馆出版。我喜欢文学创作，写过电影文学剧本，发表过诗歌、散文、小说等。我觉得，一个语文教师要能够突破职业上的自我，从文化传播走向文化建设，迈向文化创新。

教材建设是我学术追求的一个重要组成部分。我担任教育部教师教育课程资源专家委员会委员、人民教育出版社教材编写委员，长期参加高、初语文教材编写工作，还参加了教育部义务教育《语文》统编教材的编写工作。我担任人教版高中语文选修模块《文章写作与修改》以及该模块《教师教学用书》主编。我参加了高等师范院校汉语言文学专业教材《语文课程教学概论》一书的编写。我参与了四川师大"国家级教师教育精品资源共享课程'中学语文教学设计'"的建设工作，并担任团队首席专家。我还担任教育部中等职业教育语文教材审查委员。我撰写的《语段抽义法》被选入新加坡《高级华文》教材。我在学校先后开设过"毛泽东诗词鉴赏""汉语成语研究"等校本选修课。我对文言文入选标准提出了建设性建议。我提出了"写作独立设课"的主张，正在主持编写中学"三维写作体系"的校本教材。

有人怀疑：一个中学教师，能做出什么学术成就来？我不甘心，我知道有"朱自清们"引领着，我们应该接续上去。我有自己的主见：一个中学语文教师要活得富有尊严。

四、培养青年教师，做好梯队建设。语文教育事业要薪火相传，后继有人。我是从青年教师成长过来的，我的成长经历中包含了老教师的心血。所以，我十分重视对青年教师的培养。我经常听青年教师的课，并进行座谈，帮助他们提高业务水平。我曾连续两周听一位青年教师的课，并把听课感受写成一篇文章交给他参考。我带徒弟，在本校、海淀区、北京市，都有徒弟。我担任过海淀区名师工作站语文组组长，现在仍担任海淀区特级教师研究中心语文组组长。我努力为全区的语文教师服务。在我的指导下，青年教师得到了良好发展。比如我先后指导两名青年教师参加全国"语文报杯"教学比赛，获得二等奖。我指导外校老师参加海淀区讲课比赛获得特等奖，为后来评上特级教师奠定了基础。我努力给青年教师创造条件，提供机会。比如我给北大附中和一零一中十多名青年教师修改论文并推荐发表在杂志上。为了让他们能够发表文章，我做到了废寝忘食，停下自己的写作，让年轻人先上。我多次推荐一零一中的青年教师为北大"国培"班学员上研究课，使青年教师得到了很好的锻炼。2015年、2016年，我担任北京教育学院"伙伴研修"项目导师，辅导通州、丰台的青年教师。2018年，我辅导一零一中青年语文教师分别获得海淀区论文评比特等奖和"风采杯"教学比赛一等奖。我每学期为北京市各区县骨干教师上公开课至少两次。还有很多不认识的外地老师来信来电交流讨论，有的主动找上门来。对这些勤奋好学的青年老师，只要时间允许，我就毫无保留地帮助他们。语文教育事业需要梯队赓续，我看到青年教师健康成长，心中感到欣慰，愿意为他们服务。

五、教师最爱是读书。有一副对联写道："旧书常读出新意，俗见尽弃为雅人。"的确如此，一天不读书，就自觉俗不可耐。读书可以使人每天都是新的，活出味道来。读书是我消磨时光的最佳方式，我很难设想没有书读的日子将怎样度过。所以，每当外出开会时，我总要精心挑选旅途所看之书。有了这些书做伴，旅途就不会寂寞。回想几十年来自己的生活，我感到最幸福的事情就是"读书—教书—写书"，这已经成为我的生活方式。妻子曾问我："你读了这么多书，都记得住吗？"我说：

"记不住。读书不是为了记住，是为了消磨时光。"书是最好的伙伴，现在市面上有很多好书，特别值得一读。我越来越觉得，一个语文教师，如果不读书，真是不可想象的事情。一个人第一要与自然为伴，第二要与书籍为伴。我向学生做调查："家中有《论语》《红楼梦》的举手。"没有多少人举手。我又问："家中有汽车、别墅的举手。"结果很多学生举手。我感慨万千：一本《论语》只有区区几十元钱，而一部汽车少则十几万，多则上百万，别墅就更不用说了。尊敬的家长啊，为什么就不能为孩子多买几本书呢？我今年五十六岁了，读到那些能引起共鸣的文字，心中就泛起涟漪，掩卷深思，久不能已。我感谢书籍，陪伴了我大半生，还将继续陪伴下去。人生幸福是读书。在此，我衷心希望广大语文教师多读几本书，丰富自己的精神生活。

我取得了一点成绩，也得到了一些荣誉。我先后获得"优秀共产党员标兵""全国优秀教师""专业技术拔尖人才""特级教师""海淀区基础教育名家""海淀区优秀'四有'教师""国家高层次人才特殊支持计划领军人才"等荣誉称号，还评上了正高级教师。相比那些早已退休没赶上评正高的老师们，我是幸运的。但我深知，自己做得还很不够，我自身还存在一些缺点和不足。我会在将来的工作中"百尺竿头，更进一步"。

| 我能给学生什么

我经常问自己一个问题：作为一名中学语文教师，我能给学生什么？

"你给了学生语文知识，也让学生得到了好的分数。"我自己回答，似乎是安慰自己。

但我很快就自嘲了：这一点，所有的语文老师都能做到，可能比我做得更好，这实在不值得自慰，况且，这些所谓的语文知识很快就被学生忘掉了。

我继续思考下去，于是，一篇学生随笔中的内容跳了出来：班里几个同学在一起商量给任课老师起外号，必须抓住老师的突出特点。轮到说程老师的时候，他们异口同声地说出一个词"人性"。我深以为然，学生看人很准。

于是上面的问题有了答案：我能给学生什么呢？我能让他们对人性进行深刻思考。

我给学生讲过陈少敏的故事。陈少敏是一位女将军，对革命做出了突出贡献。她具有正义感，不盲从，不畏惧权力，在中共八届十二中全会上她是唯一没有举手同意永远开除刘少奇党籍的代表。我从内心深处对那些具有独立人格者怀有崇高的敬意，我把自己写的《独立亭赋》读给学生听。我教李白的诗歌《梦游天姥吟留别》，那句"安能摧眉折腰事权贵，使我不得开心颜"让我变成了李白。一位学者写的论文《李白的成功与失败》深深融入我的课堂。30多年前，恩师宋遂良先生教《梦游天姥吟留别》的情景犹在眼前，激荡我心。现在，我的学生毕业多年，仍然记得我教《梦游天姥吟留别》时留给他们的深刻印象——这大概就是薪火相传吧！

对光辉人性的向往，成了支撑我精神大厦的根基。我给学生讲过陈寅恪先生评价王国维的名言："先生之著述，或有时而不章；先生之学说，或有时而可商。惟此独立之精神，自由之思想，历千万祀，与天壤而同久，共三光而永光。"摒弃奴性，追求真理，独立思考，勇于创新，应该是一名教师的灵魂。我始终认为，教育是有灵魂的，教育是一项伟大的事业，是用灵魂塑造灵魂，用人格影响人格。我读《论语》，深为孔子的伟大人格所感染。孔子一生坎壈蹭蹬，但他没有因此改变自己的人性。孔子之"命"体现在他的人性中。我怀着无比敬仰的心情做了一部《论语译解》，我感觉孔子的心与我是相通的。余读孔氏书，想见其为人，认同其价值，践行其精神。我经常想，我若不认同其价值，何必反复读之？我若不仰慕其人格，何必践行其精神？我把读书与行为结合起来，而不是割裂开来。"磨而不磷，涅而不缁"是我的座右铭，我身上应该体现出古人的影子。何为弘扬？何为继承？大概如此。以上所言，就是人性中最光辉的东西——独立与坚守。也正是从这个意义上，我认为陈寅恪的文化人格远远超越了他的学术成就，他无愧于"学人魂"的称号。

作为老师，我会对学生进行说教。我进行说教的前提是"我

165

信""我做过"。如果我不信,我不做,我就不对学生进行说教。教
《离骚》一诗,我是用自己的生命去教的。我问学生:"你们想不想当
屈原这样的人?"有的学生摇头。我说:"做屈原要付出沉重的代价。
你不做是允许的。但是,你要知道中国历史上有屈原这样的人,我们要
敬仰他们。正是因为有了屈原这样的人,所以中国历史的天空才那样灿
烂光明。如果没有屈原这样的人,中国的历史将是多么暗淡无光!"什
么是幸福?它可以脱离物质吗?作为一个教师,我对学生说,幸福离不
开物质,对物质的追求是人性的表现。但是,只追求物质,就是动物,
不是人。幸福离不开物质,但可以超越物质。当我们衣食无虞后,应该
追求精神价值。我自己就是这样做的。这些年来,我庆幸自己没有被物
质所左右,没有堕落成金钱的奴隶。我既不视金钱如粪土,也绝不为了
金钱就改变自己的本性。我认为自己是一个人。我喜欢孔孟,也喜欢老
庄;我敬仰"知其不可而为之"的执着,也追求"无为而治"的境界。
我读陶渊明的诗歌,就想做一个五柳先生。陶渊明不回避自己做官的经
历,而且坦言出来做官是为了养家糊口,为了满足饮酒的嗜好。但是,
当他发现在官场违背自己的本性之后,便毫不犹豫地辞官归隐,宁肯
受冻挨饿也不改变自己的本性。这是一般人难以做到的,非常可贵。南
宋大诗人陆游在《读陶诗》中说:"千载无斯人,吾将谁与归?"陶渊
明,给了我深刻的人生启迪。用行舍藏,无可无不可,这样的人生是真
实的。教师不要用假、大、空去说教,不能培养虚伪的人。教育是用真
诚孕育真诚,用真实铸就真实——这是人性中最本质的东西。

　　我教巴金的《小狗包弟》,在课堂上流了泪。学生感到震惊。我问
学生:"巴金最可贵的是什么?"学生说:"是良心。"太对了!一个

民族要有良心。"文革"结束后，巴金用他的笔进行了深刻反思。说句实话，巴金完全可以不反思，因为最需要反思的人还轮不到他。然而巴金写了《随想录》，进行了深刻的自我剖析，震撼了广大读者。我们这个民族太需要反思了，我们缺乏反思意识，也不喜欢反思，"吾日三省吾身"仅仅是君子个人修养而已，没有成为集体意识，所以很多劣根性至今没有绝迹。我虽然不完全赞同柏杨在《丑陋的中国人》一书中的观点，但我对他的反思精神很钦佩。有良心的人往往是有反思精神的人。我教房龙的《宽容·序言》时，我让学生讨论宽容的意义。学生列举了大量的实例，说明宽容是人性中非常优秀的品质。我说："宽容别人的人受人尊敬。你宽容别人，别人才能宽容你。"宽容是一种人生境界，具有了宽容品质的人，他的人生修养一定是很高的。宽容别人的缺点是容易做到的，宽容别人的优点就不容易做到了。真正的宽容，是面对比自己强的人能够说："我不如你，我向你学习。"我教《邂逅霍金》时，问学生一个问题："什么是尊重？"学生讨论得很热烈，发表了很多观点。我说："尊重别人的时间和空间也是一种尊重。"尊重意识，在很多人身上比较淡薄。有的校长不尊重他的老师，把老师当作打工者来对待。其实，对任何人都要尊重。我问学生："你们有谁主动向学校的工友问过好？"一个学生举手。我由衷地赞扬了他的行为。我在学校见到每一个工友都主动和他们打招呼，我认为工友和学校的老师是一样的。每年的中秋，我都会送月饼给学校的保安吃；我还送书给他们看。我每接一届新生，总要问一个问题："以前受到老师伤害的举手。"总有学生举手。我就说，从今天开始，我做你们的语文老师，我要求自己不伤害你们。如果我无意中伤害了你们，请你们及时指出来，我一定向你们道歉。负责往往会变成占有，占有往往会造成伤害，这就是"过度负责"。无限地占有学生的时间和空间，以为对学生负责了就可以任意支配学生，这是错误的。尊重学生，就要允许学生犯错。学生与错误一同成长，犯错也是一种成长。教师不能要求学生时时处处都做得好，要允许他们在错误的基础上达到正确，这就是尊重。良心、宽容、尊重——这是美好人性的标尺。

翦伯赞先生的《怎样研究中国历史》一文写得非常好。我问学生："此文好在哪里？"学生说："很严谨。"太对了！翦伯赞先生说，必须熟知具体史实，然后才能整理、类比、考释、辩证、批判。那么中国历史资料汗牛充栋，应该从哪下手呢？他建议从《资治通鉴》一类的编年通史着手。接下来，作者介绍了编年通史、纪传体历史和纪事本末体史书，并分别谈了它们的特点。然后，作者从正史转向野史、杂记、文集、诗集、剧本及小说，主张搜求正史中没有的史料。在谈到野史的时候，作者列举了《瀛涯胜览》《星槎胜览》《海槎余录》三部书。其中《海槎余录》在教材中印成了《济槎余录》，不仔细审读很难发现这一舛误。我认真查阅了每一部书的来龙去脉，最后发现了这一错误，进行了纠正，还打电话告诉了出版社的编辑。我经常对学生说："学问可以不广博，但不可以不严谨。"在我的语文课上，学生要认真写好每一个汉字。比如"冒""奥"，是不封口的，"看""着"中的"目"与撇必须相连，等等。我不能原谅自己的是给学生传授了错误的知识，我发现后，一定要改正。我认为，我在学生面前改正自己的错误，不会有损我的形象，反而会赢得学生的尊敬。我不会在学生面前人为地树立自己的威信。

我能给学生什么呢？我可以这样回答：我能在独立与坚守，真诚做人，良心、宽容、尊重，以及严谨治学方面给学生以良好的影响。我要求自己，不仅做"经师"，更要做"人师"。

深究学理教语文

我站在三尺讲台已有35年，这是一个不断反思、不断成长的35年。回顾自己走过的道路，我有过缺乏学理的语文教学经历，仅凭热情，根据好恶、感觉和经验教学，教学缺少理论修养。比如，对教师和学生的任务分不清楚，常有教师越俎代庖的行为；教学实施缺乏逻辑起点，确定教学目标时不知功能定位；面对学生提问，有时不能给出满意的解答；面对专家质疑，经常感到底气不足。后来，我走上探索学理观照下的语文教学之路，教有所依，讲有所据，练有所控。从缺乏学理到拥有学理，这是我35年教学生涯中质的变化。下面我谈两点体会。

从"表现自我"到"隐藏自我"

刚参加工作时，我喜欢表现自己，总想让学生佩服我。那时的我总觉得教师应该成为权威，应该表现自己的才华，让学生崇拜得五体投地。于是，我的专业成长出发点就是树立自己的威信。比如，我教的第一篇课文是《荷塘月色》，第一个教学环节是朗读课文。谁来朗读？当然是我了。我喜欢朗读，得过奖，常以此为荣。我朗读完，学生鼓掌，我洋洋得意。在很长一段时间内，我就陶醉在学生的赞叹和掌声之中，不懂得教师是干什么的。后来，我明白了，我读得再好，学生不会读，教学是无效的。于是，我就把第一个环节改成学生读课文。学生读得不理想，字音有读错的，不要紧，正好给他纠正嘛。学生实在不会读，我才示范一下。

我发现，只要教师引导得法，学生的提高是很快的。比如《谁是最可爱的人》中有一句"把敌人抱住，让身上的火，也把占领阵地的敌人烧死"。学生读不出对敌人仇恨的味道来，我就启发学生，发音时"咬牙切齿"，让"烧"字的字音从牙缝里发出。学生马上就明白了，咬着牙读，效果好多了。我体会到，教师不要炫耀自己，而是要让学生锻炼。学生出错不可怕，学生的错误是教师教学的起点和依据。我教《在马克思墓前的讲话》，先让学生读课文，读完后我对学生说："喜欢这篇课文的举手。"不料只有三五个学生举手，我叫一个不喜欢的学生说说理由，他说了一大堆理由。学生不喜欢，这怎么教呀？于是我重新调整教学计划，先让学生喜欢。两节课结束后，我又对学生说："喜欢这篇课文的举手。"不料学生都把手举起来了。我在这两节课上的作用集中体现在引导学生从不喜欢这篇课文变为喜欢这篇课文。

现在，我明确反对教师在课堂上唱独角戏的做法，并对教师挖空心思树立威信的做法十分反感。我现在认为，教师的天职在于促进学生的发展和提高，在让学生得到发展提高的同时，教师自己也得到发展提高。教学的出发点和归宿就是学生的发展提高。我体会到，教师要善于隐藏自己，把课堂还给学生，只要学生能独立完成的事情，教师就不要替代。语文课上，听、说、读、写行为，都应是学生发出的，教师的任务在于引导和点拨。教师挖空心思树立自己的威信、让学生崇拜自己的做法不可取。教师要牢固树立两个基本理念：（1）教是为了达到不需要教；（2）消除学生的崇拜心理。学生有崇拜心理是教育的失败。教育就是培育学生心中的太阳，引导学生用温暖的阳光照亮他人，照亮世界。教育要培养学生三个不迷信：不迷信教师，不迷信课本，不迷信名人和权威。教育要培养学生三个不可怕：考分落后不可怕，但要努力学习；家庭贫寒不可怕，但要有志气；长相丑陋不可怕，但要有一技之长。教育还要让学生知道三个可怕：心理变态是可怕的，精神麻木是可怕的，灵魂堕落是可怕的。教师有三个不能超越：学生的生命健康不能超越，学生的人格尊严不能超越，学生的个性差异不能超越。教师要防止过度教育，警惕教育异化。

教师的专业发展永远在路上

我教中学语文35年了，对语文课本可谓熟稔于心，甚至可以将诸多课文背诵下来。我觉得自己对课文的理解已经很到位了，不必再花精力了。有了这样的自负心理，就容易出问题。有一次，我在海淀敬德书院听楼宇烈先生的报告，楼先生提到了《祝福》这篇小说。他说，这篇小说涉及礼教问题，中学语文教师如果不能全面认识礼教，就会给学生留下一个印象——礼教吃人。其实，礼教还有一个功能——育人。我很震惊，当时就站起来请教楼先生应该怎么处理。事后，我查阅了有关礼教的文献资料，特别是程朱理学的内容。我发现，多年来，我对礼教特别是程朱理学知道得太少了。过去我教《祝福》，自以为阅读了很多资料，比如《中学课本鲁迅小说汇释》《中学语文课本鲁迅作品详解》《中学鲁迅作品助读》《中学语文教材中的鲁迅作品解读》，还有《解读语文》《名作细读》《语文经典重读》等著作。这些著作的作者多为国内名家，我以为有了这些做参考，应该没有问题了。我想不到楼先生的一席话提醒了我：我对礼教本身究竟了解多少？我对程朱理学究竟了解多少？很可怜，我知之甚少。多年来，围绕《祝福》这篇课文，我读的只是一些外围资料，并没有深入到内里之中。要批判礼教，你就要全面了解礼教是怎么回事；要想批判程朱理学，你必须知道程朱理学是怎么回事。一位作家说过："你没有接近过它，你便没有权利轻视它。"反思自己，我多年来人云亦云，拾人牙慧，这不就是误人子弟吗？我羞愧赧颜。于是，我开始阅读程朱理学，开始全面了解礼教。至今我也不敢说已经全面了解了，我仍然在学习中。但我可以说我现在教《祝福》跟以前不同了。我知道鲁迅的创作用意与礼教本身不完全是一回事，程朱理学是否定不了的。鲁迅的伟大在于他看到了礼教有吃人的一面（清代思想家戴震早就指出了），他以小说来参与社会变革，推动社会发展，必然带有创作上的主观意图。如果把沈从文的《边城》与鲁迅的《祝福》做一对比，我们就会发现，无论是茶峒还是鲁镇，都有美与丑的存在，都有善良的百姓，也都有愚昧的百姓。沈从文放大了美的一面，缩小了丑的一面，所以在茶峒，即便妓女都比京城的纯朴；鲁迅放大了丑的一面，缩小了美的一面，所以即便善女人柳妈也让读者讨厌。这就是文学，会打上作家的主观印迹。这不是作家的失误，但作为读者一定要警惕，要善于发现作者的创作意图，并将创作意图与客观实际区别开来。这是语文教师必备的专业功底。

语文教师的专业功底还表现在对学理的掌握上。过去，我对"语文学科素养"这个概念缺乏深入了解，总是在语文能力上做文章。其实，素养与能力之间体现了"感性—知性—理性"的认识过程。比如，是否懂得隐喻，往往是区别专业读者与非专业读者的分水岭。对隐喻的掌握必须经过"感性—知性—理性"的接受过程。非专业读者阅读文学作品，往往读什么就相信什么，走进去就出不来，以至于有的读者阅读《红楼梦》，心血崩溃，气绝身亡，有的读者阅读《少年维特之烦恼》，就模仿作品中的人物去自杀。这都是非专业读者的表现。非专业读者最突出的毛病是"悖体阅读"，即不能遵照文体规律来阅读和理解。阅读学专家曾祥芹先生指出："所谓'悖体阅读'，是违背文体特性和文体思维法则的阴差阳错的阅读。"曾先生以《论语》解读为例，批评了那种将《论语》作为纯文学作品来阅读的做法，指出"具有文学价值"和"文学作品"毕竟不同，"事料的真实"与"意旨的鲜明"是体现《论语》文体特性的关键，只有将《论语》作为"学术文章"来阅读才是"适体阅读"。语文教师应该是专业读者。语文教师要有一双语文的眼睛，敏锐捕捉语文的因素，尤其善于从文本表现形式上提取语文的学养，确定文本的语文功能，培养学生的"语文学科素养"。语文命题者应是高级专业读者，更要善于借助文本的表现形式切入文本，引导学生准确把握文本的特质，从而在"语文学科素养"上得到理想的区分度。但从现实来看，这一目标还显得很遥远。新的语文课程标准提出"学科素养"这个概念，意义重大。它指明了语文教师专业发展的方向，指明了语文教学努力的目标，明确了语文命题考试向度的边界。这些，都需要教师不断地学习。

学语文，不仅仅是接受，还要批判。语文教师要培养学生批判性阅读的能力。做到这一点就更不容易。什么是批判性阅读能力呢？我认为它包括以下内容：（1）判定版本质量的能力；（2）区分事实和观点的能力；（3）鉴定作者资格的能力；（4）指出作者偏见的能力；（5）了解信息传播途径及可信程度的能力；（6）辨别原始资料和二手资料的能力；（7）发现文本语言问题和逻辑漏洞的能力。要想当一名优秀的语文教师，必须活一生学一生。那种自以为读书很多的自满自负心理千万要不得，那种被所读之书遮蔽了视野的井底之蛙更是要不得。语文教师不仅仅教课文，还要超越课文，超越教材，在育人这个更高的层面上去启发引导学生，去启蒙学生。要想达到这个高度，就必须不断学习。教学无止境，教师的专业成长永远在路上。

教育的终极关怀：培养独立人格

教育有没有终极关怀？有的，就是培养独立人格。

中国几千年封建教育，成就辉煌，但缺乏终极关怀。不是缺乏这方面的主张和理论，而是没有成为教育实践的主流。孔子讲过："仁者不忧，智者不惑，勇者不惧。""君子不器。"孟子说："富贵不能淫，贫贱不能移，威武不能屈。"这些观点体现了教育的终极关怀，教育应培养大写的人、具有独立人格的人。周敦颐在《爱莲说》中用形象化的语言描述具有独立人格的君子："出淤泥而不染，濯清涟而不妖，中通外直，不蔓不枝，香远益清，亭亭净植，可远观而不可亵玩焉。"翻译成白话就是：身处污浊环境却能洁身自好，经过文化洗礼但不炫耀自恋，虚心正直，不依不傍，历久弥新，纯洁独立，具有自尊，凛然不可侵犯。

独立人格范式的核心是自强。我们讲自信，其实，制度自信、道路自信、理论自信和文化自信，归根到底取决于自强。一个体格强壮的人，就敢于抢锤挥斧；一个智力强悍的人，就善于化解困局；一个技艺高强的人，就勇于挑起重担；一个经济富强的人，就无惧各种危机；一个意志坚强的人，就不会随风摇摆；一个思想强大的人，就能够征服他人。

怎样才能使自己强大起来？需要教育，特别是基础教育。在人的成长过程中，基础教育最为重要。它施行于一个人长身体、长知识、长才干、长见识、长意志、长思想的关键时期。梁启超说过："少年强则国强。"所以，衡量一所中小学办得好不好，主要是看它能否让学生强大起来。能够培养学生迈进高一级学校，当然是学生强大的标志；能够培养学生具有一技之长，当然是学生强大的标志；能够让学生找到发挥自己优长的位置，当然是学生强大的标志；能够培养学生具有深刻的思想、坚强的意志，当然是学生强大的标志。总之，你能让学生站立起来，就是在培养他的自强能力。基础教育一定要打好基础，要培养学生的独立人格。教育一定要给学生摔倒了自己爬起来的锻炼机会，教育一定要让学生发现自己的巨大潜能。在基础教育阶段，学校不能挑选学生，要对每一个学生负责。那种挖空心思把好生源集中到自己学校的做法其实是在毁坏教育。孔子的"有教无类"才是真正伟大的教育家的情怀。

高等教育也很关键。一所大学办得好不好，很重要的一条，就是看它培养出来的学生是否具有独立处世的能力。如果能，就是好大学；不能，就不能算是好大学。大学毕业，就应该独立拿主意，不能再依赖父母；大学毕业，就应该知道自己这一辈子能干点什么，不能再浑浑噩噩；大学毕业，就应该具备挣钱养活自己的能力，不能做啃老族；大学毕业，就应该具备较为深刻的思想，不能再幼稚肤浅；大学毕业，就应该具有坚强的意志，而不能轻易抛掷生命。拿这些标准衡量一下当前我国的高校，不见得都能称得上是好大学吧。

一个具有独立人格的人，做事情不是为了讨好什么人，不讨好上司，不讨好同事，不讨好下级。一个具有独立人格的人，不是别人手中的棋子，更不是别人手中的玩物。他可能贫穷一点，只要衣食无忧，就绝没有摇尾乞怜的奴相；他可能没有官位，只要活得舒心就行，绝不会拍马溜须；他可能没有什么名气，但只要问心无愧，绝不可能做偷鸡摸狗之事。他也许会犯错误，但知错就改，接受教训，不再犯同样错误；他也许会痛苦，但痛苦只能使他更加坚强，绝不会使他低头。"君子固穷，小人穷斯滥矣。"具有独立人格的人，具有超越意识。他超越了一般世俗之人，不被理解，遭受讽刺，遭遇孤独。其实，独立与孤独向来就是连体兄弟。鲁迅的寂寞，造就了《呐喊》《彷徨》；托尔斯泰的孤独，造就了《安娜·卡列尼娜》和《复活》。孔子作为一个伟大的教育家，他本身就遭遇过孤独，被称作"丧家狗"。可以说，孔子一生是孤独的。

孔子鄙视"小人儒"。我经常想，孔子一定是一个内心非常强大的人。长期以来，我们的教育更多是培养功利主义者，培养了很多"小我"，很少有"大我"。培养"小我"固然是必要的，没有"小我"就不会有"大我"；但只培养"小我"是可悲的，因为"小我"的独立人格是有局限的，有些人为了保住"小我"会丧失独立人格。超越"小我"，走向"大我"，才能真正成为具有独立人格的人。因为"大我"有担当意识，有悲悯情怀，"不以物喜，不以己悲"，能很快从个人得失中走出来。具有"大我"境界的人，内心一定是强大的，人格一定是独立的。我们的基础教育和高等教育距离这样的目标还相差很远。

学生具有独立人格，国民才能具有独立人格。于漪老师说："今天的教育质量，就是明天的国民素质。教师一个肩膀担负起学生的今天，一个肩膀担负起祖国的明天。"国民具有独立人格，国家才能真正独立于世界民族之林。明代思想家王阳明说过："圣人之道，吾性自足。"明白了修身之道，就是明白了教育的终极关怀，就是开启了独立人格培养的大门。教育要唤醒每一个沉睡的灵魂，让他们真正焕发生命的活力，体现生命的价值和意义。一个人一旦具有了独立人格，就胸有朝阳，就拥有了心中的太阳，从而照亮别人，照亮世界。

保持心灵湿润

前几天，我与我高中的语文老师宋遂良先生互通了微信，心里特别高兴。先生今年86岁，身体特棒。先生在中学任教时，就已是著名文学评论家，对周立波的创作有深入研究，还担任过茅盾文学奖评委。我以此为自豪！

我喜欢文学创作，写过小说、散文、剧本等。我参加工作后，经常把习作呈送先生。先生认真批改，教诲多多，我受益多多。先生说："只要你始终保持旺盛的求知欲，保持心灵的湿润，就一定会不断进步。"我在《人民文学》2020年第1期发表的短篇小说《那棵槐树》中所引用的阿·托尔斯泰的名言，就是几十年前听先生讲的。记得先生还吟诵过一副对联，很有意思，几十年了，我隐约记得几个字。互通微信后，我向先生索求那副对联，先生马上发给我，真是好记性。对联是：

　　想当年初来时我也曾少年英俊红光满面

　　到如今将去也只落得肺病沙眼老气横秋

先生当年吟诵这副对联，旨在提醒中学教师警惕心灵衰老和情感枯竭。如今，我作为先生的老学生，快60岁了，愈发觉得这对联写得好。

中学教师工作的特点是：皓首穷经，挑尽孤灯；教材练习，孜孜经营；回环往复，学校门厅；考试升学，胆战心惊；长此以往，身心难轻。因此，保持心灵湿润，防止情感枯竭，乃教师修身养性必修课。

也许你会说："和学生在一起，可以变得年轻。"但是，现在的学生不怎么愿意和老师玩——这与我们那个年代不同。所以，老师要学会自己和自己玩。怎么玩呢？

多读文学作品，让那些鲜活的文学形象走进自己的心灵世界，走进自己的情感世界。多看看电视，常跑跑戏院。我的导师吴心田先生戏言："一个不爱看电视的语文老师不能算是一个好的语文老师。"有一回，吴老师打电话给我，说他刚看完《艺术人生》节目，很有感慨，要在电话上与我交流感受。我喜欢看戏剧，尤其是京剧。我对样板戏情有独钟，不知看了多少遍，百看不厌，每看一遍都心潮起伏。我喜欢京剧、豫剧那些著名唱段，看京剧中的《看大王在帐中和衣睡稳》《我正在城楼观山景》等唱段，以及豫剧《赵氏孤儿》中的哭腔唱段，每次都感动得泪眼婆娑。有人问："你看了这么多遍，怎么还掉泪？"我说不清，就是掉泪。

除了读文学、看戏外，还要练练书法。我虽然写不好，但喜欢。我看古人碑帖，想见其为人，如同走进一个幻觉四溢的虚拟世界。我喜欢启功先生的书法。我看到启功先生的照片就爱不释手，特别是他那张面带憨笑把玩泥塑孩气十足的照片，令我遐思无限。我常想：启功先生这样一个温润如玉的君子，怎么就写出了钢筋铁骨的书法作品呢？后来我看了《启功评传》，才走近了他。我又看了电影《启功》，被他高尚的人格深深打动。他的弟子讲："都说人无完人，但启功先生例外。"我深以为然。书法，让你在点横撇捺勾折提按的瞬间进入一个自由世界，那是一个充满性灵的世界，又是一个充满哲思的世界。

要保持心灵湿润，还要走向大自然。古人见山水而心动，观风云而思飞，所谓"登山则情满于山，观海则意溢于海"。那种"思接千载，视通万里"的高峰体验，往往是处在峰之巅与山之谷的刹那顿生。能够获得这种体验，是一种幸福。我记得第一次看见大海时那种惊讶和狂喜，我什么都没脱，就整个跳进了大海！我急于感受大海的抚摸！雪花飘落，我会用舌尖去舔舐那玉树琼枝……听说郭沫若写作激动时趴在地上打滚，我虽未见，却深信不疑。

语文老师，就应该心灵湿润，诗意栖居。

读书浸润人生

——读《温儒敏谈读书》

《温儒敏谈读书》一经出版，便引起社会广泛关注。商务印书馆专门召开了座谈会，笔者有幸参加并作发言。这本书笔者读了两遍，有一点感受，写出来，与大家交流。

温儒敏先生是从学生、教师和社会三个层面来谈读书的，贯穿三个层面的核心观点是：读书浸润人生。

温先生指出，要培养学生的读书兴趣，要在阅读中驱遣想象，让学生体会到快乐，反对把读书变成孩子的负担。这一点，年级越低越重要。尽管学业压力不可能完全消除，但兴趣驱使下的读书毕竟是轻松愉悦的。小学阶段不要把读书功利化，否则，学生要伤胃口，对读书心怀畏惧。温先生建议，阅读童话《皇帝的新装》时，教师不必追求深刻，要让孩子觉得好玩，在快乐中阅读，在想象中阅读，不要拿那些沉重的大概念作为"标准答案"去考学生。兴趣读书观，应该成为低年级学生阅读的基本原则。

温先生提倡小学高年级和中学生要读经典，要注意区分精读与略读的不同、课内阅读与课外阅读的不同，学会根据文体选择课型及阅读策略。温先生主张让学生读一点"闲书",让学生自由选择。这对家长和老师很有启发。温先生关于整本书阅读的论述,是对单篇阅读的有力补充,完善了阅读教学的结构。读整本书,叶圣陶先生早有建议,但未能实施。统编教材加入整本书阅读,安排课时,赋予学分。这是新中国成立70年来语文教材的一次大变化。温先生还针对《乡土中国》《红星照耀中国》等整本书阅读提出了很好的建议,对一线教学具有指导意义。温先生赞同韩兴娥老师"海量阅读"的做法,认为课堂上学生应该成为读书的主人,在读书时间和读书数量上都应成为主体。

温先生认为语文老师在读书上具有引领作用,并要求教师做"读书种子",从根本上提升语文教学的水准。温先生建议教师应有一份书单,要有计划。温先生为此画了三个"圈":第一个是中外文化经典,感受人类智慧的结晶,应有十几种;第二个是与专业或职业相关的书,比如科技史、科技哲学以及教育类的,打好基础,拓展视野,触类旁通,活跃思想;第三个是专业书,是核心。温先生希望从源头上改变语文教师不读书、少读书、缺少"文气"的苍白状况。温先生希望语文教师能成为研究型教师、学者型教师,要建立"自己的园地",有自己专属的读书时间和读书内容,营造良好氛围,防止陷入无边无际的"职业性倦怠"。谆谆忠告,披肝沥胆。目前,中国教育学会中学语文教学专业委员会已经启动"中学语文教师读书种子计划",拟用五年时间,引导全国中学语文教师走进经典,提升素养。

温先生不仅关注学校师生的读书生活,还关注整个社会的读书风气。温先生指出,据北京市统计局调查,北京市民阅读时间相当少,不敌上网看电视的时间。该调查涉及1500户居民,3733人,年龄15—74

岁。调查发现，城镇人均可自由支配时间为4小时21分钟，其中平均看电视1小时53分钟，上网32分钟，读书包括读报纸杂志加起来才22分钟，占可支配时间的8.4%。农村更少，人均每天阅读时间只有8分钟，占3.5%，而打麻将的时间超过读书时间，为14分钟。可以说，公民生活中，阅读的地位仍然很低，我们的社会缺少书香。由此，温先生谈到了一个很严肃的问题：读书与国民素质的关系。

温先生认为，读书可以改变人的精神面貌，读书可以养性，浸润人生，使人变得高雅。温先生担心，在物质主义猖獗的时代，不读书，平庸、低俗、粗鄙就会汹涌澎湃，心灵就会迷惘。读书能够激励学生树立远大志向，树立正确的人生观和价值观，超越庸常，磨性子，增涵养，养成良好的心性、健全的人格和聪慧的大脑，正所谓"腹有诗书气自华"。可以说，对人生的终极关怀，贯穿本书始终。温先生担忧，不读书，无信仰，人文精神堕落。温先生希望通过读书，能够使全体国民具有精神寄托，树立坚定信仰。温先生对目前网络阅读的混乱充满担忧，认为网络上那些对经典的歪曲亵渎是一种文化病象，会带来严重后果。温先生针对中学语文教师这个特殊群体充满希望，深切关注中学语文教师的精神成长。温先生认为，教师读书就是养性，浸润人生。可以说，《温儒敏谈读书》中所表现出来的忧虑和关怀，体现了本书最深远的意义。

温先生提出了问题，也开出了药方。针对大学生的读书现状，作者列出了一个书目。作者还结合一本书提出了具体的建议。比如读《红星照耀中国》，要读出那种质感的真实。在斯诺笔下，毛泽东、朱德、彭德怀等许多革命将领，是有情怀的，是非凡的，但又是有人间味、人格魅力的。在诸如饮食、住宿、开会、舞会、恋爱，甚至房屋摆设、身体语言等有趣的细节中，我们能感受到红区那种特有的气氛——在激越、紧张和进取中，也不无自由和舒展、个性的张扬。这些记载似乎信笔写成，毫无拘谨之态，跟我们平时看到的某些套路式的报道或传记不一样。几十年过去了，这些革命先驱大都谢世，但在斯诺的书中仍然能看到那活灵活现的身影。这是本书魅力所在。现在倡导"讲好中国故事"，怎样才能讲好？《红星照耀中国》无疑是一个很好的范例。温先生还谈了如何阅读鲁迅的作品、如何阅读莫言的作品等问题，颇有真知灼见。总之，本书内容丰富，启迪智慧，是一部很好的阅读指导用书。

自从书籍产生以来，读书就成了一件大事。你要关心一个人的成长，就应关心他的读书生活；你要关心国民素质的提升，就应关心国民的读书状况。温儒敏先生是一个读书人，是一个高素质的人，他通过切身体会和大量实例来阐述读书的重要性。他关心青少年的成长，关心教师的读书生活。我看到一个勇于担当的身影，正走向师生心灵深处。

说仓颉

在中国文化史上,有一个人充满了神秘色彩:他是那样虚无缥缈,又是那样真切实在;他似乎远在天边,又好像近在眼前;他似乎从未有过,又好像无处不在。当我们读书的时候,当我们写字的时候,他就像幽灵一样出现——他,就是仓颉。

仓颉,一作苍颉,一个和汉字永远连在一起的名字,翻开古代文献,就能看到他。《世本·作篇》记载:"苍颉作书。"《韩非子·五蠹》记载:"古者苍颉之作书也,自环者谓之私,背私谓之公,公私之相背也,乃苍颉固以知之矣。"《吕氏春秋·君守篇》也有"苍颉作书"的记载。《淮南子·本经》的记载影响最大:"昔者苍颉作书而天雨粟,鬼夜哭。"以上文献言之凿凿,记载了中华民族最早创制文字的人就是仓颉。

仓颉是什么时代的人呢?据《说文解字·叙》记载:"黄帝之史仓颉,见鸟兽蹄迒之迹,知分理之可相别异也,

仓颉像

初造书契。百工以乂，万品以察，盖取诸夬。"《世本·作篇》记载："黄帝之世，始立史官，苍颉、沮诵居其职矣。"西晋书法家卫恒在《四体书势》中写道："昔在黄帝，创制造物。有沮诵、仓颉者，始作书契以代结绳，盖睹鸟迹以兴思也。"又写道："黄帝之史，沮诵、仓颉，眺彼鸟迹，始作书契。纪纲万事，垂法立制，帝典用宣，质文著世。"由此可知，仓颉生活在黄帝时代。黄帝，是中华民族的人文初祖，中国历史从他那里拉开帷幕。仓颉是黄帝史官，是伴随黄帝身边的高级文职官员；还有一个叫沮诵的史官也参与了造字工作，但似乎贡献和影响力没有仓颉大。

仓颉长什么样呢？古人作了极为有趣的想象。《论衡·骨相》记载："苍颉四目。"就像古文献记载舜双瞳仁一样，仓颉具有非凡的相貌。在汉代，仓颉开始被神化。"四目神"的形象反映了人们对仓颉的崇拜，对他建立伟大功绩的赞扬。1916年3月，寓沪犹太人哈代因创办仓圣明智大学向社会征集"造字圣人"仓颉画像，康有为、王国维、蒋梅笙等十余位名家担任评委。他们对应征的百余幅作品仔细评审后，一致认为"满身须毛、阔头宽额、脸上重叠四只眼睛"的仓颉画像最佳。康有为称赞道："想象绝妙，灵气飘逸，劲健神焕，佳为首之。"这幅画的作者是徐悲鸿。

那么，仓颉是怎样创制文字的呢？许慎在《说文解字·序》中写道："仓颉之初作书也，盖依类象形，故谓之文。其后形声相益，即谓之字。文者，物象之本；字者，言孳乳而寖多也。"由此可知，"文"与"字"是有区别的。原始的象形字叫"文"，后来的形声字叫"字"。"字"由"文"孳生繁衍而来，逐步增多。仓颉不仅"依类象形"创制了象形字，还按照"形声相益"原理创制了形声字。汉字"孳乳"造字规律被发现和掌握，并发展下去，这是具有划时代意义的重大创造。《荀子·解蔽》说："故好书者众矣，而仓颉独传者，壹也。"壹，很多学者解释为"整理"，这不符合《荀子·解蔽》的语境。原文写道："虚壹而静……不以夫一害此一谓之壹。" 又说："故君子壹于道而以赞稽物。壹于道则正……故好书者众矣，而仓颉独传者，壹也；好稼者众矣，而后稷独传者，壹也；好乐者众矣，而夔独传者，壹也；好义者众矣，而舜独传者，壹也。"壹，就是"专一"的意思。仓颉全身心投入造字工作之中，自然包括整理。

至此，我们似乎可以借助想象还原仓颉造字的场景了：浩渺苍穹，群星璀璨，日月高悬；茫茫大地，群峰起伏，江河蜿蜒；云蒸霞蔚，树木阴翳，百鸟嘤嘤。崎岖的山路上，远远走来一位老者。他苍颜白发，满脸皱纹，一双眼睛炯炯有神，似乎能看透整个宇宙。他仰望天空，一弯残月吸引住他。他一会儿用手在空中比画着，一会儿用手指在地上画着。他叫仓颉，是黄帝的史官。他接受了一项重要任务，创制一种视觉符号，用来发布政令，统治民众，宣扬教化。他望着天边那轮残月，画呀，画呀，终于画出一幅满意的月牙图案☽，这不就是"月"吗？对，就这样画下去，第二天，第三天，他陆续画出了⊙、⛰、𝌆、🚗、🐎，分别表示"日""山""水""车""马"。在仓颉、沮诵等人的共同努力下，经过长期反复摸索尝试，他们先后发明了象形、指事、会意、形声等造字法，许多抽象的意思也能用文字表示了。比如，人是有私心的，遇事总为自己打算。于是仓颉用ㄥ来表示"私"，一条线向内转，代表为自己打算；"公"的写法是ㄥ，就是在ㄥ的上面写一个)(，即"八"字，表示分离、违背，与私心相违背就是"公"。他或用笔写，或用刀刻，创制了

懋勤殿本《淳化阁帖》(部分)

一批数量可观的文字（懋勤殿本《淳化阁帖》中《苍颉书》28个字，传说为仓颉所书"鸟迹字"），献给黄帝。他的成果得到了黄帝的赞许。黄帝颁布政令，在统治阶层使用这些文字来"宣教明化"。后来，越来越多的人会认了，会写了。仓颉又给这些字规定了读音，于是很多人会读了。从此，文字成为人们生活和工作特别是政治教化不可缺少的文化工具。可以推测，仓颉造字对甲骨文的出现起到了奠基作用，没有仓颉造字，就不会有甲骨文。甚至有一种观点，认为仓颉生活的时代距离甲骨文产生的时间并不久远。当然，仓颉所造字数不会太多，甲骨文则数量激增，蔚为大观。但不管数量多少，从仓颉造字到甲骨文出现，能够掌握文字的人数是极少的，仅限于上层贵族和专业人员；因为"文字是特权者的东西"（鲁迅语），是地位和身份的象征，普通百姓没有使用文字的资格。

今天，人们还能看到仓颉写的字吗？明初陶宗仪《书史会要》有这样一段记录："……北海亦有苍颉藏书台。人得其书，莫之能识，秦李斯识其八字，曰：'上天作命，皇辟迭王。'汉叔孙通识其十二字。今《法帖》中有二十八字。"这里所说的《法帖》，即宋太宗淳化三年（992年）编印的《淳化阁帖》。后蔡京主持《大观帖》翻刻时将此帖《苍颉书》28字译为："戊己甲乙，居首共友，所止列世，式气光名，左互义家，受赤水尊，戈茅斧芾。"对《苍颉书》真伪的判定，众说纷纭。强作解人者，虽不被学界认可，却也表现了一种情愫，就是对仓颉的尊敬与纪念。

仓颉造字在当时产生了怎样的影响呢？据《淮南子·本经》记载："昔者苍颉作书而天雨粟，鬼夜哭。"这真是惊天动地了。其实，这里的"天雨粟，鬼夜哭"原意并非称赞仓颉的造字之功，而是惧怕甚至否定。高诱作注曰："苍颉始视鸟迹之文造书契，则诈伪萌生，诈伪萌生则去本趋末，弃耕作之业而务锥刀之利。天知其将饿，故为雨粟。鬼恐为书文所劾，故夜哭也。'鬼'或作'兔'，兔恐见取豪（毫）作笔，害及其躯，故夜哭。"龚自珍在《己亥杂诗》（六十二）中写道："古人制字鬼夜泣，后人识字百忧集。"其实，这是对仓颉造字的误解，今天来看颇为可笑。这表现了对文化进步的恐惧心理，是时代局限所致。古今中外，凡有伟大发明创造，起初总有反对挞伐之声。因为有了文字，那些乱臣贼子的邪恶行径被记录下来，钉在历史耻辱柱上，无所逃于天地之间，他们当然害怕，所以"鬼夜哭"；那些建功立业者，那些嘉言懿行，被记录下来，彰显天下，被后人歌颂传扬，万人景仰。唐代画家张彦远在《历代名画记·叙画之源流》中这样解释："颉有四目，仰观垂象。因俪鸟龟之迹，遂定书字之形。造化不能藏其秘，故天雨粟；灵怪不能遁其形，故鬼夜哭。是时也，书画同体而未分，象制肇创而犹略。无以传其意故有书，无以见其形故有画，天地圣人之意也。"张彦远从书画同源的角度解释了文字和绘画的产生过程，并从艺术创作的角度阐述了文字和绘画的社会功能，体现了成熟而深刻的艺术观。

但是，也有人不承认文字由仓颉一人创制，甚至说仓颉不是人名。其实，与西方"神造字母"的传说相比，"仓颉造字"的传说体现了汉文化的"此世性"，不同于西方文化的"超世性"，表现了中华文化对人的观照。鲁迅在《门外文谈》中说:"但在社会里,仓颉也不止一个,有的在刀柄上刻一点图,有的在门户上画一些画,心心相印,口口相传,文字就多起来,史官一采集,便可以敷衍记事了。中国文字的由来,恐怕也逃不出这例子的。"鲁迅没有否定仓颉造字,只是把仓颉作为众多造字者中的一个。《荀子·解蔽》说"好书者众矣",可知人数应是很多的。笔者推测,仓颉作为史官,组织领导了造字工作,并且亲自动手。和他一起从事这项工作的另一个史官是沮诵,他们组成了一个团队,这是一个具有很高专业水准的团队。可以说仓颉造字,也可以说"仓颉们"造字,但不管怎样,可以肯定地说,仓颉是人,甚至可以称他是"圣人",但仓颉绝不是"神"。他领导的团队开启了中华民族文明的序幕,从那以后,仓颉之名与汉字永远连在了一起。可以说,仓颉是汉字第一功臣。

华夏儿女和世界人民对仓颉表达了由衷的敬仰与赞美。《易经·系辞》记载:"上古结绳而治,后世圣人易之以书契。"人们很早就尊称仓颉为"圣人"了。现在,全国有多处纪念仓颉的遗迹,有仓颉陵、仓颉庙、造字台等。始建于汉代的就有四处:河南南乐、虞城、开封和陕西白水。始建于晋代的有两处:山东寿光和东阿。建于宋代的有两处:河南阳武、洛宁。白水县史官镇的仓颉庙,为全国重点文物保护单位。据《仓颉庙碑》记载,该庙在汉延熹五年(162年)已颇具规模,至今已有2000多年的历史。唐代书法家张怀瓘在《书断赞·仓颉古文赞》中写道:"邈邈仓公,轩辕之始。创制文字,代彼绳理。粲若星辰,郁为纲纪。千龄万类,如掌斯视。生人盛德,莫斯之美。神章灵篇,自兹而起。"在民间,"清明拜黄帝,谷雨祭仓颉"的传统,在白水县已延续千年。每年4月20日农历谷雨节气,白水县史官镇都要举行隆重的祭奠仪式。

2010年，联合国新闻部宣布启动联合国语言日，将"中文日"定在农历二十四节气之谷雨，以颂扬"中华文字始祖"仓颉造字的贡献。联合国首届"中文日"庆祝活动于2010年11月12日在纽约联合国总部举行。从那以后，每年的4月20日联合国都要举办"中文日"活动。在美国国会图书馆约翰·亚当斯大楼东侧铜门上镶嵌着仓颉的雕像，解说词是"中国文字的庇护神"。可以说，仓颉不仅是中国的，也是世界的。

　　仓颉，每当提起你，我总想化用古人的词句来表达对你的思念："君住长江头，我住长江尾。日日思君不见君，共饮长江水。"那绵延数千年的汉字就是一条源远流长的江水啊，你在江的源头，我在江的尾端；我接受着你的滋润，享受着你的恩泽。我提起笔就想起你，翻开书就思念你；我在梦里见到过你……也许有人说，你的故事毕竟是传说，至今没有铁证能证明你的存在，那些文献记载也不一定可信。不过，我认为，你的真与假已经超越了一般意义上的真假判断，我们应该换个角度来看待你的有与无。耶稣是真的吗？亚当和夏娃的故事是真的吗？女娲补天是真的吗？后羿射日是真的吗？真，有多种表现形式，有物质上的真，也有精神上的真。从物质的角度看，我们还没有足够的实物证据来证明你的存在，因为时代太久远了。但是，作为一种精神和心灵层面上的存在，你实有其人，真有其事。你的真是文化上的真，这个真对中华民族具有重大意义。你具有纽带作用，具有滋养功能，具有象征意义，具有宗教价值。你是文化的积淀、情感的凝结，你渗透到人民的精神血液中，比起实物的真还要真！相反，有些所谓的真，即便实有其人，真有其事，但是从精神和心灵层面上说，人们认为它是假，从而鄙视它，唾弃它，否定它。你，仓颉，作为一座原始文化的高峰，是数千年来中华民族心灵的丰碑，无形的丰碑。这样的丰碑摧不倒，打不垮，因为矗立在人民心中的丰碑是最真实的，是最坚固的！

统编版语文教材《诗经》中四首诗的理解与教学

统编版《语文》八下遴选了《诗经》中四首名篇，深受师生欢迎。对这四首诗的理解，历来众说纷纭。教材将《关雎》《蒹葭》《子衿》的主题定位于"爱情"，将《式微》的主题定位于"劳动者对君王的怨言"。这是受了程俊英《诗经注析》观点的影响。本文对此谈点个人看法，以就教于各位同仁。

一

纵观两千年《诗经》接受史，对这四首诗的解释存在很大争议。近代学者，颠覆旧说，创出新意；当代新著，审视反思，尊重旧说。可以说，对这四首诗的解释史，折射出两千年来不同时代的风云变幻。如今，四首小诗入选统编《语文》八下，给广大师生提供了学习《诗经》的机会，同时也将广大语文教师推到了一个无法回避的文化现象面前："经学"与"文学"。

统编《语文》八下"预习"中这样表述：

《诗经》中有不少歌咏爱情的诗，或表达对美好爱情的向往和追求，或抒发爱而不得的忧伤和怅惘。这些诗，今天读来仍会让人怦然心动，获得美的愉悦。诵读这两首诗，用心体会诗中歌咏的美好感情。

诵读时，要注意感受诗的韵律，初步了解《诗经》的语言特点。

课本以程俊英《诗经注析》1991年中华书局版为底本，将《关雎》和《蒹葭》作为爱情诗来理解。这当然可以，但不够完整。《诗经》是儒家经典，排在"五经"之首，位列"十三经"第三，历来是学子必读之书。更为重要的是，这些儒家经典在古代属于政治书籍，代表国家意志。孔颖达作《毛诗正义》是奉唐太宗之诏。《毛诗正义序》指出："感天地，动鬼神，莫近于《诗》。此乃《诗》之为用，其利大矣。"古人读儒家经典，不止于科举，目的是"修身、齐家、治国、平天下"。自汉武帝"罢黜百家，独尊儒术"至近代，两千多年的中国历史，儒家经学地位虽时有起伏，但作为主流文化的地位不曾撼动。儒家经学，不限于学术，总与政治血肉融合。到了近代，西学东渐，儒家文化受到强烈冲击。胡适说："儒家经典中，除《论》《孟》及《礼记》之一部分外，皆古史料而已……其他《诗》则以文学眼光读之……"（见《论六经不够作领袖人才的来源》）胡适把《诗经》当成文学作品，不再作为经典看待。1923年，郭沫若出版《卷耳集》，将《诗经·国风》中的四十首爱情诗翻译成现代新诗，并高度称赞它们是祖国文学遗产中的优秀之作，从而产生了极大影响。这是《诗经》接受史上的巨大变化。

胡适曾经把《圣经》和《诗经》对比来谈，指出西方的《圣经》中也有大量男女爱情的内容。既然如此，为什么西方有《圣经》，我们就不能有《诗经》呢？当我们摒弃了那些强加在《诗经》上的虚假光环后，这部表现中华先民的第一部诗歌总集，其经典地位名副其实。张立新的《〈诗经〉和〈圣经〉比较学论纲》一文，梳理了《诗经》在国外传播的情况，说明《诗经》在世界上的影响是巨大的。

中国古代诗教说强调诗歌的社会功能，尤其是政治教化，是没有错的，问题在于极端化：有些诗明明歌颂爱情，却扣上"淫奔"的帽子，甚至有人提出删黜"淫诗"数十篇，以禁锢人们的情感。郑樵《诗辨妄》一书的命运就是最好的证明。这一奇怪现象造成了学者"知有经而不知有诗"，引起了开明士子的极度反感。早在宋代，就出现了反禁锢的声音，比如郑樵斥《诗序》为"村野妄人所作"。明代钟惺在《诗论》中指出："《诗》，活物也。"闪现出挣脱枷锁的思想火花。戴君恩的《读风臆评》明确表示"不受制缚"，"臆"游天地之间；他不关心所谓"经义"，而是潜心于《诗经》的艺术手法。他评价《关雎》："诗之妙全在翻空见奇……局阵绝妙，分明指点后人作赋法。"其跳出窠臼、挣脱枷锁的反叛精神跃然纸上。明代中后期以"竟陵派"为代表的文人在很大程度上挣脱了汉儒与宋儒横加在《诗经》上的精神桎梏；到了清代，则出现了以姚际恒、方玉润为代表的独立思考派，把《诗经》的文学性向前推进了一大步。到了近代，特别是新文化运动以来，"美刺"教化说被彻底否定，代之以"爱情"说，成为百余年来最流行的观点，完成了从"经学"向"文学"的转型。然而，正是在这样的背景下，新文化运动中部分受西方文化影响的文人，凭着激进的头脑，也终于把《诗经》研究推向了另一个极端。

胡适在《谈谈〈诗经〉》一文中说：

　　《诗经》不是一部经典。从前的人把这部《诗经》都看得非常神圣，说它是一部经典，我们现在要打破这个观念；假如这个观念不能打破，《诗经》简直可以不研究了。因为《诗经》并不是一部圣经，确实是一部古代歌谣的总集，可以做社会史的材料，可以做政治史的材料，可以做文化史的材料。万不可说它是一部神圣经典。

这与其说是文学观念的进步，不如说是时代嬗变的必然结果。压抑已久的人性，在新文化运动中得以爆发。于是，人们的思想观念更新了，抛弃"淫奔说"，大胆喊出"爱情"二字。

然而，新文化运动中部分人对《诗经》做了过分的解说。比如胡适在《谈谈〈诗经〉》一文中认为"《嘒彼小星》一诗，好像是写妓女生活的最古记载"，被陈子展先生斥为"无稽之谈"。闻一多受弗洛伊德"泛性说"的影响，写有《〈诗经〉的性欲观》一文，认为《诗经》中多有性欲的表现，虹、云、风雨、鱼、鸟等意象都是性交的象征。洪湛侯先生在《诗经学史》中评价闻氏风格："喜用廋语……把许多诗篇解释成表达性欲情绪的作品，使诗歌旨趣流于卑下。"朱东润先生早就批评过那种"又惑于欧美之旧说，以是非未定之论，来相比附，为说益多，纠纷益滋"的做法（见《诗三百篇探故·绪言》），努力倡导健康学风。

经学立场固然有问题，文学立场也有问题。究竟应该选择怎样的立场呢？鲁迅先生在《且介亭杂文二集·从帮忙到扯淡》一文中写道："《诗经》是经，也是伟大的文学作品。"傅斯年在《〈诗经〉讲义》一书中写道："我们研究《诗经》应当有三个态度：一、欣赏他的文章；二、拿他当一堆极有价值的历史材料去整理；三、拿他当一部极有价值的古代语言学材料书。"这些话都有道理。《诗经》诞生在两千多年前，体现了中国诗歌的"原生态"。我们既不能迂腐地站在经学的立场看待它，也不能单纯用现代文学观去解释它，尤其不能机械搬用西方某种理论来解释它。2018年中华书局出版的李山《诗经析读》，提出用"礼乐文明"的眼光看待《诗经》，颇有启发意义。笔者认为，要站在中华文明的角度综合考量《诗经》，绝非单一文学观能解释清楚的，一定是综合的。2018年中华书局出版的袁行霈、徐建委、程苏东《诗经国风新注》在前言中指出："《诗》是中国礼乐文化的重要部分。将《诗》置于礼乐文化的背景下考察，可以更清楚地理解诗的内容。"要之，既要承认《诗经》的文学性，也要尊重《诗经》的经学价值。二者不是冤家对头，可以相融共生。

二

先谈谈《关雎》。此诗是"诗三百"中争议最大的一首。它位列《诗经》首篇，孔子有过评价，说它"乐而不淫，哀而不伤"。《毛诗序》和《诗集传》也早有定论。《毛诗序》说"后妃之德"，三家《诗》持"刺康王"说，都在于强调它具有"风天下，厚人伦"的社会功能，即儒家提倡的诗教。清代黄培芳《香石诗话》引书词观点则说："《关雎》，即艳诗也。"胡适在《谈谈〈诗经〉》一文中说过这样一段话：

> 《关雎》完全是一首求爱诗，他求之不得，便寤寐思服，辗转反侧，这是描写他的相思苦情；他用了种种勾引女子的手段，友以琴瑟，乐以钟鼓，这完全是初民时代的社会风俗，并没有什么希奇。意大利、西班牙有几个地方，至今男子在女子的窗下弹琴唱歌，取欢于女子。至今中国的苗民还保存这种风俗。

那么，《关雎》究竟表达了什么呢？从语文教学的角度说，教师的教学首先应依据文本。我们来看原诗：

关关雎鸠，在河之洲。窈窕淑女，君子好逑。

叙述者是谁？"君子"吗？可能是，也可能不是。如果不是的话，"君子"就与"淑女"一样，都是被叙述者。一般情况下，叙述者不会说自己是"君子"（《诗经》中确有以"君子"自称的例子）。因此，笔者倾向于叙述者是第三方。作者用"关关"起兴，然后联系"窈窕淑女"，提出君子配淑女的婚姻模式。作者一直处在想象之中，那个"窈窕淑女"并没有出现，"君子"也没有出现。

参差荇菜，左右流之。窈窕淑女，寤寐求之。

这两句写淑女劳动的场景，也是想象之景，是虚写。"寤寐求之"四个字更进一步说明不是实写，不是具体场景，也不是故事。"寤寐求之"不是一个具体的时间概念，而是泛指——整天想，不分昼夜。

求之不得，寤寐思服。悠哉悠哉，辗转反侧。

对"窈窕淑女"的追求不是易事，要经历一个过程，这过程是一段煎熬。正因如此，得到后，才应珍惜。

参差荇菜，左右采之。窈窕淑女，琴瑟友之。

"琴瑟友之"，被胡适说成"勾引"，殊为不妥。胡适先生为何产生这种想法？男子喜欢"窈窕淑女"，想示好于她，固然有目的，难道这就是"勾引"？难道只有经过"父母之命、媒妁之言"才不是"勾引"？"君子"思念至深，以至于"辗转反侧"，这是多么真实生动的描写啊！尽管如此，"君子"并未不堪其苦而去逾墙钻洞，而是克制情感，静待花开。难怪孔老夫子说《关雎》是"乐而不淫，哀而不伤"，这个评价无论是针对音乐还是诗句，都是中肯的。"琴瑟"在中国婚姻文化上占有重要地位，它开启了"琴瑟和谐"的夫妻模式。这样理解不是附会，是诗中原有之义。

> **参差荇菜，左右芼之。窈窕淑女，钟鼓乐之。**

"钟鼓乐之"显然进了一步，两人双双步入婚姻的殿堂。典礼之上，钟鼓齐鸣。笔者上课时，刚朗诵完这一章，一学生大声喊道："他们结婚了！"你看，这是水到渠成的结论，哪来一点牵强？

在这首诗中，"淑女"和"君子"始终没有出现，是作者的想象而已。如果非要说它表现了爱情，请问，到底表现了谁的爱情？没有实际发生，只是想一想，哪来的爱情？这里的"君子"和"淑女"姓甚名谁？只能理解为泛指。我们不必强调"淑女"和"君子"的特殊含义，就其字面意思，学生完全可以理解：都是有内在修养的人。这里体现了一种婚姻理想：君子配淑女。谁不羡慕这样的婚姻？由此我们推测，《关雎》的作者不是普通百姓，可能是一位有深厚修养的乐官。

那么，这样理想的婚姻模式体现了什么？难道仅仅是男女青年的幸福？显然不是。这样的婚姻模式体现了儒家的婚姻观。"君子之道，造端乎夫妇。""夫妇，人伦之始。"儒家学说关怀人的现实生活，强调夫妇和谐对于社会、国家的重要性。这样理解令人讨厌吗？谁不希望夫妻和谐、举案齐眉、相敬如宾？这样的"诗教"应该充分肯定。能表达这种诗教的《诗经》，不是经典又是什么呢？李山先生在《诗经析读·序》中写道："何为经典？以笔者浅见，凡是表现了民族精神并在后续民族精神塑造方面起了重大作用的作品，就是经典。《诗经》，无疑是这样的经典。"

1998年上海辞书出版社出版的《先秦诗鉴赏辞典》中，骆玉明先生就已经指出：

> 以前常把这诗解释为"民间情歌"，恐怕不对头，它所描绘的显

然是贵族阶层的生活。另外，说它是爱情诗当然不错，但恐怕也不是一般的爱情诗。据我看来，这原来是一首婚礼上的歌曲，是男女家庭赞美新娘、祝福婚姻美好的。

这个观点很中肯。据文献记载，孔子是欣赏过《关雎》音乐的。《论语·泰伯》记载有"子曰：'师挚之始，《关雎》之乱，洋洋乎盈耳哉！'"孔子评价《关雎》"乐而不淫，哀而不伤"的话，很可能就是在这次艺术欣赏中说的。《史记·孔子世家》记载："（孔子）曰：'《关雎》之乱以为《风》始。'……三百五篇孔子皆弦歌之，以求合《韶》《武》《雅》《颂》之音。"由此可知，《关雎》是当时著名乐曲，得到了孔子高度重视。上海博物馆藏战国楚简《孔子诗论》记载的孔子言论"《关雎》以色喻于礼。其四章则愈矣，以琴瑟之悦，拟好色之愿；以钟鼓之乐，□□□好（笔者疑为"合二姓之好"），反纳于礼，不亦能配乎"，也证明了这一点。

李山先生在《诗经析读》中指出："《关雎》，西周贵族婚姻典礼上的乐歌。"他还分析说，爱情说之所以流行，有一个重要原因，就是《礼记》的《郊特牲》和《曾子问》两篇文献中有"昏礼不用乐""取妇之家，三日不举乐"之说。这个说法严重束缚了读者的理解，不敢越雷池一步。据王锷《〈礼记〉成书考》一书考证，《曾子问》完成于战国前期，《郊特牲》完成于战国晚期。战国时代距离西周数百年，自然是《诗经》更可信。洪湛侯在《诗经学史》一书中指出："二千年来研究者都不能认识《诗经》爱情诗的真面貌，不能不是一件令人惊诧的事。"不过笔者担心，对《诗经》会有新的误解。其实，认为《关雎》是婚礼歌曲，在清代姚际恒《诗经通论》、方玉润《诗经原始》的著作中就已经出现了。姚氏云:"此诗只是当时诗人美世子娶妃初昏之作。"方氏云:"此诗盖周邑之咏初昏者,故以为房中乐,用之乡人,用之邦国,而无不宜焉。"今天,我们不能从一个极端滑向另一个极端,历史的教训是沉痛的。

<h2 style="text-align:center">三</h2>

再说另外三首。《蒹葭》一诗,貌似爱情,其实不是。"伊人"不是指女性。在《诗经》中,"伊人"一词多次出现,做人称代词时皆指男性。宋代柳永写"针线闲拈伴伊坐"中的"伊"也指男性。五四时期,"伊"就多指女性了。"所谓"就是"所说的"。"所谓伊人"即人们经常说起的一个男子。这个男子令人羡慕,人们愿意接近他,追随他。"溯洄从之""溯游从之"就是"追随他"的意思。统编版释"从"为"跟随,追寻"。"央"与"坻""沚"意思相近,皆指水中陆地。"宛"字说明"伊人"好像在,又好像不在,隐隐约约,似有似无。这就渲染了迷茫的气氛。姚际恒在《诗经通论》中说:"贤人隐居水滨,而人慕而思见之诗。"他认为:"'在水之湄',此一句已了。重加'溯洄''溯游'两番模拟,所以写其深企愿见之状,于是于'在'字上加一'宛'字,遂觉点睛欲飞,入神之笔。上曰'在水',下曰'宛在水',愚之以为贤人隐居水滨,亦以此知之也。"姚氏用文学眼光,分析入情入理。清代陈继揆在《读风臆补》中誉之为"《国风》第一篇飘渺文字,宜以恍惚迷离读之"。又说:"其贤王乎? 其贤人乎? 不可得而知也。"用今天的话说,《蒹葭》是中国诗歌史上第一首朦胧诗。这里的"伊人"已经难以确定其身份,可能是一位贤者,也可能是其他。正因朦胧不明,才营造出浓厚意

蕴。李山先生在《诗经析读》中解读为"《蒹葭》，表织女思念牛郎之情的篇章"，颇有新意。尽管有人不同意此说，不妨作为一家之言。

《式微》当为劝归之歌。这在《毛诗序》和《列女传》中有本事可参。统编版的解说显然是受程俊英《诗经注析》影响。程本解释道："这是人民苦于劳役，对君主发出的怨词。诗用简短的几句话，表达了劳动人民对统治者压迫奴役的极端憎恨。"程本显然受了余冠英《诗经选》的影响，带有特定时代的痕迹。袁行霈等《诗经国风新注》对此诗的"题解"为："黎侯流寓于卫，其臣劝归之词。"李山《诗经析读》解说为："《式微》，劝归之歌。"两种新书抛弃了"阶级压迫"说，回归《毛诗序》和《列女传》，表现了对旧说的尊重。袁本特别指出："《毛诗序》之说并无违戾史籍之处，故今仍从《毛诗序》。"笔者以为，《式微》可以不选入课本，另选一首为好。

统编版对《子衿》的解说是："她痴迷地思念心中恋人，那青绿的衣领、佩玉的绶带让她沉醉。……这是一首古老的恋歌，跌宕起伏，缠绵悱恻，婉转动人，穿越了两千多年的岁月，读来仍能产生共鸣。"余冠英本解释为："这诗写一个女子在城阙等候她的情人。"程俊英本也持此说。笔者以为这样解说欠妥。

对《子衿》一诗，毛氏《小序》解说为："《子衿》，刺学校废也。乱世则学校不修。"《郑笺》解释为："'不嗣音'为学者离散，不相存问，以'一日不见'句为'独学而无友，则孤陋而寡闻，故思之甚'。"方玉润《诗经原始》对此解说十分精彩：

愚谓《序》言原未尝错，特谓"刺学校废也"则失诗人语气。

此盖学校久废不修，学者散处四方，或去或留，不能复聚如平日之盛，故其师伤之而作是诗。曰：学问之道未可孤陋自安也，今学校废久矣，予不能再赴讲席而广教，思彼青青子衿者，相从有素，能无系予心哉？然予纵不能与诸及门互相助益，诸及门尊闻行知，各有渊源，宁不思日来吾前，以嗣吾德音耶？其所以不来者，吾知之矣：年少佻达，日事登临，或城或阙，游纵自恣，则其志荒矣。此吾所以忧思，刻不能忘，则虽一日之暂违，不啻三月之久别。予之心念及门也为何如哉？

此段写得情意深深，感人肺腑，尤其一个"伤"字，点明诗的立场，切中要害。袁行霈先生指出："《诗序》之说虽显突兀，然恐非无据，且《郑笺》之训足以证成其说，固不可轻废。"李山先生解释为"《子衿》，表怨望之情的诗"。笔者以为，《子衿》写相思之情，既可理解为异性之间，也可理解为同性之间，"《诗》可以兴"。但须知"青衿"乃太学读书人穿的一种服装，绝非普通百姓之衣。后世常以"青衿"代指栋梁之材，曹操有"青青子衿，悠悠我心。但为君故，沉吟至今"，表达的就是思贤若渴之情。魏碑《张猛龙碑》中有"青衿之志，白首方坚"。可见，"青衿"已经成为读书人志向远大的代名词了。

需要提及的是，《诗集传》解说《子衿》为"淫奔之诗"，遂成朱熹一大罪状。莫砺锋先生在《从经学走向文学：朱熹"淫诗"说的实质》一文中表达了新的观点："我认为对于《诗经》中'淫诗'的解读是文学家朱熹在《诗经》研究中的最大成绩，正是这种解读在历史上首次还《诗经》以文学性质的本来面目，值得在《诗经》研究史上大书特书。"莫先生的解释很有道理，指出了从经学到文学的转型中，朱熹是一个关键点。

从《毛诗序》到郑玄、孔颖达、郑樵、朱熹，到"竟陵派"，到姚际恒、方玉润，到胡适、郭沫若、闻一多，到朱东润、余冠英、程俊英，再到袁行霈、李山，《诗经》研究转了一个大弯，似乎又回到了原点。其实，这不是简单的文化回归，而是经历了两个极端之后理性的选择，标志着中国当代《诗经》研究走向了成熟。

四

这样一个漫长复杂的《诗经》文化发展过程，给语文教学以怎样的启示呢？

笔者以为，在课堂上，语文教师不必给学生讲授繁多的《诗经》接受史，但是语文教师本人应具备这方面的基本修养。语文教师须站在文化的制高点教学。如果加上高中的《氓》《采薇》两篇长诗，《诗经》在中学课本中的份量不算轻。这就要求语文教师要通读《诗经》全书，要了解一点《诗经》接受史。在教学实践中，教师不必纠缠于"经义"，要重点引导学生理解关键字词句，理解《诗经》的艺术特色，还要从音韵、词法、句法、章法的角度去理解，要求学生背一背，写一写。在这方面，元代朱公迁《诗经疏义》对诗句进行了划分，有"断续句""参错句""重叠句""倒用句"等，可以借鉴。另外，当代学者夏传才的《诗经语言艺术新编》、向熹的《诗经语言研究》等都是很好的参考书。

《诗经》研究是一门显学，教师要对学术界的最新研究成果及时了解，并恰当运用到教学实践中去；既要参考余冠英、程俊英的著作，也要参考袁行霈、李山的成果；对学术论文也应读一部分。"中国知网"这个平台十分方便，切不可只读《教师教学用书》。教参仅仅是个参考而已，不能奉为圭臬，更不能把教参的观点作为"标准答案"来命题，来评判学生。

以上理解，仅为个人之见，敬请各位同仁批评指正。

| "学写游记"写作课教学设计

年级：初二下

教材：统编版

课时：两课时

一、写作导引

统编《语文》八下安排了一个《学写"游记"》的写作练习，很有必要。旅游、参观，是人们生活的重要内容。会读游记，会写游记，是语文素养的基本构成。

初中生写游记，属于起步阶段，到了高中，还要继续进行游记的阅读和写作。游记，是一种文体，可以归入叙事类文本中。游记的基本元素有游踪和游感。其中，游踪包含了叙事和描写两项内容。

初中生学习游记写作，主要就是写好游踪和游感，将游踪和游感作为独立的两部分写出来；还要把游踪作为线索，进行叙事和描写。到了高中阶段，游记写作则可以更加灵活些，游踪和游感不必各自独立，可以融为一体；对游感的要求，则应当在初中的基础上更加深刻，富有哲理和文化意味；语言的要求也应该相应提高，比如适当借鉴辞赋的句式；等等。

统编《语文》课本还提出了"知识"的要求，笔者以为可以纳入高中游记写作的要求中。当然，少数初中生将游记写得富有知识性，也是有可能的，只是不做硬性要求。

游记的写作，可以配合《语文》中的几篇课文进行。梁衡的《壶口瀑布》写景有特点，游感写得含蓄隽永、深邃精辟。阿来的《一滴水经过丽江》采用拟人手法，构思新颖别致，特别是游踪，线索清晰，描写叙事皆生动传神。《在长江源头格拉丹东》和《登勃朗峰》虽然不太适合初中生阅读，但参考一下还是可以的。

安排一次游记写作，针对学生的薄弱环节讲评；可以安排游踪（包括描写和叙事）和游感写作的片段练习，加以巩固。

最好使用自己学生的例文，本教学设计仅仅是"示例"，提供一个思路，不是说非用这些材料不可。

二、学生例文及评析

走进胡同

北京一零一中学初二7班　刁晓晗

提起过去的北京，想起的是辉煌的故宫，奢华的皇家园林，几朝首都和政治中心等。但这些都只是北京的一部分。那么真正的老北京是什么样的？带着问题，我走进了北京胡同。

扑面而来的是古老和陈旧的气息。锈迹斑驳的锁，坑坑洼洼的门墩和已经剥落的漆都向我们诉说着它的久远。四合院，一种早在数百年前就已经出现的建筑，陪伴着北京走过数百年的风雨，见证着这座城市从没落到兴起，一种对胡同的敬意油然而生。走进胡同，更深刻地感受到老北京是值得尊敬的。

炎夏，纵使那陈旧的气息给予我一丝凉意，可照耀着胡同的烈阳，还是使我汗流浃背。我走进一家茶馆。茶馆外，是一个甜蜜的午后，街坊邻里都串起了门，大人们拎着瓜子，孩子们一起出来玩耍。最常见的还是穿着背心、挂个收音机在胡同里遛弯的大爷，轻松自在，悠然自得。我身旁有位阿姨，正在写着什么，不用电脑敲，而是拿着笔，在纸上写着已有几千年历史却不曾退出人们生活的汉字。键盘的发明，加快了人们创作、办公的速度，却培养了越来越多提笔忘字的人，比如说我。在如此快节奏的时代，我过着快节奏的生活，同样选择了键盘，和家人团聚、串门的时间渐渐变少。但不曾想过，在北京的高楼大厦间，一种已经消失的生活方式却在这里重演。这里的慢与邻里间的友好令我羡慕。走进胡同，老北京的生活方式令我充满向往。

胡同和故宫不同，同时期的建筑，一个已变成了景点，而另一个还有人居住，正在使用，散发着勃勃的生命力。这是为什么？在联想到汉字后，我好像找到了答案。因为它们融入到了人们的生活中。每一个汉字都记载着一个故事，而每一条胡同都保存着一段记忆，镌刻在一代代住在那里的人们的心里。人们给古老的胡同带来活力，而胡同保护着这里的生活和记忆。时间的流逝反而厚重了它们的底蕴，让这一片小小的平房在这一群高楼大厦间站住了脚，并脱颖而出。走进胡同，我被这独特的生命力深深吸引。

学生评析：（略）

观壶口黄河

北京一零一中学初二7班　武龙湘

"黄河之水天上来，奔流到海不复回。"古诗中的黄河仿佛非常神秘但又气势磅礴，我决定亲自去看看。

去年暑假，我和家人驱车前往壶口，不幸的是车堵在了路上，为了赶在关门前到达，我们不得不步行前去。烈日炎炎，好像要把人烤化，走着走着，我失去了一开始的期待和兴奋，燥热和疲惫占了全部，我彻底对黄河失去了兴趣，只是行尸走肉般一步步挪着。

"哗哗哗"，我耳边迎来一阵浪声，一点一点，愈演愈烈！终于，在一阵凉风下，我终于目睹了古诗中这神秘的河流。两小时的煎熬算是熬到了头。

站在石头上，放眼望去，浑浊的河水如猛龙奔腾，拍击石岸，惊起阵阵巨浪。壶口瀑布上，河水毫无顾忌地往下冲，好似生命，生生不息。这时，起风了，浪花依托着风，在空中跳起舞，把岸边人的衣服都打湿了！

闭上眼，感受到河水的川流不息，听水声从远到近向你奔来，震耳欲聋。从瀑布之上倾泻而下的那一瞬，我的脑海中仿佛万马奔腾，世界寂静无声，只剩那水声。再走到水流缓慢的地方，与刚才的浪声截然不同。这里的水温柔得多，但也绝不像溪流般"柔弱"，在悦耳的水流中伴着黄河的豪迈，称得上大自然馈赠给人类的交响曲。

壶口是凉爽的，源源不断的河水卷起空中的风，冰凉的浪花乘着风飞到人们身上，好似夏天的解暑药，别提有多清凉！步行2小时的炎热自然也被这浪花冲走了，也许冲到河里，随波逐流走了吧。

黄河，这样一条有着气吞山河气势的河流，日日夜夜，年复一年地哺育着中华民族的儿女们，它是壶口的骄傲，中国的骄傲，甚至世界的骄傲。黄色的河水象征着中国古老岁月的沉淀；朵朵浪花象征着中国这尊东方巨狮的发展，步步向前！

我很期待下一次见到黄河。

学生评析：（略）

晨游破山寺

北京一零一中学初二7班　魏蒿辰

近来，我常到破山寺去。破山寺在常熟北郊虞山的北麓，不过是个小寺，僧侣不多，可它似乎有种魔力，吸引着我，吸引着我的心。

清晨，我一个人来到破山寺。雾气飘绕，朦胧之中，仅能隐约分辨出方向——但我是不会迷路的；尽管是野马般的雾气，也遮挡不了我的双眼，阻碍不了我的脚步。

"破山寺"三个大字终于映入我的眼帘。我顺着台阶向上走，太阳升起来了，朝霞碎开，阳光宛如一丝丝金线，钻过林间缝隙，照射到我身上，给我以久违的暖意。

我在曲曲折折的小路上踱着，路旁花草繁盛，幽深的林木发出淡淡的清香，若有若无。鸟在树上，左看看，右瞧瞧，不时发出轻脆的鸣叫。寺中景色也使它们怡然自乐呢。想到这儿，我的心平静下来，不想生活琐事，不想官场的失意，只是深吸口气，尽情忘我地陶醉于美景之中。

　　破山寺的后面是僧侣休息之地，人称禅房。此地雾气更浓些，团团白雾翻滚着，绕着圈，弥漫空中，没有鸟鸣，更显寂静。我伫立小路，双眼闭合，细心感受自然的纯、清、静。僧人们开始诵经了，淡淡的诵经声传至我耳畔，引着我向禅房走去。隔着门，望进去，正中央是位老僧，他就是破山寺的住持吧。老僧双目微闭，左手捧着佛经，右手稍稍上扬，嘴角一张一合。在他的眉宇间没有一丝愁容，只有置身于佛经中的安详、坦然，似乎尘世间的一切恶俗不堪之事都入不了他的眼，进不了他的耳，污不了他的心。

　　看到这里，我好似明白了什么，若有所思，不知不觉间来到禅房后的小潭。"潭中鱼可百许头，皆若空游无所依。"水，蓝中泛青，微波荡漾。我看到了倒映在潭中的自己的影子。岁月沧桑，生活艰辛，已使我从当年初出茅庐、英气风发的小伙子变成了面容憔悴的老头，那双本应炯炯有神的眼睛也变得浑浊了。入仕途这些年，竟使我变成了这副可怜模样！"蜗角虚名，蝇头微利，算来著甚干忙？"倒不如悠闲惬意、无拘无束徜徉于自然之中，正所谓"纵化大浪中，不喜亦不惧。应尽便须尽，无复独多虑"。人，怪哉，怪哉！入官场多年再回首，我竟怀念起平淡安宁的日子来，只想自己一人静静待着，不愿再日日劳心费神了。这种想法萦绕在我心中，久久不能自已。

　　看着水中自己的倒影，我似乎看清了自己的心。人之初，性本善，人心最初都是纯洁无瑕的。有些人任由杂质侵袭内心，于是变得世俗起来；而另一些人，始终坚持初心，一直纯洁淡泊。在这清明的小潭边，我找到了那个最本质、最初始的自己。

我抬起头来，环视四周，万籁俱寂，唯有破山寺的钟声悠扬婉转，回绕在心头。

学生评析：（略）

以上是第一节的内容

三、片段练习，补写游踪和游感

茶园小记

今天的任务是采茶。

我觉得很新鲜，因为我从来没有见过茶树长什么样，更没有体验过采茶是何种滋味。我想，学校组织同学们在清明之前不远千里来到著名的龙井之乡体验茶文化，我一定要采好多好多茶，带回家给爷爷品尝；爷爷最疼我，爷爷最喜欢喝龙井茶。

茶园在西湖边的一座山上。我和同学们坐车来到山下，先走进一个精致的小院落，原来是一家茶农的庭院。我戴上了草帽，背上了小茶篓，哇，立刻变成了采茶小哥。同学给我拍照，我立刻发给了爷爷，还让爷爷等着我采回西湖龙井品尝。

茶园好大好大，漫山遍野全是。远远望去，一道一道的茶树，排列成整齐的梯层茶行，就像飘动的五线谱。你再看，黄的是土地，绿的是茶树，黄绿相间，就像无数条彩带缠绕在绿水青山之间，煞是好看。天上，白云悠悠，露出湛蓝湛蓝的天空；时有小鸟飞过，留下动听的啁啾声。

我们走过一段弯曲的山间小路，来到一块茶地。茶农大叔说：

"同学们，就在这里采茶了。你们看，茶树尖上像雀舌一样的芽芽，采下来经过炒制，就是我们喝的龙井茶了。为了给同学们增加一点乐趣，我们还安排了一个寻宝活动：我们把一套仿宋代官窑的灰色精美茶具藏在茶园中，谁找到谁就可以带回家。"

哇！寻宝，太刺激了！我心中一阵狂喜。我想，那份宝物要是我找到了，该有多好！

于是，我的心思一下子全被寻宝占据了。当同学们在茶农叔叔的示范下采茶的时候，我却弯着腰寻宝。这么大的茶园，要想找到宝物，就像大海捞针。但是我一门心思在寻宝上，早把采茶的正事扔到一边了。我想，这块茶地同学太多，茶农不会把宝物放在人多的地方，古人说"众里寻他千百度，那人却在灯火阑珊处"，对，宝物应该放在人少的地方。于是，我跑到远离老师和同学的另一块茶地。老师看见我，喊道："赵深昀同学，快点采茶吧，你爷爷还等着品尝你的西湖龙井呐！"我哪里听得进去，只是趴在地上，找啊，找啊，满身的土。突然间，我看见前面有一个小土堆，还露出一点灰色。我想，可找到了。我连滚带爬地冲了过去，用手扒开，哎呀，是一堆粪！恶心死我啦……

返回的路上，我看到同学们的小茶篓里都装满了新鲜茶叶，而我的茶篓里却空空如也。一边走，茶农叔叔一边介绍说："西湖龙井，位列中国十大名茶之首，制作历史十分悠久，始于唐代，得名于宋代，闻名于元代，发扬于明代，兴盛于清代。西湖龙井以色绿、香郁、味甘、形美四绝著称于世。西湖龙井冲泡以后，汤色杏绿，芽芽直立，香气若兰，沁人心脾。同学们，一会儿炒制之后，你们就可以带回家让爸爸妈妈品尝新鲜的明前龙井了。"

同学们个个笑逐颜开,只有我垂头丧气。老师来到我身边,说:"深昀同学,我采的茶分你一半,带给你爷爷品尝。一会儿,茶农叔叔还要教我们炒茶呢。"

我不好意思要老师采的茶,可是想起在手机里对爷爷许下的诺言,我,难过得哭了。

(本文由教师提供)

补写"游感"部分:

_____

_____

_____

_____

_____

_____

_____

_____

五瓣丁香

春天来了,丁香花开,园子里馥郁芬芳。

丁香花的花瓣一般是四瓣。不知听谁说过,如果谁能在同一棵丁香树上找到两朵相依在一起的五瓣丁香花,谁就能获得幸福。不知怎的,这个说法深深印在我的心中。

补写游踪、叙事和描写部分:

_____

_____

_____

_____

_____

_____

_____

_____

_____

_____

　　妈妈见状，忙过来陪我。

　　过了一会儿，妈妈说："孩子，你真的相信那种话吗？"我点点头，说："相信，好多人都这样说。"

　　妈妈摇摇头，说道："你真是个傻孩子。幸福，是靠奋斗得来的，怎么能信那种不靠谱的话呢？"

　　我觉得似乎有道理，就问妈妈："妈妈，你和爸爸是幸福的人吗？"

　　妈妈变得严肃起来："当然啦。你爸爸考了三次大学，才考上了医科大学，经过努力，现在是著名的大夫。五年前，妈妈的公司倒闭了，一切从零开始……"妈妈的眼眶湿润了。她继续说："这中间我们经历了多少磨难啊！幸福，不是靠什么五瓣丁香获得的，幸福的背后是苦难，是汗水。"

　　我开始认识到自己的荒唐了，正想对妈妈说声"对不起"的时候，就听爸爸喊道："找到五瓣丁香了！"爸爸一边跑，一边喊，气喘吁吁地来到我跟前，说："闺女，看，五瓣丁香。"

我一下子抱住爸爸：

"爸爸，我不要五瓣丁香了！"

（本文由教师提供）

学生当堂补写的例文及评析

续写《茶园小记》"游感"部分

北京一零一中学初二7班　陈昭宇

当同学们满载而归的时候，我低下头看着自己空空如也的茶篓，心里很不舒服。这时我才看明白，找宝物并不是我们真正的目的，增加这个活动是为了我们在采茶的过程中增加娱乐的气氛，可以使我们积极参与，可以一边找一边采，而我却被这个宝物所诱惑。

在回酒店的路上，我还在想，当一个人过于固执地做一件事的时候，一定会有漏洞，当我拼命地找自己想要的东西时，却忘记了采茶。

评析：（略）

续写《茶园小记》"游感"部分

北京一零一中学初二7班　赵梓深

听着茶农叔叔的话，再看看怀中空空如也的茶篓，那个把老师的劝告当作耳边风、埋头寻宝的我真是后悔极了！为了寻宝而放弃了此次的初衷——采茶给爷爷。人生何尝不是如此呢？在职场上的或是我们这个年龄阶段的人，往往因为一些小的诱惑导致半途而废，最初的目标变得模糊，一次一次，最终一无所获。

评析：（略）

续写《茶园小记》"游感"部分
北京一零一中学初二7班　刘林坤

我在一旁心不在焉地听着老师说的话，心中闷闷不乐，一边踢着路边的石头，一边时不时看着周围同学手中装满茶叶的茶篓。老师看到我一言不发，走在队尾，就走到我身旁，说："赵深昀，你没有采到茶吗？""没有。"我难过地说。"你刚才为什么不采茶呢？"老师说。"我一看到有寻宝活动，就完全把采茶的事忘记了，这下好了，茶没采到，宝也没有寻到，爷爷也不能品我采的茶了。"我说。

"嗯，可以理解，毕竟是孩子嘛。你的目的是采茶给你的爷爷，可你却被眼前的突发事物冲昏了头脑，你要意识到你要去干什么，而不是被眼前的小利益诱惑。"老师说。我听后，心中沉思良久。

评析：（略）

续写《茶园小记》"游感"部分
北京一零一中学初二7班　纪欣然

看着我空空的茶篓，我心里不禁十分失落。在茶园，我不仅没有拿到我心仪的茶具，也没有采到茶。"嘿，你知道吗，我也没想着我能找到茶具，就在采茶的时候我弯腰一看，就看见一个小茶杯在茶树下……"
我心中十分懊恼，早知道当时……忽然，我仿佛知道了我为什么空手走
出茶园。我们今天的任务是采茶，茶农大叔告诉我们有茶具，只是为了
增加我们采茶的兴趣罢了，可我却一门心思找茶具，被这额外的奖品所
诱惑，忘记了我本该做的事，反而一无所获。

　　我不禁放慢脚步，沉思许久。其实学习和生活也如这次的采茶。
开始我们守规矩，知道自己努力的方向与奋斗的目标，可是在前行的路
上，我们总会被一些所谓的捷径与小名小利诱惑住，所以有些人开始不
再在意规矩，也会渐渐忘记自己前行的初心。

　　那些"奖励"固然精致，想拥有"奖励"的心思也固然正常，可是
我们不应该忘记我们的主要目的，要经得起诱惑，不应该付诸所有的时
间与精力去争取那些可有可无的事物。

　　所以说，专注与初心，是做事之本，更是生活之本。

　　评析：（略）

续写《茶园小记》"游感"部分

北京一零一中学初二7班　魏蒿辰

　　我听了茶农叔叔的话，心中很不是滋味。本答应了给爷爷采
茶，可因为"寻宝"却一点也没有采。最后，茶没采到，"宝物"也
没找到，两手空空。我开始反思自己的行为。这次的主要任务是采
茶，"寻宝"只是为了增加娱乐性，可我却舍本逐末，一味地去"寻
宝"。这也可以理解成一种变相的诱惑与考验，而我却丝毫没有抵制

住。采茶是这样，人生又何尝不是呢？有的人扛住了挫折、困难与诱惑，最后就走向了成功；而有的人便随着那些诱惑而去，结果只能是两手空空，一无所获。我，要做哪一种人呢？

评析：（略）

补写《五瓣丁香》游踪、叙事和描写部分：

北京一零一中学初二7班　刁晓晗

那是春光明媚的一天，我和爸爸妈妈在园子里漫步。放眼望去，成串的丁香开在一起，那浓郁的紫仿佛要滴下来。闭上眼睛，甜腻腻的花香灌进心里。我拽过来一串仔细观察，那么一大簇花团中竟找不到一朵五瓣丁香！我又拽过来一簇，还是没有！我心想："说不定是这棵品种不易长出五瓣丁香。"我走到另一棵白丁香前寻找。白丁香的花香虽然不及紫丁香浓烈，但它的花开得更大，一朵朵白花都互相挤变了形。又挑选了几株，都没有五瓣丁香，这密密麻麻的花好像也不再美丽，反倒是令人心烦意乱。难道我就如此不配拥有幸福吗？想着想着，我竟急得哭了起来。爸爸急忙跑过来问我怎么了，我生气地朝他喊了出来："我就是找不到五瓣丁香！我不配拥有幸福，就这样！"爸爸抚了抚了我的头，转身小跑着走了。

评析：（略）

四、教师补写的片段

续写《茶园小记》"游感"部分

老师拍拍我的肩膀，对我说："深昀同学，咱们来茶园的主要任务是什么？"

"采茶。"

"可是你干了什么？"

"寻宝。"

老师笑了，问道："寻宝和采茶哪个是主业？"

"采茶是主……主……业。"

"对呀。寻宝只是一个小插曲，却把你的注意力吸引过去了，使你舍弃了主业。"老师顿了顿，接着说，"耽误了采茶，并不是什么大失误。但是，人生道路上，充满了各种诱惑，如果认不清自己的主业，很容易被各种诱惑所吸引，有可能虚度一生啊。"

老师的话引起了我的反思：为什么别的同学对"寻宝"并不动心，而我却误入歧途？看来，我是一个容易被诱惑拐骗的人；再想想我平时在学校的表现，经常偏离主航道，老师批评过多次了——我真的要悬崖勒马了。

这次茶园之行，我没有采到茶，却收获了人生"教训"，这对我未来的人生大有裨益，这真是一次意外的收获。

评析：（略）

补写《五瓣丁香》游踪、叙事和描写部分：

一大早，我就央求妈妈、爸爸和我一起去植物园。离我家十公里，有一个植物园，里面有一个丁香园。每年春天，丁香开放，前来观赏的人络绎不绝。这不，我们赶到丁香园的时候，那里已经是人头攒动了。

一走进丁香园，扑鼻而来的是一阵清香。这是一个专门种植丁香的园子，远近闻名。园门口的木牌子上介绍：全世界丁香品种有30多种，而我国就占了20种，是丁香种植大国。在这个丁香园中，主要的品种有白丁香、紫丁香、佛手丁香、柳叶丁香、小叶丁香、红丁香、蓝丁香、北京丁香等。

我和妈妈、爸爸挤在人群中，一棵一棵地观赏着，一朵一朵地评论着，还不时凑近用鼻子嗅一嗅。妈妈喜欢紫丁香，说，紫色象征高贵，什么"紫气东来"。爸爸呢，喜欢柳叶丁香。爸爸是医生，他用的手术刀就叫柳叶刀；他用柳叶刀医治好了很多病人。我呢，最喜欢白丁香。它纯洁无瑕，清香淡雅，正如王国维所写："西窗白，纷纷凉月，一院丁香雪。"古人常用"丁香结"形容愁思郁结，可我一点也感觉不到，在我看来，丁香的馥郁芳香是可以带来幸福的。

就在这时，旁边一位漂亮姐姐高兴地喊道："五瓣丁香，我找到五瓣丁香了，还是连在一起的。我是幸福的人！"旁边帅气的小伙子，大概是她的男朋友吧，对漂亮姐姐说："你真是一位幸福的人！"

这对青年男女引来了周围许多人的羡慕。大家都忙着找五瓣丁香。我早就知道关于五瓣丁香的传说，今天来丁香园，我心中有一个愿望，就是寻找到五瓣丁香，做一个幸福的人。我对妈妈、爸爸说："咱们也找五瓣丁香吧，不论谁找到了，都是咱们全家的幸福。"妈妈和爸爸互相看了看，笑了。

"还不快找？"我催促他们。

于是，我们开始寻找五瓣丁香。我们先在白丁香树上找，没有；又去紫丁香树上找，没有；再到柳叶丁香树上找，还是没有。于是，我们只好到小叶丁香、蓝丁香树上去找。我瞪大了眼睛，仔细找。突然间，我好像找到一个，赶忙去数，原来是六瓣丁香，心中便有些懊恼。就在这时，旁边不知是谁，喊道："我找到五瓣丁香了！"我更加懊恼，一气之下，跑到无人的地方，生起了闷气。

评析：（略）

以上是第二节的内容

五、总结

写作课也需要设计。我以《学写"游记"》为例设计的写作课，遵循了以下原则：

第一，突出训练重点。本次训练的重点是"游踪"（含描写和叙事）和"游感"。做到二者齐备并不难，但要做到二者具有内在的逻辑关系就不容易啦。学生写的《观壶口黄河》，游踪和游感不匹配，原因在于没有理清游踪和游感之间的内在联系。《走进胡同》就好一些。改写后的《晨游破山寺》很不错，作为样板给学生学习，但能达到这样水平的学生毕竟少之又少。所以，我将补写游踪和游感的片段练习作为第二节的内容来设计，目的就是突出训练重点。其他方面，比如语言方面，不作为训练重点，不花费时间。

第二，课堂教学的环节要清晰。两节课，先从"写作导引"入手，明确训练重点，提出基本要求。这是起点，作用在于定向。第二个环节，从学生习作入手，找出三篇，各有特点。学生例文，不可能都是成功之作，也需要"问题文"，正反两方面形成对比，学生的印象就更加深刻。第三个环节，教师提供"样例"，进行片段练习；抓住核心内容，重锤敲打。三个环节形成台阶状，层层递进。

　　第三，以学生为本。无论是评析，还是片段写作，都是学生的行为。教师讲的很少。一节课上，学生不停地做。同学们先是阅读、评析同学的"例文"，后是阅读教师提供的"样例"，再后是交流自己补写的"游踪"和"游感"，最后评价。这中间可以安排小组交流，然后个别发言。无论怎样，总是学生在活动。

附录：

　　笔者上课时，有其他区、县的老师听课。他们听完课在网上对这两节课评价如下：

　　教师1：听了程老师的两节写作课，收获很大。第一节课程老师三言两语便把"游记"的核心讲解清楚，接着学生针对三篇习作点评，第二节课通过补写老师下水文中的"游感"或"游踪"部分，进而掌握"游记"写作的核心。课上学生积极参与，在轻松愉悦的学习活动中学有所得。

　　教师2：本次听课，程翔老师讲授了游记的写法，两节课的时间看上去很长，但听起来很短。在上课前，程翔老师还和我们分享了课程的设计方案，让我们参与了课程的讨论，使我们获益匪浅。在讲授过程中，程老师亲切的提问，生动幽默的风格，深入浅出的讲解，画龙点睛的评价，都给我们留下了深刻的印象。这次听课，让我们领悟了新教材的新教法，也增强了我们的信心。

　　教师3：程老师的课程设计非常好，他把自己的两篇游记各略去一部分，一篇略去游感，一篇略去游感之前的部分，让学生任选一篇当堂写作，写完进行交流分享。最后，程老师把自己的作品呈现给学生。我自己选择了第一篇来写，后来发现游感与程老师呈现的大同小异，可是采取的形式不同，我忽略了上文的语境，没有采用对话的形式，而只是运用典故以及联系社会现实生发议论。作文的写作指导需要老师开动脑筋，程老师给我们做了很好的示范，谢谢程老师！

教师4：听了程老师的课，我收获很多，程老师充分利用课本，让学生了解游记的写法，用学生的习作，让学生充分讨论赏析，取长补短，从而提升自己的写作能力。最让我敬佩的是程老师写"下水文"，用自己的"下水文"进行教学，用他极强的教学能力提升学生的写作水平。

教师5：程老师从教材写作要求入手，带领学生总结写游记的三项要求——游踪、描写、游感，并结合学生的习作，组织学生讨论，深入领会游记写作的三个方面。更值得学习的是程老师亲自写下水文，让学生根据描写部分补写游感或根据游感补写描写部分，学生在20分钟内都完成了有一定质量的补写练习，可见程老师平时训练、引领学生的能力非常强。

教师6：今天听了程老师的课，我很受启发。最感兴趣的就是程老师的下水文，精妙的设计突出了教学的重点，同时给学生以想象的空间，发挥的空间。程老师的课堂教学设计很值得学习。好的游记离不开游感，学生们这一点确实会把握不好。通过程老师的引领，学生能深刻体会游踪与游感的区别，明确游记离不开游感，并能做实际运用。

教师7：程老师的课以让学生初步了解认识游记的写作方法为主线，从学生改写的《题破山寺后禅院》的游记散文中学习游记的写作优点，接着用两篇老师的下水文为例，让学生充分发挥想象，分别补写游感部分和描写部分。在课堂中引导学生层层深入掌握写作游记的方法，明确了游踪和游感之间的呼应关系。

教师8：程老师讲课浅入深出，内容看似信手拈来，实则是深思熟虑，使写作变得有法可循，并能依法进行卓有成效的训练，实在让人钦佩。程老师在语文课堂上处处用心，却胜似闲庭信步，教师、学生、知识三位一体，浑然天成。

| 《纪念白求恩》教案

课时安排：1课时

教学时段：《语文》统编教材初一上

教学目标： 1. 认识文体，了解写作目的。

　　　　　　 2. 准确把握本文的写作特点。

教学难点：作者引用列宁的观点有何作用。

学情分析：初一部分学生对毛泽东的文章比较陌生，对白求恩知之甚少。本文不同于一般的纪念文章，逻辑性强，学生理解起来有难度。教师要相机行事，灵活处理。课前，学生做了比较充分的预习，在教师引导下，能够顺利达成教学目标。

教学步骤：

一、这是一篇纪念文章。一般的纪念文章，以回忆叙述人物事迹为主，可是本文叙述的内容较少，议论的文字占了主体。作者为什么这样写呢？

启发学生：这与作者的写作目的有关。如果按照一般纪念文章的写法来写，作者就要回忆白求恩的生平事迹，写成一篇记叙文，以此来缅怀白求恩。比如课前发给同学们的杨成武写的《回忆国际主义战士白求恩》，很感人。但是，毛泽东与白求恩接触较少，对白求恩的了解都是听别人介绍的，不是自己亲身经历的，写出来会有些隔膜。毛泽东是党的领袖，他纪念白求恩，目的不是叙述白求恩的事迹，而是号召全党学习白求恩"毫不利己专门利人"的精神；号召全党以白求恩为榜样，对照检查自身存在的问题，从而明确前进的方向——这是对白求恩最好的纪念。杨成武和毛泽东是两种写法，这两种写法都可以，毛泽东的身份、地位和写作目的决定了他选取第二种写法。因此，《纪念白求恩》一文就带上了浓厚的议论色彩，以至于有些老师把本文的文体定为议论文。这固然有一定道理，但是从根本上来说，本文是纪念文章。本文共四段，每一段都以"白求恩同志"开头，这就是纪念文章的体现。我们这节课的学习目标是：理解本文的写作目的和写作特点。写作目的明确了，那么，本文有哪些特点呢？这要在学习课文的过程中逐步领悟。

二、本文一点也没有叙述白求恩的事迹吗？如果有，请同学们找出来。

启发学生：不是的。文中用了少许笔墨来记述白求恩的生平事迹。比如第一段开头两句话。学生读，教师评价。这个介绍极其简单。虽然简单，但重点突出"加拿大人""共产党员""五十多岁""帮助中国抗日""不远万里""以身殉职"。为何要突出这些信息呢？这是为下文的议论作铺垫。议论是与叙述紧密相关的。如果作者不这样叙述，而是换成杨成武《回忆国际主义战士白求恩》中的内容，行不行呢？比如换成"白求恩大夫身披土黄色粗布军袄……英国皇家医学院的院士呢"。你能说杨成武写得不生动吗？能不能换呢？不能。杨成武写得固然生动，但是不能与下文的议论对接，那就只能改为别的议论了。改成什么议论

呢？可以是这样："白求恩大夫真是艰苦朴素啊，他不搞特殊，与普通
士兵打成一片，这怎能不让我感动呢？"如果这样写下去，就与毛泽东
的《纪念白求恩》一文思路相差太远了，毛泽东不是这个思路。由此可
见，怎样叙述取决于议论的需要。这就是记叙与议论的关系。板书：记
叙为议论服务。这是本文在写作上的一个特点。那么下文作者是怎样议
论的呢？学生读，教师评价。"一个外国人，毫无利己的动机，把中国
人民的解放事业当作他自己的事业，这是什么精神？这是国际主义的精
神，这是共产主义的精神，每一个中国共产党员都要学习这种精神。"这
就把白求恩的精神实质写清楚了，同时也表达了纪念白求恩目的是号召
全党向他学习。

三、毛泽东为何要引用列宁的话呢？不引用，文章似乎更加通顺。
比如，本段写到"每一个中国共产党员都要学习这种精神"就结束，然
后另起一段，写"白求恩同志毫不利己专门利人的精神，表现在……"
文章不是更加紧凑吗？

启发学生：毛泽东这样写是有背景的，不知道这个背景就感觉不出
来。有这样一个细节，白求恩来到中国后，去了延安，见到了毛泽东。
毛泽东看着白求恩，风趣地说："你长得像列宁。"白求恩幽默地说："因
为我是列宁主义的实践者嘛。"所以，毛泽东就把列宁的话放在了文章
中。世界各国的共产党都是以马克思列宁主义为指导思想的。白求恩是
加拿大共产党员，白求恩的行为实践了列宁主义。文中哪一句话表达了
这个意思？"白求恩同志是实践了这一条列宁主义路线的。"另外，中
国共产党也是以马克思列宁主义为指导思想的政党，所以中国共产党人
也应该实践这一条路线。否则，只顾自己国家，不关心别的国家，那就

是狭隘的，应该反对的。毛泽东站在"全世界无产者联合起来"的高度来论述白求恩精神，这是对白求恩的高度评价；同时，也体现了毛泽东对这个问题的认识是深刻的。所以这一段必须有。这在写作中属于"引用"的手法，教师联系学生写作实际，让学生思考可以受到怎样的启发。通过引用列宁的观点来高度评价白求恩，这是第二个写作特点，也是教学难点。

四、第二段在写法上有何特点？作者为何要这样写？

启发学生：运用"正-反-正"对比的手法，逻辑严密。先写白求恩"毫不利己专门利人"的精神表现在两个方面：一是对工作，二是对同志对人民。（1）对工作——极端负责；（2）对同志对人民——极端热忱。这是正面。然后结合现实，指出我们党内"不少的人"存在的问题：（1）对工作——不负责任、拈轻怕重、先替自己打算、自吹；（2）对同志对人民——冷冷清清、漠不关心、麻木不仁。运用对比手法的好处是什么？鲜明，有说服力。这个层次可以划分到哪里？应该划分到"至少不能算是一个纯粹的共产党员"。一般情况下，只有"正-反"对比就可以了，可是毛泽东在后面又来了一段正面写作："从前线回来的人……无不为之感动。"形成了"正-反-正"的写作思路。这是为什么？这里有一个逻辑上的问题：如果先写"反"，后写"正"，只有一个"反-正"对比就可以了。但是作者先写"正"，后写"反"；"正"在前，"反"在后。如果写完了"反"就结束本段，感觉似乎没有说完，因为对"反"的情况没有提出解决的办法，容易给人造成迷茫的感觉。因此，有必要再写一次"正"，然后结束本段。这样写有利于强调白求恩精神的伟大，再次号召全党向他学习。这是本篇纪念文章的第三个写作特点。本段教学过程中要安排学生讨论的环节，充分讨论，活跃思维。

五、第三段很短，可以不写吗？如果不写，上下文衔接会显得更加紧密。毛泽东为什么要写第三段呢？

启发学生：这一段仍然是运用对比手法，但是角度变了。毛泽东从职业道德的角度评价白求恩，谈了一个很实际、具体的问题，就是一个人要有实际本领。没有本领，单凭喊口号是不行的。查阅相关资料得知：白求恩到任的第一周内就检查了500多名伤员，一个月内就使147名伤员重上战场。在一次激烈战斗中，白求恩连续工作69个小时，为115名伤员做了手术。他还两次为伤员输血，说："我是O型血，万能输血者，抽我的！"他挽救了许多战士的宝贵生命，使医疗死亡率减少了40%以上。但他仍不满足，用尽全部力量把死亡率降到最低点。他还写了专著《游击战争中野战医院的组织和技术》，被称为"他一生最后心血的结晶"。这些，需要有扎实的医疗技术做基础。白求恩说过："这世界只要还有流血的伤口，我的内心就一刻不得安宁。"这是多么高尚的职业道德啊！这里，毛泽东充分肯定了白求恩作为一名医生的高超水平，批评了那些鄙视技术工作的人。语文课负有德育的任务，但与德育课中的德育路径不同。不要把语文课上成德育课，语文课中的德育应该是"润物细无声"。上面所引相关资料可以印发学生。安排学生讨论的环节，让学生去思考，去回答。

六、最后一段写什么？排比句的作用是什么？

启发学生：写与白求恩的交往，表达对白求恩之死的悲痛之情，再次号召全党向他学习，做一个有益于人民的人。这是本文第四次号召全党向白求恩学习。由此可见，毛泽东写这篇纪念文章的目的是号召人们向白求恩学习。把白求恩的精神学到手是最好的纪念。排比句是强调白求恩精神的意义，加强力度。能否把"一个人能力有大小，但只要有这点精神"这句话去掉呢？去掉的话，语言力度一点也没有减弱啊。其实，毛泽东这句话是照应上一段的。上一段说到白求恩"医术很高明"，那么，医术不高明的人就会想：我不如白求恩水平高，我做不到"大有利于人民的人"。于是，毛泽东加上一句"一个人能力有大小，但只要有这点精神"就行。毛泽东想得多周到啊，也强调了"精神"的伟大作用。这点"精神"指的是什么？是"毫无自私自利之心的精神"。谁来读一读这个排比句？学生读，教师评价。排比句的顺序能否调整？比如把"一个有益于人民的人"提前，把"一个脱离了低级趣味的人"放在最后，行吗？毛泽东是文章大家，行文非常严谨，句句深入。作为纪念文章，这个排比句起到了发出号召、振奋精神、收束全文的作用。

｜ 我教《背影》

　　我很喜欢朱自清的《背影》，教过很多遍，每次都会被感动。随着自己年龄的增长、阅历的丰富，我对此文的感受越来越深切。我认为，《背影》对于中学生的成长非常有益，是"教文育人"的典型课文。我最近一次教《背影》是在2018年12月，我用了三个课时。下面我把自己的教学过程向大家做一汇报，以就教于各位方家。

　　我先让学生自己读课文。这是我的一贯做法，我把它叫做"原始阅读"。我教学36年了，除了刚参加工作的头几年喜欢放录音外，后来就一直坚持让学生自己读书。我也不主张学生课前预习，就在课上读。我认为，学生认真读课文是语文课堂的重要组成部分，不是可有可无的。课上阅读与课前预习是两种读法，我更加注重课上阅读。课上阅读有一个"场"，一种特定的氛围，我很喜欢这种氛围。很多学生晚上不喜欢在家中自习，偏偏愿意大老远跑到学校上晚自习，要的就是这个氛围。

　　学生读完后，我说："内心受到触动的举手。"有几位同学举手。我又说："没有受到触动的举手。"也有几位同学举手。我叫了一位同学，让他说说为何没有触动。他说："作者太夸张了。短短一篇文章，作者哭了好几回。太夸张了！"我问同学们："和他一样感觉的举手。"有几位同学举手了。我说："不同意见的举手。"一位同学说："我觉得语言很质朴。"于是，我在黑板上写了两个词："夸张""质朴"。同一篇文章，学生的最初感受明显不同，我把这种现象叫做"原始理解"。学生的"原始理解"是教师教学的逻辑起点。

我叫说"夸张"的同学读开头一段，然后让他说说感觉。他说，很普通啊，我们写作文就常这样开头，一点也不绕弯子，开门见山。我问他："夸张吗？"他说："不夸张。"他有了最初的转变，于是我和学生开始讨论。作者说自己"与父亲不相见已二年余了"，第二段的"那年冬天"指什么时间？学生说是两年前。我更正道，"已二年余了"是从写《背影》的时间算起，即1925年10月的前两年；"那年冬天"则是指八年前，即1917年冬天。前后相隔八年。这样，时间概念清晰了。

"那年冬天"，朱自清家祸不单行，祖母死了，父亲失业。父亲在徐州的家中一片狼藉，作者不禁流下眼泪。请同学回答，谁遇到这样的情形不难过呢？流泪是不是自然的事情？夸张吗？学生说："自然""不夸张"。学生发生了进一步的转变。作者写道："父亲说：'事已如此，不必难过，好在天无绝人之路！'"教师问学生："父亲似乎很想得开，似乎不怎么难过。对吗？"父亲的话很值得玩味。父亲为什么不说"人死不能复活，已经尽孝了，没有遗憾"呢？作者为什么流泪？作者看到满院狼藉，又想起祖母去世才流泪的。祖母去世很可能与父亲失业有关。父亲说"不必难过"，主要是针对自己失业，意思是反正工作已经丢了，难过也无济于事，干脆就不必难过，天无绝人之路，车到山前必有路。这是朱父无奈之语，宽慰自己，同时也宽慰儿子。儿子看到父亲失业，由原来有身份、有地位的头面人物沦落到这般境况，为父亲感到难过。这是第一次流泪的主要原因。

第三段写回到老家扬州的情况。变卖典质，还亏空，又借钱办丧事，境况凄惨。作者写道："这些日子，家中光景很是惨淡，一半为了丧事，一半为了父亲赋闲。"由此可见，父亲失业对这个家庭来讲是一件大事，顶梁柱折了。至于朱父失业的原因，朱自清应该清楚，但文中没有明讲。不讲也等于讲了，1928年朱父看到这篇《背影》，"手不住地颤抖"，其心情一定是复杂的。朱父有没有自责的成分在里面呢？或许多少有点吧。但是，当时的朱父没有被击倒，他为了这个家庭，要继续谋份差事，去南京找工作；朱自清也要回北京念书，到浦口（今属南京）车站乘火车，于是同行。这样，作者的路线图就很清楚了：北京—南京—徐州—扬州—南京—浦口车站。

第四段的开头很费解。作者写道："到南京时，有朋友约去游逛，勾留了一日。"这句话与全文很不协调。按说，家有丧事，父亲又失业，作者哪有闲情逸致去游逛？我问学生："这话是不是多余？可否删掉？"学生说不能删，因为能够说明朱自清对父亲很不在乎，与父亲对自己的关心形成了对比。我觉得有点道理，不过，我认为这样写可能与交代时间有关。会不会是当年浦口至北京的列车不是每天都有的原因呢？笔者没有考证。叶圣陶先生在《文章例话》中说，因为此处与"背影"关系不大，所以就一笔带过，并没有解释究竟是闲笔还是另有深意。

接下来写父亲送我到浦口车站。浦口车站在长江北岸，去浦口乘车须过江，要花费一些时间。因为朱父"事忙"，本说定不送儿子到车站，让茶房去送。但是朱父踌躇了一会，还是决定亲自送。注意，此处的茶房，与火车上的茶房当为两人。朱父后来改变主意，亲自去送，表现了对儿子的关心。可是，父亲的关心并没有得到儿子的理解。第五段主要写这层意思。对于讲价钱，作者嫌父亲说话"不漂亮"。这是什么意思？大概嫌父亲太计较，不够大方。父亲嘱托茶房"好好照应我"，作者就暗笑父亲"迂"，并且觉得自己长大了，能独立生活了。我问学生，"聪明过分""太聪明"是什么意思？学生说"反语"，可以；理解为"自嘲"则更好。我又问："作者为什么花一段笔墨写自己不理解父亲呢？"学生回答："表达后悔之情。"很好。作者写本文时，已经为人父，理解了做父亲的一片爱心，对以前自己的不懂事表示了后悔。这里就产生了一个问题：当年20岁的朱自清真的不理解父亲么？笔者以为，很可能是当年朱自清对父亲心有不满。因为父亲的失业是自作自受，好好的局长职务被撤了，体面的工作弄丢了，家庭乱成一团糟，祖母因此悲伤过度而去世。也就是说，正在北京接受高等教育的朱自清心中对父亲有些埋怨。带着这样的心情，看着父亲讲价钱，托茶房，暗笑其"迂"，就是正常的了。

如果文章按照这样的情绪写下去，《背影》就不会如此感人了，毕竟怨诽父亲不是一件光鲜的事。

第六段集中写背影。我先让学生读这一段，然后问："这是怎样一个背影？"一位学生说："这是一个让我心酸的背影。"我马上肯定她的回答："很好！"我接着问："心酸，这不是作者说的，而是你感觉到的。作为一个读者，你有自己的阅读感受，非常好。那么，作者笔下的背影是怎样的呢？"我让学生抓住课文中的关键词来概括。学生总结为：这是一个肥胖的背影、黑色的背影、蹒跚的背影、努力的背影。我又引导学生抓住几个动词，发挥想象，体会作者白描手法的生动感人效果。然后我问学生："作者看着父亲这样的背影流泪了。这里的流泪与前面流泪的原因一样吗？"学生说："不一样。前面是为祖母去世、父亲失业、满院狼藉而流泪，这里是看到父亲为自己艰难地上下月台买橘子的背影而流泪。"我接着问："这里的流泪是夸张吗？"学生说："不夸张。因为作者看了父亲的背影感到心酸，父亲遭受了沉重的打击，却仍然疼爱儿子，亲自送自己上火车，还为自己买橘子，内心感动了。"我接着问："作者内心还埋怨父亲吗？"学生说："可能不埋怨了，开始心疼父亲了。"如此理解才能读懂"我赶紧去搀他"这个动作的含义。上段写到一件"紫毛大衣"，这是一件皮大衣，很贵重，是父亲给朱自清做的，因为北京冬天寒冷。所以，这时的作者，心中极不平静，情绪难以自持，等到父亲的背影混入来来往往的人群看不见的时候，就又流泪了。这时的流泪，包含着对父亲的理解和原谅。这一段写朱自清感情的微妙转变，转变的原因是出现了象征父爱的背影。

阅读这一段，我很重视学生的阅读感受。学生说感到"心酸"，这叫"读者意"。作者在这一段中并没有直接抒发"心酸"的感受，而是用白描手法再现父亲的背影，那肥胖的背影、黑色的背影、蹒跚的背影和努力的背影是作者表现的重点，这是"作者意"。"读者意"和"作者意"可以相吻合，也可以不相吻合。"读者意"有可能超越"作者意"，因为读者在文本面前不是被动的，可以根据自己的生活经历和阅读感受，产生个性化的理解。教师不要因为学生的"读者意"不符合"作者意"就予以否定。但是"心酸"在这里体现了"读者意"与"作者意"的高度契合，即共鸣。产生共鸣往往是一种高峰体验，在读者内心深处会产生强大的情感冲击。我们可以据此揣摩、想象一下，朱自清的两眼自始至终没有离开父亲的背影，就像一台摄像机，紧紧盯住父亲，看他上下月台，看他"穿过铁道"，看他"蹒跚"，看他"探身下去"，看他"两脚向上缩"，看他"身子向左微倾"，看他"两手攀着上面"，看他"努力的样子"……这画面太感人了，没有一点渲染、夸张，全是客观的描述，但是作为读者你不能不心酸，作为儿子的朱自清也不能不心酸。人的情感具有共性，即人性。心酸就容易流泪——朱自清流泪了，读者流泪了，这就是共鸣！

"心酸"促使朱自清转变了对父亲的情感态度，这是朱自清内心柔软的地方，是他善良的表现。我问学生："既然心酸了，既然心疼父亲了，似乎不应该仅仅写一个背影。应该重点写父亲的正面，比如满脸皱纹呀，饱经沧桑呀，等等。可是作者偏偏只写了父亲的背影。为什么？"学生七嘴八舌，兴趣高涨。最后，我引导学生接受了一个写作的观点：写作要善于选取感情的"聚焦点"。写父亲的正面固然可以，但是作者心酸进而心疼父亲并流下眼泪，是由背影触发的，于是"背影"就成了感情的聚焦点，是一个特殊的视角。抓住背影，便于集中表达这种感情。同学们写作时，要善于选取感情的聚焦点。

朱自清写到这里，内心的情感再也控制不住了，于是有了最后一段的感情抒发。如果说上一段主要是叙述、描写的话，那么，这一段主要是抒情和议论，作者内心的感情一涌而出。"近几年来，父亲和我都是东奔西走，家中光景是一日不如一日。"这句话符合实际。朱家的败落始自朱父失业，再也没有重振辉煌。朱自清北京大学毕业，寄托着父亲的希望，可是朱自清偏偏选择了当教师。父子之间摩擦不断，一度十分激烈。近两年来，朱父开始主动示弱，想缓和父子之间的矛盾，于是写信给朱自清，惦记儿子，问候孙子，还说自己"大去之期不远矣"。这话深深打动了朱自清，毕竟是自己的父亲，血浓于水呀！作者写道："他少年出外谋生，独立支持，做了许多大事。"这是敬佩父亲，没有父亲就没有这个家呀！"哪知老境却如此颓唐！"这是同情父亲。"他触目伤怀，自然情不能自已。情郁于中，自然要发之于外；家庭琐屑便往往触他之怒。"这是理解父亲、原谅父亲。"唉！我不知何时再能与他相见！"这是思念父亲。至此，作者感情达到了高潮，然后戛然而止。

最后这段写得非常感人。我问学生，你们写作文，有这样大胆暴露自己家庭矛盾的吗？学生说："没有。"我接着问学生："同学们与自己的父亲发生过矛盾冲突的举手。"嚯，全班一多半同学举手。我又问："后来理解了父亲、原谅了父亲的同学举手。"很多同学举手。"不原谅的举手。"竟然有一名同学举起了手。我说："我不让你来解释，我会单独找你谈。"同学们笑了。我一直认为，教师要拉近课文与学生的距离，使学生感觉到，虽然课文诞生的年代离我们颇为遥远，但是课文所表达的情感、思想离我们很近，甚至就是对我们现实生活的观照。也只有这样，学生才会觉得，课文和我有关系，我从课文中得到了教益，这是一篇好课文。比如我让学生读晏殊的《浣溪沙》，在品味"无可奈何花落去"一句时，我问学生："你们谁对此句有共鸣？"一位学生举手说："我。"我问她："能说说吗？"她说："我不能说。"我理解她："好的，咱们不说。你有共鸣就足够了。"我接着说："同学们，下一句是'似曾相识燕归来'，充满了希望。其实真正的希望不在别人身上，而在自己身上，在于自己的努力奋斗。"那位同学点点头。我想，这就是在课文与学生之间建立了联系。我们阅读课文，心中要有学生，我们学习课文的主要目的是为了学生的健康成长。要知道，家庭影响对于一个学生的成长太重要了。俗话说"家家有本难念的经"，托尔斯泰说："不幸的家庭各有各的不幸。"这些话都是在说，每个家庭都会有这样或那样的问题，这些问题对未成年人来讲，可能会摧毁他（她）对生活的希望。有些学生对人生失去信心，对社会产生怀疑，甚至仇恨这个社会，包括仇恨父母，首要原因来自家庭。教师的责任在于，用课文的阳光去照亮学生，用自己内心的阳光去温暖学生，鼓励学生强大起来，引导学生懂得用写作去书写自己的人生，取得人生的成功。

于是，我问学生："同学们，朱自清先生为什么要写《背影》呢？"学生七嘴八舌回答着。我说："你们说得有道理，但是，你们没有从写作的触点上来回答。写作，要写触动心灵的事情，要写心灵的疼痛，不要写不疼不痒的东西。不要简单地粗浅地歌功颂德。古今中外，优秀作品大都是心灵受到触动之后的产物。'盖文王拘而演《周易》，仲尼厄而作《春秋》，屈原放逐，乃赋《离骚》……《诗》三百篇，大抵圣贤发愤之所为作也。'白居易写《琵琶行》，是在贬官江州之后；苏东坡写《赤壁赋》，是在贬官黄州之后。古人讲'文章憎命达'。同学们，内心受到折磨，人生遭受苦难，才会产生表达的欲望，才会产生感人的文章。朱自清先生也是这样。家庭的变故，亲人间的矛盾，使作者内心悲痛、感伤，尤其是对父亲，从不理解到理解，到心疼，到原谅的这个过程，具有启迪人生的重要意义。"

我问学生："同学们，这样的课文是夸张呢，还是质朴呢？"

开头说"夸张"的同学站了起来，说道："老师，我改变了自己的看法。这篇文章非常质朴。"我接着问："如果与散文《春》相比，哪一篇语言华美？哪一篇语言质朴？"学生回答："《春》华美，《背影》质朴。"
我问："为什么？"学生说："因为本文表达的是亲情。"我说："很好。表
达亲情的文字不需要华美的语言。越质朴的文字，越能表达真情实感。"
这样，教学实现了对课文的"基本理解"。这个"基本理解"是在经历
一系列"后续理解"的基础之上实现的。当然，"基本理解"不是"唯一
理解"，更不是"绝对理解"。在学生未来漫长的人生道路上，他们会对
《背影》继续理解下去。理解无终极，伴随人一生。人的生命有多长，
理解就会有多长。

最后我想说的是，在整个教学过程中，学生的"原始理解"和"后
续理解"给了我诸多触发。如果没有学生的触发，我就没有这些深切的
体会；同样道理，没有我的引导、启发，学生就不会有诸多个性化的理
解，就不会闪现思维的火花。所以，在教学过程中，教师和学生都是
"主体"。教师的主导作用并不排斥教师的主体地位，恰恰是其主导作
用构成了教师作为教的主体地位；学生是教师教授的对象，是学习的主
体，与其产生内因作用共同奠定了学的主体地位。

以上就是我教《背影》的基本情况。

我教《百合花》

我1982年参加工作，那时的高中课本就有《百合花》这篇课文，我教过后就深深喜欢上了这篇小说，还写过一篇《〈百合花〉与莱芜战役》的小文，发表在《莱芜日报》上。几十年后的今天，最新高中统编教材《语文》必修上册又重新收录《百合花》，我自然有一种故友久违重逢的亲切感。

如今再教，感觉《百合花》写得实在是好。几十年前，自己尚幼稚，没有真正读懂，只觉得好，但理解不透，教学自然不会到位。我体会到，教语文单靠学识渊博是远远不够的，还必须有丰富的人生阅历。以前我也读过很多教学参考资料，却不能彻底解决问题；有些资料看了也化解不开。几十年过去了，如今我不用看很多资料，单是读上一遍，感觉就懂了，而且心领神会，有滋有味。看来，丰富的人生阅历就是最好的参考资料。

记得刚参加工作时，我把这篇小说的主题教成了"军民鱼水情深"。今天我对它的理解则大不相同。这篇小说是写人情、人性。今天的高中生，与几十年前的高中生没有本质区别；他们都生活在这块土地上，接受着同质化的教育。这群学生的年龄是固定的，教师永远面对15—18岁的学生群体。他们受小学、初中教学的影响，他们受生活环境的影响，在理解经典上不可能有大的超越。还有，《百合花》的内容远远超越了中学生的情感理解能力，学生不可能完全理解作者的深刻用意，更何况这篇小说外显的内容只是冰山一角，那水下深藏不露的宝物，除了极个别学生能苦心孤诣，探究一二外，绝大多数学生实在难见真相。而教师是变化的，年龄在变化，心智在变化，对人情世故的体悟也在变化。曹雪芹说过："世事洞明皆学问，人情练达即文章。"

这就需要启发、引导、点拨。教师的作用，是在教材和学生之间搭建桥梁。而这搭建桥梁的技巧就是教学艺术。

我从小说文体入手，没有在所谓"青春主题"上花费精力。文体是教学设计的切入点；抓住了文体，就抓住了牛鼻子。什么是小说？过去，我们习惯用"人物、情节、环境"三要素来概括小说的特点。这是很表面化的做法。小说的本质特点是虚构以及散文化语言：人物是虚构的，情节是虚构的。大凡优秀小说，其核心任务是塑造人物，塑造人物的核心目的是表现人性；至于表现什么样的人性，则与作家的创作意图密切相关。

《百合花》集中写了几个人物？"我"、通讯员和新媳妇三个。哪一个是核心人物？学生有的说通讯员，有的说新媳妇，没有说"我"的。"我"既然不是核心人物，那在小说中起什么作用呢？学生说，第一人称叙述视角，推动故事情节发展，起穿针引线的作用，是重要人物。这个认识是对的。通讯员和新媳妇呢？都是核心人物，核心人物不一定只有一个。

教师问：作者是如何来塑造通讯员这个人物形象的？此问目的在于引导学生认真读书，梳理相关内容。学生说通过一系列的描写：外貌描写、动作描写、神态描写、细节描写、侧面描写、语言描写，等等。学生找到后，要深入理解。我问学生："哪段描写打动了你？"这很能考查学生欣赏小说的眼力。

一个学生说：这个通讯员与"我"在一起时腼腆羞涩，但他临走时掏出两个馒头，朝"我"扬了扬，他还是挺关心人的；他虽不善言谈，但内心如火一般热忱，挺感人的。另一个学生说，他被通讯员"扑"在手榴弹上的行为感动了。这是借助侧面描写来表现他的勇敢。我说，很多文艺作品中有表现战士勇敢杀敌、奋不顾身的描写，这似乎很正常啊，怎么你就感动了呢？前面也写了几个重伤员，你并没有感动，为什么这里就感动了呢？学生不能回答。我引导说，这个通讯员"扑"的行为，说明他很勇敢，可他在女性面前呢？学生忽然明白了：这里形成了鲜明对比。这个见到女性就脸红、腼腆、忸怩、羞涩的通讯员，原来在战场上是如此勇敢无畏！这才是被感动的原因。也就是说，通讯员的完整形象是剥笋一样慢慢形成的。至此，学生恍然大悟。学生自己被感动，但不一定能说清楚原因。这是他们对小说笔法认识不够的表现。教师要引导学生概括通讯员这个人物形象的特点，应该用"质朴、纯真、憨厚"。

另外，通讯员的形象是通过"我"态度的变化逐步显现出来的。"我"对通讯员的态度，最初"生气"，然后发生"兴趣"，接着"亲热"起来；当看到他"傻乎乎"的样子时，竟然"爱上了"他。这个变化多大呀！为什么会有这样的变化？一个"傻乎乎"的人，有什么可爱的呢？这是本篇小说很难理解的地方。通讯员的"傻"，说明了他的单纯、质朴，没有"心机"，似一盆清水。所以，概括通讯员的形象，一定要准，那就是"质朴、纯真、憨厚"。人生在世，你是愿意和心灵透亮的人交往呢，还是愿意和心机深重的人交往呢？答案是明确的。作者茹志鹃写作本篇小说时，在生活中遇到了沉重打击，让她倍加想念战争年代，虽然艰苦，但是人与人之间的关系是清纯的，美好的。这一点，学生很难体会到。这就是写人性。这里的"爱"，不是男女谈恋爱的爱，而是同志之间纯正的友爱。这大概是处在青春期的高中生难以理解的一种感情。

我喜欢《百合花》，更重要的原因是新媳妇这个形象塑造得好。作者对她也进行了各种描写，其中最精彩的是语言和神态描写。新媳妇喜欢笑，"好像忍了一肚子的笑料没笑完"。请看这一段：

> 那位新媳妇也来了，她还是那样，笑眯眯地抿着嘴，偶然从眼角上看我一眼，但她时不时地东张西望，好像在找什么。后来她到底问我说："那位同志弟到哪里去了？"我告诉她同志弟不是这里的，他现在到前沿去了。她不好意思地笑了一下说："刚才借被子，他可受我的气了！"说完又抿了嘴笑着。

作者写得活灵活现，如在眼前。教师可以让学生练习朗读。这种朗读叫做"表演式朗读"，即像演员一样表演着读。比如读"刚才借被子，他可受我的气了"这一句时，前后都应加上笑声，这就把新媳妇的神态表现出来了。学生很难理解到这个程度，因为新媳妇逗通讯员玩的那一段，是新媳妇的"杰作"，她为自己的"杰作"而笑。

"他可受我的气了"这一句太令人遐想了。那究竟是怎样的一个场景呢？教师借助"场景还原"的方法，启发学生再现新媳妇和通讯员的对话。找两个学生，一个扮演通讯员，一个扮演新媳妇，来一次对话。估计学生会搞笑，对不到点子上。这就要点拨。本篇小说有多处"暗示"（下文括号中内容是虚拟的）：

1. 乡干部的出场。（说明工作繁忙，村里人手不够，便让包扎所的人自己去借被子。同时暗示新媳妇的丈夫也上前线去了）

2. 通讯员"大姐、大嫂"地喊。"我"看到新媳妇"头上已硬挠挠地挽了髻，便大嫂长大嫂短地向她道歉，说刚才这个同志，说话不好听，别见怪。"（说明通讯员傻乎乎的，不知怎样恰当称呼新媳妇。傻乎乎的小伙子引起了新媳妇的好感，便想逗一逗他）

3. 通讯员说"老百姓死封建"。（很可能是新媳妇说了"女人盖的被子不能给陌生男人用""男女授受不亲"之类的话，来逗通讯员）

4. 新媳妇称通讯员是"同志弟"。（"同志弟"的称呼多亲切！新媳妇喜欢逗这位"同志弟"，而且两人年龄大小也表现出来了）

5. "我刚才也是说的这几句话，她就是不借，你看怪吧！……"（"我"是这样说的："共产党的部队，打仗是为了老百姓的。"把这话移植还原成通讯员与新媳妇的对话，就很有戏了。在新媳妇看来，我哪里用得着你来讲这些大道理呀。这位同志弟呀，你只是个通讯员，你打过仗吗？你会打枪吗？遇到敌人扔手榴弹你怎么办？这些逗他玩的话很让同志弟"受气"的）

这些"暗示"体现作者对情节的精心安排，绝不是闲笔。什么是情节？中国古代有"草蛇灰线，伏脉千里"之说。英国小说家福斯特在谈到情节和故事的区别时说："国王死了，王后也死了"——这叫故事；而"国王死了，王后由于伤心过度不久也死了"——这叫情节。（福斯特《小说面面观》）也就是说，情节一定显示内在的逻辑关系。说它内在，是因为它有隐藏性、暗示性。对于短篇小说的教学，找出这些"暗示"相对容易；教学时，教师要引导学生自己把它找出来。如此，学生才有收获，就懂得小说阅读的规律了。这就是培养学生语文学科核心素养。

如果在教师的启发、点拨下，学生能够还原出对话的场景，那将是一件十分美好的事情。教师要引导学生细心寻找，发现一点就说一点，由点成线，由线成片。学生会感到很有意思，寻找的劲头会越来越足。当虚拟还原的场景形成后，隐藏在水下的内容就会浮出水面：

新媳妇刚刚结婚，还沉浸在幸福之中。她是一个很开朗、俏皮的女性。她的丈夫不在家，很可能也是一位战士，此时就在前线打仗；或者如乡干部一样忙着支前工作。新媳妇看到通讯员，有一种天然的亲切感，也没有什么隔阂，更没有提防——这就是战争年代的人际关系，大家为了一个共同目标，团结友爱，非常单纯。通讯员见到新媳妇，不知称呼什么好，先是称"大姐"，接着又称"大嫂"，加上他见到女性就害羞的性格，让新媳妇觉得他很可爱，于是就想逗逗他。这种逗人玩的心理，中学生很难理解。这是民俗民风，也是美好人情、人性的表现。人与人之间，如果能够开开玩笑，逗逗乐子，那就说明彼此融洽，有好感，心不设防。新媳妇年龄比通讯员大，可是这位通讯员却傻乎乎地向新媳妇讲起"共产党的部队，打仗是为了老百姓的"这样的大道理，让新媳妇觉得通讯员很好玩。在新媳妇看来，我家也是一个革命家庭，丈夫参军，这些"大道理"用得着你"同志弟"来给我讲吗？自己刚结婚三天，丈夫就上前线了，我深明大义，这些"大道理"我比你"同志弟"懂。但新媳妇并没有蔑视通讯员，傻乎乎的通讯员让她喜欢。在这样的心理驱使下，两个人之间进行了一场颇有趣的"对话"。想一想吧，这样的虚拟场景多么有意思呀！

再往下发展，新媳妇有了变化。她看到通讯员被抬下来，短促地"啊"了一声，听完担架员的叙述，她又短促地"啊"了一声。这两次"啊"有什么不同？学生应该能回答上来：前者是感到意外而惊讶的呼声，后者是敬佩和悲痛的呼声。其实，新媳妇始终悬着一颗心：丈夫的安危。现在，通讯员受重伤，她就当作自己的亲人来对待了，羞涩全无，"庄严而虔诚"地给他拭着身子，一针一线地缝着肩上的破洞，似乎是在弥补当时未能及时缝补的缺憾。当卫生员为难地说"被子……是借老百姓的"的时候，她气汹汹地嚷了半句"是我的——"，接着就流下了眼泪。"气汹汹地嚷"和"流泪"是悲痛到极点的表现，或许还有一点自责在里面：会不会她与通讯员"对话"时说的"你打过仗吗？你会打枪吗？遇到敌人扔手榴弹你怎么办"那些话刺激了他？读到这里，新媳妇的形象才完整地呈现在读者面前。她是一个既开朗、俏皮又深明大义的女性。新媳妇的前后变化形成了鲜明对比，使这个文学形象熠熠生辉。

读者不禁要问：作者为什么要虚构一个新媳妇呢？虚构一个支前模范老大娘行不行？《沙家浜》中不就有个沙奶奶么？不行，那与之相对应的就不能是通讯员了，也就不能有逗着玩的内容了。创作意图决定创作内容，作者不是简单地表现军民鱼水情深，而是借战争背景来表现美好的人情、人性。在这一点上，《百合花》与《荷花淀》风格类似，即茅盾评价的"清新、俊逸"。茹志鹃在《〈百合花〉的写作经过》一文中写道："《百合花》里的人物、事件，都不是真人真事，也不是依据真人真事来加工的。"她又写道："1958年初，那时虽在反右，不过文学上的许多条条框框，还正在制作和诞生中，可能有一些已经降临人间，不过还没有套到我的头上，还没有成为紧箍咒……"后来，作者的其他作品与这篇就有了明显不同。一篇作品不能发自作家心灵深处，还有什么生命力呢？这篇《百合花》则表现出了长久的生命力，历久弥新。

《百合花》写于反右斗争年代，作者的丈夫王啸平受到了严重冲击，给茹志鹃带来了异常的痛苦，也带来了深深的思考。她在《〈百合花〉的写作经过》一文中写道："我写《百合花》的时候，正是反右斗争处于紧锣密鼓之际，社会上如此，我家庭也如此。啸平处于岌岌可危之时，我无法救他，只有每天晚上，待孩子睡后，不无悲凉地思念起战时的生活和那时的同志关系。脑子里像放电影一样，出现了战争时接触到的种种人。战争使人不能有长谈的机会，但是战争确能使人深交，有时仅几十分钟、几分钟，甚至只来得及瞥一眼，便一闪而过，然而人与人之间，就在这个一刹那里，便能够肝胆相照，生死与共。"这一段话是理解《百合花》创作背景的关键。作者通过"没有爱情的爱情牧歌"，表达了对真诚的人际关系的向往，歌颂了美好的人情、人性。

显然，这样的小说在当时很另类。作者投稿，接连被拒，还得到了这样的评价："感情阴暗，不能发表。"这是可以想象到的。即便在今天，一部分读者也还习惯地往"军民鱼水情"上靠，看不到人性的光辉。庸俗政治学容易遮掩读者眺望文学的眼睛。

课上完了。学生说："这篇小说真好！"我笑了。

我教《哦，香雪》

　　人生起点与其一生有什么关系？特别是受过伤害的人生起点，是否像基因一样嵌入人的心灵，影响着人生未来走向呢？

　　这是我读《哦，香雪》受到的启发。我不否认这篇小说显示了现代文明对封闭、传统生活方式产生冲击的客观存在，因为它毕竟发表于改革开放初期，那一股强劲的春风怎能不吹遍神州大地。但是，优秀作家不只是时代脚步的记录者，更是穿越时代恒久人性的思考者与表现者。当时代嬗变成为彰显恒久人性大背景的时候，时代的色彩才格外醒目，恒久的人性才格外深刻。

　　课堂上，我说，读了这篇小说内心受到触动的同学请举手。四十八位学生中只有一人举手。我接着说，喜欢这篇小说的举手。没有人举手。我由此知道了学生与作品之间的隔膜，也由此决定了我教学的逻辑起点。

　　我让几位女生到讲台上梳理《哦，香雪》的情节。她们边讨论边写在黑板上，概括出了八个情节片段，竟然把"香雪在学校受到伤害"一段遗漏了。我让其他同学提修改意见，有一位同学指出了这个重大遗漏。为什么会遗漏？这么重要的内容怎么就没有引起重视？这与小说的叙事顺序有关。从"火车开进台儿沟"这个序幕开始，到"香雪上车换铅笔盒"的高潮，再到"香雪走回台儿沟"的余波，小说整体上采用时间顺序，即顺叙；而偏偏"香雪在学校受到伤害"一段是插叙。指出这个遗漏的同学说，香雪为什么要用四十个鸡蛋换回铅笔盒呢？原因就是她在学校被同学嘲笑、歧视，她的木质铅笔盒"羞涩地畏缩在桌角上"。但她不甘心，她要用实际行动来改变现状；她要做给同学看看，我香雪能改变自己！

说得多好啊！但是能够关注情节之间这一内在逻辑关系的同学太少了。这就需要教师紧扣文体规律重锤敲打，让学生明白一个道理：小说的情节是人物性格发展的历史。香雪受到伤害之前，是一位平静、单纯、善良的少女。这从插叙中看得出来：

她们故意一遍又一遍地问她："你们那儿一天吃几顿饭？"她不明白她们的用意，每次都认真地回答："两顿。"然后又友好地瞧着她们反问道："你们呢？"

"三顿！"她们每次都理直气壮地回答。之后，又对香雪在这方面的迟钝感到说不出的怜悯和气恼。

"你上学怎么不带铅笔盒呀？"她们又问。

"那不是吗。" 香雪指指桌角。

其实，她们早知道桌角那只小木盒就是香雪的铅笔盒，但她们还是做出吃惊的样子。每到这时，香雪的同桌就把自己那只宽大的泡沫塑料铅笔盒摆弄得哒哒乱响。这是一只可以自动合上的铅笔盒，很久以后，香雪才知道它所以能自动合上，是因为铅笔盒里包藏着一块不大不小的吸铁石。香雪的小木盒呢，尽管那是当木匠的父亲为她考上中学特意制作的，它在台儿沟还是独一无二的呢。可在这儿，和同桌的铅笔盒一比，为什么显得那样笨拙、陈旧？它在一阵哒哒声中有几分羞涩地畏缩在桌角上。

这一段写得叫人心疼！它能引起许多读者的共鸣。改革开放四十年，多少优秀人才就是从深山沟中走出来的！文中加着重号的字词有深刻含义，是品味咀嚼的重点。但是，今天生活在大都市的孩子感觉不到了。这是时代和区域差异造成的。这就需要教师铺垫，在课文与学生之间搭建桥梁。我说，同学们以前受过他人伤害的请举手。很多学生举手。我又说，这种伤害没有因时间流逝而淡漠，相反，与日俱增的请举手。也仍然有学生举手。我很惊讶，原来这么多的学生内心受过伤害！我问学生，不管制造伤害的人有意还是无意，是成年人还是同龄人，它对你后来的人生产生影响了吗？有学生点头。我又问，你把它写成文章了吗？学生摇摇头，说："不敢写。"

这就是中学生。他们缺乏在生活与写作之间建立联系的意识，更缺乏写作就是写内心痛苦的自觉。他们经常写一些不疼不痒的"作文"，假、大、空居多。其实，无论阅读教学，还是写作教学，都具有启蒙意义，都能够唤醒学生心灵。当教学唤醒学生写作意识的时候，也就唤醒了他们的阅读意识；当阅读和写作意识都被唤醒的时候，他们就实现了成长。哲人说，理解就是在你中重新发现我。当阅读与学生的心灵建立联系后，学生才能感觉到阅读的必要性，阅读的意义才会显现出来。但是这种联系，不是必然地出现在学生的阅读过程中，它需要一个媒介，教师的作用就是努力在二者之间建立起这种联系。

小说的前半部分中，有"香雪追火车"一段，她向乘客打听自动开关铅笔盒的价格。同伴知道后说："值不当的！"当别人开凤娇玩笑、嫁给"北京话"时，同伴说："我们不配！"这都说明，她们头脑中有一种观念：认命，现实无法改变。但是，香雪不甘心。她是台儿沟唯一的初中生，她受到了文化的启蒙，产生了朦胧的觉醒意识。她受伤害后，"心再也不能平静了"，内心升腾起抗争的情绪。这种抗争与其说是人性的本能，不如说是文化启蒙的作用更加准确。同样生活在偏僻、封闭的台儿沟，香雪与同伴有了明显不同——这就是香雪人生的起点。

人的基因有两种，一是生理上的，二是文化上的。前者天生不可选择，后者人为环境造就。香雪和同伴的文化基因在起点处就分叉了，所以香雪早于同伴而具有觉醒意识。这既与香雪的家庭有关，更与她读书有关。初中生不同于高中生的地方在于，前者尚处于接受文化基因种植的时期，后者则在很大程度上具有了独立意识。铁凝写过中篇小说《没有纽扣的红衬衫》，表现女高中生安然的成长经历；还写过长篇小说《大浴女》，表现女主人公尹小跳备尝艰辛的成长经历与情感历程。铁凝的作品一贯关注女性命运，表现她们的独立自尊，笔法细腻深刻。可以设想，三五年之后，香雪和凤娇都面临着恋爱婚姻，她俩对丈夫的选择和对婚姻生活的要求肯定不一样。我们还可以想象得更远一些，二十年后，香雪和凤娇都因故失去了丈夫，面对重新择偶，香雪的艰难程度会明显大于凤娇。但是，从争取独立人格的意义上来说，香雪显然更具代表性。《哦，香雪》写的是人生起点，如果我们把《哦，香雪》作为一篇寓言来理解的话，它给读者的启迪就会更加深远：一个人，一个企业，一个国家，在其发展过程中，"香雪铅笔盒阶段"是一个必经的少年期，正是因为有了这样一个起点，才会有未来的辉煌。

我问学生，假如把《哦，香雪》压缩成1000字以内的小小说，哪些情节必须保留？学生达成了共识："香雪在学校受到伤害"和"香雪上火车换铅笔盒"两个情节必须保留。凤娇的故事为什么可以舍弃呢？因为，凤娇不是作为与香雪平等的人物形象出现在小说中的，她是用来衬托香雪的。这与《百合花》中通讯员和新媳妇的关系不同。通讯员和新媳妇都是核心人物，不存在谁衬托谁，少了谁都不行。在《哦，香雪》中，少了凤娇固然是个遗憾，但无关大局，不影响对核心人物香雪的表现，至少是影响不大。只是因为有了凤娇等同伴的衬托，香雪的形象才更加丰满、生动。也就是说，作家在表现香雪这个核心人物的同时，也表现了另一个次要人物凤娇，还表现了少女群像；这样使小说的容量更大，时代感更强，人物性格更加多彩。

有同学问了：既然如此，作者为什么不把"香雪在学校受到伤害"一段放在开头来写呢？这是一个很有意思的问题。我们不妨沿着这个思路把情节重新调整一下：

顺叙：

①"香雪在学校受到同学伤害"——→②"火车开进台儿沟"——→③"车站对话"——→④"香雪追火车"——→⑤"香雪上火车用鸡蛋换铅笔盒"——→⑥"香雪走回台儿沟"

这样调整后，我们发现②③在小说情节发展中的阻隔太大，而且①与②之间很难衔接。作者没有这样安排情节，而是开头就用意识流的手法，用全知视角来叙述台儿沟传统的平静被打破，以及带来的变化，让香雪的"内伤"暂时隐藏起来，带着"内伤"与外界接触；待到合适的机会再揭示出来。这就是巧妙处理"隐"与"显"、"因"与"果"的小说技法。

铁轨和火车具有一定的象征意义，说它代表现代文明是有道理的。但是，作者的写作目的不是表现改革开放给台儿沟带来的巨变，作者也不是着力表现台儿沟的所谓"封闭、落后"。其实，台儿沟并没有发生真正变化；相反，用今天的观点看，台儿沟作为传统村落的存在，其文化价值显而易见。作者用打破常规的构思展开情节，让台儿沟从原先的平静中走出来，为香雪从"平静"到"不平静"的转变制造悬念、寻找外显的开口。

香雪的"不平静"在火车开进台儿沟前就有了，这是"果"。但香雪的"不平静"情绪得不到释放，因为没有机会。怎样才能让香雪的"不平静"释放出来呢？总得有一个开口。作者进行了精心选择，巧妙安排。作者没有选择汽车开进台儿沟，也没有选择旅游团队走进台儿沟，更没有选择大城市的学生到台儿沟考察。因为这些的可能性及容量比较小，经不起细细推敲。作者紧扣时代脉搏，把改革开放的大背景放了进来，让这个小山沟吹进了时代春风。这就是小说创作的高手笔法。

一般来说，小说家安排情节，总要力避平铺直叙，追求悬念与起伏。悬念须借助"藏"，就是蓄势，一层一层铺垫。蓄势到一定程度才揭示，从而取得跌宕的艺术效果。作者先把"伤害"一段藏起来，即把"因"藏起来，显露"果"，即香雪不同于一般女孩的表现。请看：

"香雪，过来呀，看！"凤娇拉过香雪向一个妇女头上指，她指的是那个妇女头上别着的那一排金圈圈。

"怎么我看不见？"香雪微微眯着眼睛。

"就是靠里边那个，那个大圆脸。看，还有手表哪，比指甲盖还小哩！"凤娇又有了新发现。

香雪不言不语地点着头，她终于看见了妇女头上的金圈圈和她腕上比指甲盖还要小的手表。但她也很快就发现了别的。"皮书包！"她指着行李架上一只普通的棕色人造革学生书包。就是那种连小城市都随处可见的学生书包。

一开始香雪的关注点就与众不同。读者要问了，这是为什么？不都是生长在台儿沟吗？难道香雪不食人间烟火？怎么违背人之常情呢？这个情节中只出现了书包，没有出现铅笔盒。这是第一段藏。显然，这个"势"蓄得还不够。接下来，作者安排了第二段藏：

有一回她向一位戴眼镜的中年妇女打听能自动开关的铅笔盒，还问到它的价钱。谁知没等人家回话，车已经开动了。她追着它跑了好远，当秋风和车轮的呼啸一同在她耳边鸣响时，她才停下脚步意识到，自己的行为是多么可笑啊。

这一段中铅笔盒出现了，吸引香雪追着火车跑。同伴知道后说："值不当的！"作为读者，又产生疑问了：这个香雪怎么对铅笔盒如此痴迷呢？难道她天生与众不同吗？难道作者要塑造一位女神吗？如此不合逻辑，种种疑问缠绕读者心间。这就是悬念。铅笔盒的出现，预示着蓄势达到了一定程度，可以揭示原因了。但还需要一个小技巧，就是把铅笔盒与香雪在学校受伤害衔接起来。作者通过人物对话，实现了巧妙对接：

"咳，你问什么不行呀！"凤娇替香雪挎起篮子说。

"谁叫咱们香雪是学生呢。"也有人替香雪分辩。

也许就因为香雪是学生吧，是台儿沟唯一考上初中的人。

于是，香雪是初中生的情节出现了，揭开香雪痴迷铅笔盒原因的机会也就水到渠成了。接下来"香雪上火车用鸡蛋换铅笔盒"的高潮也就自然而然地出现了。

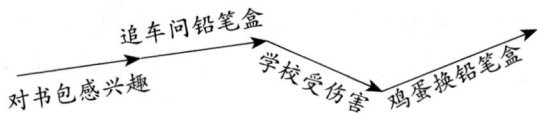

追车问铅笔盒

对书包感兴趣　　　学校受伤害　鸡蛋换铅笔盒

蓄势 ——→ 蓄势 ——→ 揭示 ——→ 高潮

如果小说的开头就写"香雪在学校受到同学伤害"，就等于一上来就把谜底揭穿，就没有悬念了，也不会形成波澜。铁凝谙熟小说技巧，巧妙安排情节，该藏则藏，该显则显，张弛有度，抑扬得法。教师的教学一定是建立在尊重小说文体规律的基础上，不是简单的概念化、脸谱化。阅读教学的任务就是把学生从非专业读者培养成专业读者。当然，前提是教师首先是一个专业读者。

按说，写完香雪换回铅笔盒一段，小说内容也就结束了，可以收笔了。但是，作者用大段的心理描写来填补"香雪走回台儿沟"一段，为什么？这既是情节安排的需要，也是创作表现手法的尝试。按照传统小说的写法，这些内容完全可以压缩为一小段，简单地写香雪走回家即可。但是，本篇小说的特色是强烈的抒情色彩和浓厚的诗情画意，以及意识流小说的笔法。作者站在香雪的角度抒发情感，表现这位少女在实现了自我超越后的内心感受，表现香雪从平静到不平静，到骄傲的心路历程。请看：

　　她忽然觉得心头一紧，不知怎么的就哭了起来，那是欢乐的泪水，满足的泪水。面对严峻而又温厚的大山，她心中升起一种从未有过的骄傲。她用手背抹净眼泪，拿下插在辫子里的那根草棍儿，然后举起铅笔盒，迎着对面的人群跑去。

香雪走出了自卑，战胜了害怕的心理，实现了自我超越。这是作家着力表现的地方，表现了作家对女性生存和成长的关注，体现了作家深厚博大的人文情怀。有学生说，"香雪走回台儿沟"才是高潮。这不是没有道理。但是，它更像高潮后的余波，渐渐散开，平复。心理描写一般不宜作为高潮看待。

　　同学对香雪的伤害尽管不是犯罪行为，但它会给少年香雪留下心灵创痕。正是这样的创痕，促使香雪产生了抗争情绪。有了这样的抗争，最终才能走向成熟。人的抗争有多种表现形式，性质也不尽相同。香雪可以面对同学撒泼大骂一顿，或者嗤之以鼻。但那不是铁凝心中的香雪。作者把小说命名为"哦，香雪"，表现了作者对这个人物的怜爱、心疼和喜欢，那是爱到骨子里的一种感觉。我问学生，可否把标题中的"哦"字去掉？学生说不可，道理就在这里。老作家孙犁在《谈铁凝新作〈哦，香雪〉》一文中说，这篇小说，从头到尾都是诗，它是一泻千里的，始终一致的。这是一首纯净的诗，即是清泉。它所经过的地方，也都是纯净的境界。（见《青年文学》1983年第2期）的确如此，文如其人，铁凝就是这样一位纯净的作家。只有心灵纯净的作家才能写出如此纯净的好作品。

　　附：

铅笔盒
——根据铁凝短篇小说《哦，香雪》改写

　　香雪顺着车身跑，终于发现了渴望已久的东西——铅笔盒，就在那张小桌上。香雪断定那是一只装有吸铁石的自动铅笔盒；它和她离得那样近，只隔着一层玻璃，她一伸手似乎就可以摸到。它的主人是一位戴着"冶矿学院"校徽的女大学生，俊秀、面善。

香雪紧了紧头上的紫红围巾，把臂弯里的篮子换了换手，鼓足勇气跨上了火车。车厢里的温馨气息坚定了她的信心：那位女大学生一定同意她拿鸡蛋换铅笔盒。

她红着脸告诉女大学生，想用鸡蛋换她的铅笔盒；女大学生不知怎的也红了脸，她一定要把铅笔盒送给香雪。香雪心想，台儿沟再穷，她也从没白拿过别人的东西。就在火车开动前几秒钟的震颤里，香雪把篮子塞到女大学生座位下面，迅速离开了。

香雪跑到车门口时，火车开动了，凤娇的脸在车下一晃。香雪拍打着玻璃，冲凤娇喊："凤娇！我怎么办呀，怎么办呀！"这时，"北京话"发现了香雪，知道了原委。他劝说女大学生收下鸡蛋，并嘱咐香雪，天黑了，就住在下一站西山口，他有个亲戚在那儿可以帮她。

到了西山口，香雪没有去找他的亲戚，她想：赶快走回去，明天理直气壮地去上学，理直气壮地打开书包，把它摆在桌上。她一边往回走，一边回忆起和同班同学扎心的对话：

"你上学怎么不带铅笔盒呀？"同学问她。

"那不是吗。"香雪指指桌角。

其实，她们早知道桌角那只小木盒就是香雪的铅笔盒，但她们还是做出吃惊的样子。每到这时，香雪的同桌就把自己那只宽大的泡沫塑料铅笔盒摆弄得哒哒乱响。这是一只可以自动合上的铅笔盒，很久以后，香雪才知道它所以能自动合上，是因为铅笔盒里包着一块不大不小的吸铁石。香雪的小木盒呢，是当木匠的父亲为她上中学精心制作的，在台儿沟独一无二。可在这儿，和同桌的铅笔盒一比，显得那样笨拙、陈旧。

香雪的心再也不能平静了，她明白了同学盘问她的用意，明白了台儿沟是多么贫穷。她第一次意识到这是不光彩的，是扎心的，因为贫穷，同学才敢一遍又一遍地盘问她。

香雪端详起手中的铅笔盒：皎洁的月光下，它是淡绿色的，盒盖上有两朵洁白的马蹄莲。她小心地打开，又学着同桌的样子轻轻一拍盒盖，"哒"的一声，它便合得严严实实。

她忽然觉得心头一紧，不知怎的哭了起来。那是欢乐的泪水，满足的泪水。面对高峻而又温厚的大山，她心中升起一种从未有过的骄傲。她抹去眼泪，举起铅笔盒，朝着台儿沟跑去……

| 《赤壁赋》文化语码解读

人们常说苏轼《赤壁赋》达到了儒、释、道三家圆融的境界，但是儒、释、道三家究竟如何体现在文章中？又是如何圆融的？笔者看了一些文章，总觉语焉不详，很想深入探讨下去。

有材料讲，有一天，钱基博在书房读《赤壁赋》，他的助手说："先生对这篇文章倒背如流，为何还要读它？"钱先生回答说："《赤壁赋》需要用一生去读。"以钱先生之渊博，尚且不敢掉以轻心，何况我们普通语文教师？！由此可见，《赤壁赋》的确难懂，绝非仅读几遍就能理解到位的。笔者教此文已有多遍，也写过几篇文章，但仍有隔靴搔痒之感。下面，笔者试从文化语码的角度再次进入《赤壁赋》，阐释自己粗浅的理解，以就教于方家。

叶嘉莹先生说过，在一种文化中，经过长期沉淀下来的固定意象，便成为这个民族文化的"语码"。受到这种民族文化滋养的人，就很容易理解这个语码的文化含义。比如"梅""兰""竹""菊"，就是中华文化典型的语码。大概受过一点教育的中国人，都能知其含义，所以很多人家中以此装饰美化，来体现中国文化的韵味和自己的审美情趣。没有受到这种文化滋养的人，就很难品味其中的味道。戴望舒写"希望逢着一个/丁香一样的姑娘"，而不写"希望逢着一个/康乃馨一样的姑娘"，就体现了不同文化传统下语码的隔膜及其差异性。但是，即便受到过本民族文化滋养的人，如果那个意象是小众的，对绝大多数读者来说比较生冷偏僻的话，其意象的隐含性就比较突出，作为语码的表达效果也就会受到一定程度的限制。这种影响固然是因为读者缺乏了解所致，同时也是作者故意所为的结果，即作者本来就不想让读者一眼望穿。《赤壁赋》大概就是这样一篇奇文。

苏轼早年熟读儒家经典，其文化基因中儒家积极进取的因子占据主体地位。特别是当他年纪轻轻就考上进士，又深得皇帝欣赏，一切顺风顺水的时候，那建功立业的儒家精神自然外显其身。可以说，苏轼与很多文人一样，是以儒家文化打底的，即便后来遭受了沉重打击，辗转黄州、惠州、儋州，这个底色仍然清晰可见。儒家思想深入其骨髓。于是，有学生问："在《赤壁赋》中，有哪些儒家文化的影子呢？"我说，"诵明月之诗，歌窈窕之章"，有《诗经》的影子，《陈风·月出》之诗，旨在思念，这与"渺渺兮予怀，望美人兮天一方"相呼应。这里的"美人"指宋神宗，显然是屈原"香草美人"手法的运用。有学生问："苏轼遭皇帝贬谪，为何还要思念皇帝呢？"这个问题很有意思。其实，宋神宗一直很喜欢苏轼，也不想太为难苏轼；无奈身边一群小人，轮番进谗，且有证据证明苏轼写诗讽刺新法，皇帝只好从众了。就在苏轼戴罪黄州期间，宋神宗对西夏用兵，大败而回。张舜民（芸叟）到黄州看望苏轼时，叙述此事，引发苏轼对国家的忧虑以及对神宗的牵挂。

这就是苏轼忠君爱国的一面，也就是苏轼儒家底色的表现。（参见朱靖华《前后〈赤壁赋〉题旨新探》）

早在1995年，路广正先生就在《济南大学学报》上发表了《"潜蛟""嫠妇"寓义考》一文，对"舞幽壑之潜蛟，泣孤舟之嫠妇"做了比较透彻的解说。但是，此文并未引起人们的关注。许姗姗老师在2014年第3期《语文学习》上发表《"舞幽壑之潜蛟，泣孤舟之嫠妇"里说悲乐》一文时，仍然停留在对字面表层意思的理解上，简单地把"嫠妇"说成寡妇。对"潜蛟"一词课文注释不到位，对"嫠妇"一词课文只是解释为"寡妇"，很容易被师生忽略。在本文中，苏轼故意使用冷僻意象来暗示自己的情怀，所以造成很多读者停留在表层。其实，"潜蛟"是"潜龙"的变词。《周易·乾卦》有"初九，潜龙勿用"。周振甫在《周易译注》（中华书局1991年版）中解释为"象龙潜伏着，不可有所作为"。黄寿祺、张善文《周易译注》（上海古籍出版社2016年版）解释为"初九，巨龙潜伏水中，暂不施展才用"。这与苏轼遭贬不得施展才华很相符。客人的洞箫声，触动了深谷中的潜蛟，开始舞动，其实是苏轼内心不宁静。"嫠妇"字面上看就是寡妇的意思，但大有深意。《左传·昭公二十四年》记载：

> 郑伯如晋，子大叔相，见范献子。献子曰："若王室何？"对曰："老夫其国家不能恤，敢及王室。抑人亦有言曰：'嫠不恤其纬，而忧宗周之陨，为将及焉。'今王室实蠢蠢焉，吾小国惧矣。然大国之忧也，吾侪何知焉？吾子其早图之！《诗》曰：'瓶之罄矣，惟罍之耻。'王室之不宁，晋之耻也。"献子惧，而与宣子图之。乃征会于诸侯，期以明年。

《汉语大词典》对"嫠不恤纬"的解释是:"谓寡妇不忧其纬少,而恐国亡祸及于己。"除此之外,《汉语大词典》还收录了"嫠人""嫠家""嫠妇""嫠辍纬""嫠忧"等词条,并引用李纲《与长相公书》中"其知我者,以为见危纳忠,嫠不恤纬,而忧宗周之陨"之言,还引用了陆游《泛舟湖山间有感》中的"岁晚客貂那复叹,时艰嫠纬未忘忧",表达了忧国心切的意思。由此可知,"嫠妇"作为一个意象,已经积淀为中华文化的语码,有其特殊含义。统编高中语文课本仅仅注解为"寡妇",太简单了,无法揭示出苏轼用此典故的良苦用心。显然,苏轼用此典故在于表达两层意思:一是自己被贬黄州,如同一个寡妇(或"被丈夫抛弃的女子"),非常可怜;二是尽管可怜,却仍心系君王,念念不忘国家。《诗经》《周易》《左传》皆儒家经典,足以证明此时的苏轼,仍然坚守初心。

写到这里,算是初步揭开了儒家文化语码的含义。有学生问:"释是什么?"释,就是佛。在这篇文章中,最集中体现佛家思想的内容是苏子"说理"的一段。这一段学术界大多认为源自僧肇的《物不迁论》。武道房在《文学评论丛刊》2011年第2期上发表了《苏轼〈前赤壁赋〉与僧肇的"物不迁"义》一文,比较详细地阐明了《赤壁赋》与佛学的关系。苏轼在黄州期间,开始反思自己,沉思万物,并集中读佛,所谓"闲居未免看书,惟佛经以遣日"。他在《赤壁赋》中说:"惟江上之清风,与山间之明月,耳得之而为声,目遇之而成色,取之无禁,用之不竭,是造物者之无尽藏也,而吾与子之所共适。"对"无尽藏"一词,课文注释很明确,源自佛家"无尽藏海"。佛家文化有一个核心观点,即人生的痛苦源自欲望,要想消除痛苦,必须告别欲望。在苏子与客的对话中，客表达了人生的痛苦和长生不老的欲望，即"哀吾生之须臾，羡长江之无穷。挟飞仙以遨游，抱明月而长终。知不可乎骤得，托遗响于悲风"。人生苦短，是古代文人经常表现的一个主题。苏子面对这样一个内心化解不开的客，借助佛家理论进行了劝导。这番劝导实际上是自我宽慰。

> 盖将自其变者而观之，则天地曾不能以一瞬；自其不变者而观之，则物与我皆无尽也，而又何羡乎！

这与《物不迁论》中关于动与静的论述有相通之处。僧肇写道：

> 夫人之所谓动者，以昔物不至今，故曰动而非静；我之所谓静者，亦以昔物不至今，故曰静而非动。动而非静，以其不来；静而非动，以其不去。然则所造未尝异，所见未尝同。逆之所谓塞，顺之所谓通。苟得其道，复何滞哉？

《物不迁论》在中国佛教史上具有重要影响，其论述的重点是"不动"。苏轼借其"动""静"的理论，迁移到"变"与"不变"上来，达到了劝客"不羡"而释怀的目的。任继愈在其主编的《中国佛教史》中写道："《物不迁论》的宗教目的，在于论证佛教提倡的因果不失，修佛可成。这是般若空观占据佛教理论统治地位，与当时佛教信仰又急需普遍推行之际，必须优先给予确立的原则。"苏轼在《赤壁赋》中并非完全照搬佛家学说，而是受其启发，摒弃凝滞于心的障碍，使自己开通畅达。

"且夫天地之间，物各有主，苟非吾之所有，虽一毫而莫取。"这句话中"物各有主"是核心理论。这是哪家的理论呢？似乎源于郭象的哲学观。郭象借为《庄子》一书做注，表达了自己的哲学思想，其核心观点就是"物各有性，性各有极"。他认为，人当"各安其天性"，顺其自然。（见宋版《南华真经》）这一思想与庄子合为一炉，深刻影响了苏

轼，使他认识到，面对人生跌宕，当泰然处之，得之淡然，失意泰然，
胜固欣然，败亦可喜。《庄子·德充符》写道：

> 自其异者视之，肝胆楚越也；自其同者视之，万物皆一也。夫
> 若然者，且不知耳目之所宜，而游心乎德之和；物视其所一而不见
> 其所丧，视丧其足犹遗土也。

庄子这一段讲的是如何看待"异"与"同"及"得"与"失"的关
系，与苏子之语非常相似，本质上一致。与其说苏轼受了《物不迁论》
的影响，不如说受了《庄子》的影响更恰当。"异"就是"变"，"同"就
是"不变"；"德"就是"得"，也就是"不变"；"丧"就是"失"，就是
"变"。苏子将这些概念转入他的话语体系，从而表达了心灵上的化解与
圆融。

任继愈《中国佛教史》认为，《物不迁论》所讨论的问题就是庄学
所讨论的问题。僧肇关于"物不迁"的命题，实借用《庄子》。这就把
僧肇观点的源头厘清了，原来，佛、道在此是相通的。岂止佛道相通，
儒道又何尝不相通呢？三家各自侧重点不同，儒家积极入世，道家清净
无为，佛家寡欲无痛。其实各自从不同的人生背景上阐述自己的哲学观
点，并不矛盾。在苏子看来，人生虽然短暂，但换个角度看，人类也是
生生不息的，是永恒的。当人把自己的精神生命融入大自然后，可以享
受大自然的一切，没有谁能阻止你，心灵就是自由的。在这样的宽慰下，
"客喜而笑"，顿然释怀。这就是圆融。

客真的被苏子说服了吗？只有客心中清楚，所谓冷暖自知。笔者以
为，即便不能彻底通透豁达，也可以给伤痛的心灵敷上一剂麻醉药，暂
时获得一点轻松。随着时间的推移，伤痛会越来越淡，直到往事如烟。

　　道家拥抱自然。在《庄子》一书中我们可以看到人与自然的合一。课文《赤壁赋》分为五段，内容分别是写美景，写箫声，写人生，写理趣，写释怀，前后文内在联系十分紧密。从第一段的"浩浩乎如冯虚御风，而不知其所止；飘飘乎如遗世独立，羽化而登仙"到第三段的"挟飞仙以遨游，抱明月而长终"，再到第四段的"惟江上之清风，与山间之明月，耳得之而为声，目遇之而成色，取之无禁，用之不竭，是造物者之无尽藏也，而吾与子之所共适"，无不体现了道家文化的影子，属于道家文化语码。而"无尽藏"和苏子的那番千古宏论，又带有明显的佛家痕迹，也可以说是佛家文化语码，甚至分不清究竟是哪一家，而是你中有我，我中有你。这样，儒、释、道三家融为一体，构成了《赤壁赋》所特有的语码体系。想要读懂这篇文章，就必须抓住体现这三家文化背景的语码，从而破解其含义。

　　以上所见，不知当否，敬请指正。

为了心中的太阳

——我教《登泰山记》

　　作为泰山人，我对《登泰山记》有着特殊的感情，特别是读着"历齐河、长清，穿泰山西北谷，越长城之限，至于泰安"之句，就感觉特别亲切。这大概就是一种家乡情愫吧。

　　记得很多年前，我提出文中"最高日观峰"是不对的，泰山最高峰应是天柱峰，也就是玉皇顶。当时一位老师说："不必苛责古人嘛。"我想也对，就没有追究下去。后来，《登泰山记》在人教版中被删掉，我也就失去再教此文的机会，时间一长，我几乎要把它忘了。去年的一天，泰安市教育局长打电话对我说："听说高中语文统编教材收录了《登泰山记》，泰安人民非常高兴！"我也非常高兴。这不仅仅是家乡情愫的问题，还有一个重要原因，就是在中国所有名山中，泰山无疑是与中国历史关系最密切的一座。郭沫若说："泰山应该说是中国文化史的一个局部缩影。"《诗经·鲁颂·閟宫》是"诗三百"中篇幅最长的一首，其中就有"泰山岩岩，鲁邦所詹"的记载。历朝君王登基，都要到泰山举行封禅大典；历代文人留下了许多有关泰山的脍炙人口的诗文佳作。在这众多佳作中，《登泰山记》无疑是影响最大的一篇。现在，高中新教材选录此文，尘封在我心底多年的老问题被搅动了。

一

我的教学设计的第一步，是请一位学生介绍作者，一般由语文课代表完成。她事先查阅了一些材料，给同学们介绍了以下几点：1.姚鼐是清代著名散文家，桐城派代表人物；他与刘大櫆、方苞被称为"桐城三祖"。本文选自他的《惜抱轩诗文集》。惜抱轩，是他的书斋名。惜，就是珍惜；抱，就是双手合抱银杏树的一种健体方式。2.姚鼐提出了"义理、考据、辞章"相统一的文学主张。3.《登泰山记》写于他辞官之后。

课代表讲完后，我问学生："有什么问题吗？"一生问："义理、考据、辞章"是什么意思？我让课代表回答，她支支吾吾，答不上来。于是，我做了简单通俗的解释：义理，就是思想观点；考据，就是用事实说话；辞章，指的是讲究文采。写文章要体现这三个方面。这一文学主张，在今天也适用。同学们的作文，要做到主题鲜明深刻，要言之有物，要形象生动。在高考作文评价标准中，这三点也是核心。当然，姚鼐有他自己的具体内涵。

我的教学设计的第二步，是让学生以小组为单位串讲此文。每人一小段，轮流进行，可以随时讨论，可以随时提出问题。在把课文通读一遍并正音之后，学生就开始了分组学习。我的任务是巡视，倾听，观察，并随时回答学生的提问。《登泰山记》的字面难度不大，学生借助课文注释，能够比较顺利地将课文串讲完毕。个别地方我作了强调。比如 "阴""阳""磴""晦""带然"等字词。这个环节是本节课的主要内容。至此，第一节课结束了。

二

第二节课一开始，我又让学生集体朗读一遍课文。学习文言文，我重视集体朗读，一篇课文教下来，少则五六遍，多则十余遍。

我的教学设计的第三步，是学生质疑。一生问道："本文的文体是游记吗？作者为何在除夕之夜万家团聚的时候去登泰山呢？"另一生问道："上节课中，课代表说本文写于作者辞官之后。请问作者为何要辞官？写《登泰山记》与辞官有什么关系？"

学生的问题很好。《教师用书》说本文是一篇游记，学生却产生了怀疑。我也表达了自己的疑问："泰山最高峰是天柱峰，也叫玉皇顶。可是姚鼐偏偏说'最高日观峰'。如此明显的问题，作者竟然会搞错。为什么？是真的不知道，还是故意为之？"我展示了清代嘉庆年间《泰山志》所收的《岱顶图》。

岱顶图（选自清嘉庆年间《泰山志》）

我对学生说:"这些疑问启发你们,本文是不是一篇普通的游记散文呢?"学生开始摇头,有的说:"姚鼐一定心中有事。"于是我让课代表说一说,姚鼐辞官的原因。课代表说,她查了相关资料,当时姚鼐正在北京参加《四库全书》的编纂工作,他与纪晓岚、戴震有矛盾,于是辞官。有的资料还说,姚鼐是因身体不好辞官的。哪有身体不好还在大冬天登泰山的,显然是借口。课代表作了比较深入的了解。我对她的工作表示感谢。

我对学生说,姚鼐辞官是在乾隆三十九年(1774年)十月,时年44岁,正是编纂《四库全书》发挥自己作用的好时候。但他辞官了。这要下很大决心的。这在姚鼐一生中是一个重要转折点。《登泰山记》应该是这个转折点的标志性符号。

我翻阅了周中明先生的《姚鼐研究》一书。该书引用了姚鼐辞官之际,写给好友程鱼门(也是四库馆纂修)的《赠程鱼门序》。其中写道:

> 夫士处世难矣!群所退而独进,其进罪也;群所进而独退,其退亦罪也。天地万物之变,人世夷险、曲直、好恶之情态,工文章者必抉摘发露至尽。人匿其情久矣,而或宣之,宜有见恶者矣,况又加之以名称邪?

由此可以断定,姚鼐辞职并非疾病。学术界对此有多种解释,最流行的说法是与纪晓岚、戴震有矛盾,即所谓"汉、宋之争"。姚莹(姚鼐的侄孙)在《惜抱先生行状》中写道:

> 纂修者竞尚新奇,厌薄宋、元以来儒者,以为空疏,掊击讪笑之不遗余力。先生往复辨论,诸公虽无以难,而莫能助也。将归,大兴翁覃溪学士为叙送之,亦知先生不再出矣……

对这一流行说法，学术界也有不同意见。比如周中明在《姚鼐研究》一书中提出"不堪世用"是姚鼐辞官的主要原因，并引用姚鼐《游双溪记》中"余以不肖，不堪世用，亟去，早匿于岩窔"加以证明。姚鼐七十三岁时写了《南园诗存序》，揭露乾隆皇帝听任大奸臣、大贪官和珅把持朝政，有"和珅秉政，自张威福"之语。敢于与和珅斗争的御史钱沣被迫害致死，姚鼐表达痛惜之情："悲夫！悲夫！"这也透露出当年姚鼐厌恶官场的心境。李柱梁在《姚鼐辞官原因新探》一文中提出，姚鼐辞官虽然有对官场的不适应、对仕途险恶的隐忧以及与汉学家的矛盾等多种因素，但其主要原因是鉴于学术界和文坛令人堪忧的现状，他萌生了创立桐城文派的意识，决心另辟蹊径，专心致力于宣扬古文理论，弘扬程朱理学，培养文学人才，以达到"因之承一线未绝之绪，倔然以兴"的目的。

我认为，以上观点并不矛盾，可以共存。姚鼐无疑是桐城派集大成者，最有代表性的成果是《古文辞类纂》。姚鼐在《赠钱鲁思》一诗中写道："门户难留百年盛，文章要使千秋垂。"他对现实不满，加之对桐城派文学旗帜的担当勇气，促使他下决心辞去官职，专心学术。

了解到这些背景后，再来读《登泰山记》，感觉就不一样了。这绝不是一篇普通游记，而是言志之作。刘大櫆在《朱子颖诗序》中写道："乙未之春，姬传以壮年自刑部告归田里，道过泰安，与子颖同上泰山，登日观，慨然想见隐君子之高风，其幽怀远韵与子颖略相近云。"姚鼐在《岁除日与子颖登日观观日出作歌》中写道："男儿自负乔岳身，胸有大海光明暾。即今同立岱宗顶，岂复犹如世上人！"基于此，周中明先生在《姚鼐研究》中写道："最耐人寻味的是他的《登泰山记》。人们往往只把它看作优美的山水游记……其实以笔者的愚见，此文不只是'写出泰山的雄伟壮丽'，更重要的是写出作《登泰山记》的主人姚鼐摆脱官场羁绊、回归大自然、获得个性自由的欢悦性情。"又写道："其在对景物绘声绘色的描写之中，实寄寓着作者辞官之后的万千感慨。其中既有摆脱官场羁绊，回归大自然之后的愉悦之情；又有以对大自然如诗如画般美景的热烈歌颂，来反衬其对官场丑恶的愤绝和鄙弃……可见寓有'隐君子之高风'和'幽怀远韵'，才是《登泰山记》的真正内涵和底蕴。"以上，是我教学《登泰山记》的难点。

三

我的教学设计的第四步，是让学生对《登泰山记》的语言及主旨进行深入理解，进而联系自己的生活。我问学生，开头写"泰山之阳，汶水西流；其阴，济水东流。阳谷皆入汶，阴谷皆入济。当其南北分者，古长城也。最高日观峰，在长城南十五里"，这与"义理、考据、辞章"中哪一点有关系？学生说，与"考据"有关系，作者在文章中考证了地理位置，表现出严谨的治学态度。还有，文中为何把登山的时间线索交代得如此清晰？因为这可以给读者提供考证作者行状并得出正确结论的佐证。试想，如果没有"余以乾隆三十九年十二月"的详细交代，读者怎么会与他辞官联系起来呢？我又问，"最高日观峰"与后面的什么内容相衔接？学生说，与写山顶观日出的一段相衔接。于是，我抓住这一段，让学生重点欣赏。

戊申晦，五鼓，与子颍坐日观亭，待日出。大风扬积雪击面。亭东自足下皆云漫。稍见云中白若摴蒱数十立者，山也。极天云一线异色，须臾成五彩。日上，正赤如丹，下有红光动摇承之。或曰，此东海也。回视日观以西峰，或得日，或否，绛皓驳色，而皆若偻。

我让学生反复朗读，读出感情。然后，我让学生说一说朗读的感受。一生说，他似乎感受到了姚鼐的心跳，就是伴随着一轮红日升起，姚鼐内心的红日也升起了。这个回答非常好！有学生进一步说，在此文中，姚鼐就是为了追求自己心中的太阳，所以一开始就定位在"最高日观峰"上；尽管日观峰不是泰山最高峰，但在姚鼐心中，日观峰就是自己心中的最高峰。他自京师顶风冒雪，来到泰安，穿越四十五里艰难山路，攀登七千级台阶，就是要看到心中的太阳。另一个学生说，对日出的描写太壮观了。"下有红光动摇承之"蕴含了作者要扛起"桐城派"大旗的志向，他要让这轮红日光照耀天下。

姚鼐画像

我很高兴，学生终于走进了《登泰山记》的内里，走进了姚鼐的内心。接下来，我让学生读最后一段：

山多石，少土；石苍黑色，多平方，少圆。少杂树，多松，生石罅，皆平顶。冰雪，无瀑水，无鸟兽音迹。至日观数里内无树，而雪与人膝齐。

我问学生，这是在表达什么？学生说，表面看是在写泰山顶上的环境，实际上暗含了作者自己的生存环境。你看，泰山松，生长在石缝中，却仍然坚强挺立。

我的教学目的达到了。我对学生说，文学作品是不容易看懂的。作者运用寄托手法，含蓄表达自己的思想情感。如果读者仅仅把《登泰山记》看成一篇普通游记，那就是深入宝山，空手而归。由此，同学们应掌握一个基本的文学规律：文学是用形象表达思想感情的，读者要善于通过对文字表层含义的咀嚼，去理解其深层意蕴。这就是培养语文学科的核心素养。我又问学生：你们有没有自己心中的太阳？你们有没有为了心中的太阳而不畏艰险地去追求的经历？学生有的摇头，有的点头。我说，你们现在是中学生，等你们长大了，你们心中的太阳才会真正光芒万丈。到那时，希望同学们能把自己心中的太阳，通过文章艺术地表达出来，就像姚鼐写《登泰山记》一样。

四

我的教学设计的最后一个步骤，是我介绍姚鼐《古文辞类纂》的大体情况，让学生知道这部大书与《昭明文选》《古文观止》一样，在中国文学史上具有重要影响；姚鼐是桐城派集大成者。我还补充介绍了姚鼐的文学观点，即他著名的"神、理、气、味、格、律、声、色"八字方针，以及"义理、考据、辞章"，并结合《登泰山记》来仔细体会。比如"及既上，苍山负雪，明烛天南。望晚日照城郭，汶水、徂徕如画，而半山居雾若带然"。一个"负"字，写出了压迫感和担当品格；一个"烛"字，照亮了空中，也照亮了心灵。周中明先生说，"半山居雾若带然"堪称神来之笔，寄寓了作者的主体精神，足以令山河呼应、天地动容！再比如开头"泰山之阳，汶水西流；其阴，济水东流。阳谷皆入汶，阴谷皆入济。当其南北分者，古长城也。最高日观峰，在长城南十五里"。整饬的句式，鲜明的节奏，读来朗朗上口。这就是声律。"大风扬积雪击面，亭东自足下皆云漫"则意境韵味十足。对于"辞章"，我介绍了姚鼐"以诗为文"的特点。他作文讲究"曲而隐"，重比兴，耐咀嚼；表面散文句式，每每富含诗意。《登泰山记》中某些句子，稍加改造，即可成诗。比如"极天一线成五彩，半山居雾若带然。日照城郭晚如画，苍山负雪烛天南"。学生如能多一点这样的练习，诗歌写作能力也会有所提高。第二节课到此结束。

　　以上就是我教学《登泰山记》的基本过程。不当之处，敬请批评指正。

《林教头风雪山神庙》教学实录

年级：高一

课时：1课时

师：《林教头风雪山神庙》是长篇小说的节选，我们要学什么？首先是学习作者如何安排情节，其次是把握林冲的性格特点。（板书：情节、性格）。小说是有情节的，特别是传统小说，大多以情节取胜。节选的这部分故事情节，是由哪几部分构成的？请同学们梳理出来。

（生看书，梳理情节）

师：请同学们交流一下，故事情节由哪几部分组成。

（4分钟后）

师：停下来。梳理情节，会有困难，咱们共同努力。谁先说？

生1：开头是"林教头遇李小二，被请至店中，李小二还昔日旧恩"。

师：字数有点多。"还昔日旧恩"，也不准确。

生2：是"李小二遇到了旧时恩人林冲"。

师：再简练一点。

生3：林冲遇李小二。

师：在哪个地方遇见的？

生4：沧州。

师：好。沧州遇……

生5：沧州遇故交。

师：沧州遇故。岂不更好？第一个同学发言，一大串儿。现在只有四个字，精炼多了。这是语文能力——概括能力。再往下概括的时候就应该如此。（板书：沧州遇故）那么，沧州遇故，算不算是情节的开端呢？

生6：不算，感觉和后面的情节没有什么直接关联。文中写道："且把闲话休提。"这属于"闲话"。

师：有道理。我们今天要学的故事情节，主要内容是"谋害林冲"，而"沧州遇故"和"谋害林冲"没有太大关系，不能算是开端。"闲话"的作用是什么？

生6：引出下面的情节。

师：叫什么呢？

生6：引子。

师：好！（板书：引子）接下来，情节发展到下一个环节，怎么概括？

生7：发配草料场。

师：远了。怎么一下就跳到那儿去了呢？

生8：我觉得应该是"故人提醒"。

师："故人提醒"，不错。（板书：故人提醒）作者在写来的两个人时用词精妙。什么词？

生（齐）：尴尬。

师：这里的"尴尬"和"不尴尬"是一个意思，就是不正派，不自然，鬼鬼祟祟的样子。他怎么进来的？

生9："闪将进来"。

师：什么叫"闪将进来"？

生9：很快。

师：作者为什么不说"很快地走了进来"，而说"闪将进来"？

生9：心怀鬼胎？

师：太棒了！他们东张西望，趁人不注意，"噌"一闪而进。这就叫"闪将进来"，作者用词精妙！这大概是方言，白话小说嘛。接下来，李小二心细，让老婆去听。结果听到了什么？

生10：讷（nà）出高太尉。

师：读nè，吞吞吐吐说出来的意思。前面林冲告诉李小二，说自己"恶了高太尉"才刺配沧州。现在听他们讷出"高太尉"，引起了李小二的警觉，觉得这个人和恩人林冲有关，于是就出现了"提醒故人"这个环节。跟第一个环节比，四个字，一步到位，说明同学们有明显进步。好，接着往下来。下边一个环节应该是什么？谁来讲？那些不举手的同学呢？你来说。

生11：发配草料场。

（师板书：发配草料场）

师：讨论一下。"发配"合适吗？他是"发配沧州"，不能说"发配草料场"。换一个动词。

生（齐）：调配。

师：调配。这个好。（板书：调配）。我想的是"接管"。行不行？

（板书：接管）原来看管天王堂，现在接管草料场。接着往下，下边是什么了？你来说。

生12：应该是"火烧草料场"。

师：又有点儿远啦。蹦得太厉害了，你是不是擅长三级跳远？哈哈，请坐。后面那位同学。

生13：我觉得应该是"草料场交接"。

师：慢了。这位同学你来。

生14：应该是"风雪山神庙"。

师：要讨论一下。接管了草料场之后，林冲在那儿住了吗？没有，因为草料场这个地方怎么样？（生：冷）房子怎么样？（生：破）要崩塌的样子。这就埋了一个伏笔。小说情节一定是前有伏笔，后有照应。找个泥水匠来修理修理，是这样吧？于是林冲就想到老军说的话？什么话？（生：买酒）对！所以，下一个情节应该是什么？（生：市井买酒）这就对喽。（板书：市井买酒）这个情节不能省掉。为什么？你来说。

生15：去买酒，回来发现雪太大把屋子压塌了。否则，就压死林冲了。房子没法住了，才到山神庙住，才能听到陆谦他们的阴谋。

师：好。这就叫逻辑性。故事情节必然有内在的逻辑关系。安排小说的情节，是讲究技巧的。（板书：技巧）小说的作者是谁？（生：施耐庵）这还有争议呢，是施耐庵呢，还是罗贯中呢？有争议。暂且说是施耐庵吧。林冲市井买酒，这是"明线"，还有一个什么线？（生：暗线）对。（板书：暗线），这个"暗线"是什么呢？（生：谋害林冲）对。明线，读者能看到；暗线，看不到。但是读者能把它概括出来。你来说。

生16：陆谦火烧草料场。

师：谁烧的？（生：陆谦）是陆谦亲自点火烧的吗？（生：管营）哪里有交待？（古庙门外三人对话）对呀。我用红笔写"暗线"（板书：管营点火）。这条"暗线"和"明线"怎么进行的？（生：同时进行）对，并行的。但是，小说对"明线"写得清晰可循，对"暗线"点到为止，靠读者用想象填补。明线写"那雪下得——"？（生：大）不对。（生：紧）对喽。（板书：紧）你们渐入佳境。"那雪正下得紧"，难道只是说雪下得紧吗？（生：阴谋也进行得紧）棒！所以，课文题目"林教头风雪山神庙"，"风雪"两个字，你不要简单地理解为就是刮风下雪，它有比喻义，比喻陆谦等人的阴谋也正在加紧进行当中。明白了吧？好，"市井买酒"之后呢，下一步怎么概括？你来说。

生17：夜宿古庙。

师：很好。真是渐入佳境啊！（板书：夜宿古庙）我问同学们，这个情节的重要性在哪里？

生18：我觉得这个情节的重要性表现在两方面。

师：哪两方面？

生18：第一个方面是因为林冲夜宿山神庙，没有进入草料场，躲过一劫；第二方面，正因为夜宿了山神庙，他才发现了陆谦的阴谋，并杀死了他们。

师：杀死他们，从而使情节进入——

生18：高潮。

师：好！那么林冲是怎么发现的？

生18：隔门。

师：林冲对于这个阴谋，是不是意外发现？

生18：不能说完全意外。

师：为什么？

生18：他是料到的。

师：是吗？林冲料到了吗？（生：议论）其他同学谁来说一说？请你说。

生19：林冲没有料到，他是"隔门听计"。

师："隔门听计"，好！（板书：隔门听计）林冲偷听到了这个阴谋。这是一个局。从"故人提醒"到这个情节，暗线被完整揭示出来了。但是，一个问题产生了？什么问题？

生20：就是林冲为什么没有料到？

师：很好的一个问题。先放下，一会再说。"隔门听计"，之后如何发展？

生21："怒杀仇人"。

师：（板书：怒杀仇人）好。这就到了小说的最后一个环节了。同学们对节选的小说情节梳理得很好。读小说，一定要善于梳理情节。下面，我要问同学们一个问题：小说情节一般由"开端、发展、高潮"三部分组成。你们说说，哪是开端？哪是发展？哪是高潮？同学们交流一下。

（生交流）

师：谁来说一说？

生22：我们交流的结果是："沧州遇故"是引子，"故人提醒""接管草料场""市井买酒""夜宿古庙""隔门听计"是发展，"怒杀仇人"是高潮。

师：不错。有不同意见吗？

生23：有一点不同。我们认为"隔门听计"和"怒杀仇人"都属于高潮部分。

师：我同意合在一起。"隔门听计"与"怒杀仇人"联系十分紧密，合在一起好。同学们同意吗？（生：同意）小说情节的"明线"我们梳理出来了。接下来，请同学们按照这条明线，梳理出小说的"暗线"来。可以交流。

（生梳理"暗线"）

师：谁来？

生24：我们是这样梳理的："酒店约人"是开端，"共商阴谋""掉包草料场""点火栽赃"是发展，"得意忘形""罪有应得"是高潮。

师：很棒！特别是"掉包"一词概括得精彩。第一个任务圆满完成。这节课的第二个学习任务：你通过对小说情节的梳理，能不能看出林冲这个人的性格特点？哪位同学来讲？请你来讲。

生25：我觉得林冲这个人性子比较直。

师：你从哪儿看出来"性子直"。

生25：接管草料场。为什么好端端地从天王堂就换到草料场了呢？林冲心里没有想太多。

师：他有所怀疑，但很快就不当回事了。这是说明他性子直吗？

生25：简单。

师：同学们同意他的观点吗？（生：不善防人）对。他不善防人，缺少防人之心。你还有要说的吗？

生25：再就是，他的警戒心很少。

师：是的，警戒心很淡。文中有一句："却不害我，倒与我好差使，正不知何意？"虽然有点怀疑，但没有深究。大意了。

师：那位同学，有补充？你来讲。

生26：他不拘小节。

师：不拘小节？什么意思？

生26：在那个"夜宿山神庙"情节中，因为草厅破了，他随便找了一个破庙就住下了，所以我觉得他不拘小节。

师：不拘小节与没有防人之心是什么关系？

生26：都是想问题很简单。刚才老师问了一个问题，林冲为什么没有预料到这个阴谋，因为林冲为人简单。

师：说得好。林冲为什么简单？为什么没有防人之心？

生26：就是林冲觉得自己不会遇到危险？

师：别人要谋害他，他却一点感觉没有，这说明了什么？谁再补充？你讲。

生27：说明林冲根本没有认清高俅等人的本性，没有想到高俅会对他下毒手。

师：太棒了！为你鼓掌！（师生鼓掌。师板书：没有认清高俅）同学们，怎么准确地把握林冲的性格特点？这是一个很关键的地方。当时的林冲只仇恨陆谦，不仇恨高衙内，更不仇恨高俅。还有补充，你再说。

生27：我觉得林冲爱憎分明。当林冲知道了一切之后，就毫不犹豫地杀死了他们。

师：爱憎分明。好。

生28：林冲是个性急的人，店小二说他"摸不着便要杀人放火"。他的故人了解他的脾气，认为他是一个性急的人。

师：这有道理。林冲是店小二的恩人，说明什么？

生28：林冲很仗义，帮助过店小二。

师：插叙一下。小说中写道，林冲也救过陆谦。但是陆谦忘恩负义，卖身投靠，陷害林冲。节选的这部分也有相关内容。找一找。（生："我与你自幼相交，今日倒来害我……"）交朋友，千万别交这样的人。接着说。

生29：林冲也有点随遇而安。

师：你怎么看出来的？

生29：接管草料场之后，当时是冬天，房屋还有点儿漏，他当时想的是等开春找泥水匠修补修补，说明他当时有长住下去的打算。

师：很好。长住下去，将来怎么办？

生29：刑期满了，回家团圆。

师：对。林冲很天真，压根就没想要造反、上梁山。（板书：随遇而安，天真）我们的认识越来越深入了。你有补充？请讲。

生30：林冲认为自己犯了罪，是个罪犯。他希望经过改造，能回到以前，回到自己家，再做良民。

师：说得好。回到他以前的"家"（板书：家）去干什么呀。（生：团聚）他家里边有老人，还有他的妻子啊。你知道他为什么遇事儿吗？（生：就是他妻子被高衙内看上了……）对，陆谦诱骗林冲妻子与高衙内会面。林冲遇到了人生中非常惨的一种事儿："夺妻杀夫。"古今中外历史上，"夺妻杀夫"，对于一个男人来讲，那是要命的事情，但是林冲呢？没有认识到，认为高衙内不会再来纠缠。所以，林冲采取了"忍气吞声"的态度，息事宁人。（板书：忍气吞声）当鲁提辖拔刀相助的时候，他说"算了算了"，"别惹高衙内"。他想忍。但是高衙内能忍吗？（生：摇头）非要把他妻子搞到手，非要置他于死地不可。高衙内的干爹，高俅，帮干儿子一起来干坏事儿。于是，林冲误入白虎堂，发配沧州。林冲在沧州，还认为自己是个"罪犯"，得罪了高衙内，要好好改造，刑满释放回家，团圆。这就是林冲。那么，是谁彻底让林冲觉醒了？

生30：是陆谦的一番话。陆谦说："张教头那厮，三回五次托人情去说'你的女婿没了'，张教头越不肯应承。因此衙内病患看看重了。太尉特使俺两个央浼二位干这件事。不想而今完备了。"

师：抓得准。这话让林冲大梦初醒。林冲一直被蒙在鼓里。

生30：通过这些事情能看出，林冲是胆小怕事儿的人。如果换成鲁智深，肯定要造反了。

师：你能通过对比来分析人物性格，很好。遗憾的是，鲁智深没有妻子。（生笑）

生31：我觉得说林冲胆小怕事有点过。小说开头部分，李小二说陆虞候的时候，林冲说："若是撞到我，我就一定要将他剁成肉泥。"他还是坚持正义的，不只是胆小怕事。当时林冲恨的是陆虞候，并不恨高衙内，更不恨高俅。

师：说得好！林冲是八十万禁军教头，过着小康生活。他没有造反的要求，不像鲁智深，无牵无挂。同学们积极踊跃发言，非常好。最后一个问题：当林冲彻底明白了这一切之后呢？

生31：林冲就不抱任何幻想了，他明白了，这不是他与陆虞候之间的关系，而是与更上层统治者之间的关系。

师：这是什么关系？你死——

生31：你死我活的关系。于是，他抛弃幻想，杀掉仇敌，造反上山。（师板书：抛弃幻想，杀掉仇敌，造反上山）

师：好！用一个成语，叫"逼上梁山"！（板书：逼上梁山）林冲的道路就是"官逼民反"的道路。（板书：官逼民反）由此可以看出，林冲的性格是有发展变化的。（板书：发展变化）好，同学们，这节课的主要任务完成了：梳理了小说情节，分析了林冲的性格，这对你们阅读《水浒传》应该有意义。这节课就上到这儿。下课！同学们再见。

生（齐）：老师再见！

《复活》（节选）教学实录

一、导入

师：同学们好！很高兴来到我们这个美丽的学校。今天早晨我转了一圈，第一感受就是这是一座大学一样的高中。同学们在这么美丽的校园读书是非常幸福的事情。我也很高兴，今天能有机会和大家同上一节课，来学习《复活》。在我印象中，这是有史以来第一次把托尔斯泰的《复活》选入中学语文课文中。这个小说我以前没教过，虽然读过，不止一次地读过。今天，在贵校，我第一次执教《复活》。我心里没有数，我不知道这课会上成什么样子，但我相信，只要在座的各位同学真正发挥了课堂主人翁的精神，这课就能上好。所以这课上得好不好，取决于谁呢？你说。

生1：取决于我们。

师：对，取决于你们。同学们，上课！

（生全体起立：老师好！）

师：同学们请坐！看过《复活》整本书的举手。

师：没有。好。知道托尔斯泰这个人的举手。（都举手）

师：知道托尔斯泰还有哪些著名的作品吗？

（生2举手）

生2：《战争与和平》。

师：你能知道这部伟大的作品，已经很不错了。你还能补充吗？（把话筒给旁边的同学）

生3：《安娜·卡列尼娜》。

师：对。你看过哪几部？

生3：都没看过。

师：同学们主要都忙高考，是吧？如果说高考一定要考《复活》，我相信你们一定要看；高考不考，你们就不看。这不好。高考不考，也要看，因为看了它对高考也是有帮助的。另外，不仅仅对高考有帮助，对你的人生成长也是有帮助的。因为人生最重要的不是高考，人生最重要的是成长。对不对，同学们？

生（齐）：对。

师：家里没有《复活》的，从今天开始，回家买一本。记住了？一本《复活》多少钱？这本《复活》才一块八毛五。（学生笑，老师也笑）这是好多年以前的。现在网上买这本书不能一块八毛五了，要翻好多倍了。请同学们打开书，《复活》节选。课前已经读过课文的请举手。（生都举手）都预习了，很好。下面请同学来读一下课文。请你来读好吧？（走到学生跟前，略弯腰邀请）从第一段开始读。

二、读赏第一段

（生4读第一段。读到"铁栅栏"时，停顿，旁边同学提示zhà，然后继续读。）

师：好的。这一段当中你有一个字不是很熟悉，刚才同学告诉你了。现在知道了吗？你读这一段最重要的信息是什么呢？

生4：知道了两个人物。

师：这个思路我非常欣赏。你知道了两个人物。其他同学要写一写，就在第一段的旁边写一写。你知道了两个人物，而且这两个人物是小说中的——

生4：主人公。

师：对，主人公，是主要人物。没有比这两个人物更重要的了。整部《复活》里写了很多人物，但这是两个最核心的人物。一个叫什么？

生4：玛丝洛娃。

师：一个叫——

生（齐）：聂赫留朵夫。

师：很好。那么我再问你，你对哪个词印象最深，你觉得它让你注意到它。

生4："熟悉"。

师："熟悉"。说说为什么呢？

生4：因为从这个词可以看出他们之前是认识的。

师：很好。他们以前认识的情况你知道吗？

生4：不知道。

师：噢，不知道。你请坐。同桌同学，他们以前认识的情况你知道吗？

生5：聂赫留朵夫和玛丝洛娃是情人关系吧。然后，聂赫留朵夫抛弃了玛丝洛娃，当时还怀着孕的玛丝洛娃，然后就很愧疚了。

师（笑）：谁就很愧疚了？

生5：聂赫留朵夫。

师：应该这样说，在法庭上知道之后就很愧疚了。在法庭上知道之前，他没有产生愧疚。请坐。讲的基本是正确的。同学们都把这个词画出来。读书啊，非常重要的一点，就是有些关键字词你要对它敏感。你说是情人可以，你说是恋人也可以，在很多年以前，聂赫留朵夫诱奸了年轻的玛丝洛娃。大家在旁边写下一个词，叫"诱奸"。因为当时玛丝洛娃很年轻，很单纯，她确实爱着聂赫留朵夫，但她当时并不愿意那么早就把自己献身于聂赫留朵夫，聂赫留朵夫采取了一系列措施诱奸了她。这段中还有没有哪个词让大家觉得要注意它？

生6："温顺"。

师：为什么？

生6：我感觉这个词可以体现出玛丝洛娃的性格特点。

师：什么性格特点？

生6：就是有点逆来顺受的感觉。

师："温顺"就是逆来顺受吗？

生6：感觉她的性格比较随和，比较单纯一些。

师：噢。她的温顺往往与她性格里的什么有关系？是逆来顺受吗？

生6：温和，和善。

师：对，和善的"善"后面再加一个字——

生6：善良。

师：很好。当年，她和聂赫留朵夫相爱的时候，她肯定在聂赫留朵夫面前表现出了温顺，对吧？她为何对聂赫留朵夫温顺？那是因为她深深地——

生6：爱着他。

师：好，请坐。这个词也抓得非常好。那后来呢？她深深地爱着聂赫留朵夫，可聂赫留朵夫是怎么对待她的呢？

生6：把她抛弃了。

师：对。同学们还对哪个词有感觉？注意到了，请举手。一个"熟悉"，一个"温顺"，还有没有？

生7："惊讶"。

师：为什么是这个词呢？

生7："惊讶"就表明她后来面对聂赫留朵夫时的态度是奇怪、震惊的。

师：这时她认出聂赫留朵夫了吗？

生7：没有。

师：没有认出，她惊讶什么呢？

生7：她惊讶有人来看她。作为一个嫌疑犯，有人来看她。

师：嫌疑犯。后来她沦落为一个——

生6：一个犯人。

师：你知道她被抛弃之后沦落为什么了吗？她沦落为一个妓女，风尘女子，后来又因为别人栽赃陷害，被判了刑。你知道这个事吗？（生6摇头）不知道。总之，玛丝洛娃已经生活在——

生6：社会底层。

师：对，社会最底层。那么现在突然有人来看她，她感到怎样？

生6：惊讶。

师：对，怎么可能会有人来看我呢？像我这样的一个人？好，你请坐。同学们，读完第一段，三个核心词，两个人物，我们就抓住了。抓住这些后再往下读，可能就比较顺利了。后面同学接着往下读。

三、读赏第二到第四段

（生7读第二到第四段）

师：好的。同学，对这几个小段，你有问题吗？好像没有。好，有问题的同学请举手。

（生8举手）

师：好，你来问他（生7），他没有问题，他都能给你解答。

生8：为什么聂赫留朵夫在用"您"还是"你"时有了犹豫？

师：对呀，你来回答。（指向生7）

生7：因为他心中对玛丝洛娃是愧疚的，所以说……

师（笑）：他的回答不能使你满意是吧？

生8：是。

师：你请坐。（笑对生7）你其实是有问题的，只是你还没有发现。比如说："您"和"你"，这两个称呼究竟有什么区别？为什么聂赫留朵夫在这里有犹豫，然后还是用了"您"？请坐。谁来回答这个问题？

生9：我觉得用"您"应该是敬称，他用"您"还是恋人的心态，但用"你"就感觉，现在他是老爷，而她是一个嫌犯，这样一个居高临下的态度。

师：是我听错了，还是你没说对？请再重复一遍。

生9："您"应该更尊敬些，"你"更亲切一些。

师：聂赫留朵夫在这里的思维过程你来分析一下。

生9：他在挣扎。从前他是玛丝洛娃的情人，现在他的身份比玛丝洛娃的身份要高，他在纠结用一个什么样的身份和玛丝洛娃说话。

师：他本来想用什么？

生9：用"你"。

师：但是后来为什么还是用了"您"呢？

生9：可能是心里还有一些隔阂。

师：隔阂。好，请坐。同学们，如果是出高考题，我就在这设一个点——你来分析一下聂赫留朵夫此时的心情，为什么最终还是用了"您"而不用"你"？哪位同学接着说？

生10：因为我看到后文，他对自己的行为感到羞愧，一般人在自己感到羞愧时是比较难以承认自己的错误的，他在这里虽然有想要承认错误的心，但是本能地还是抗拒把自己和地位低下的玛丝洛娃放在同一个等级来对话，所以还是用了"您"。

师：我怎么听不大明白呢？

生10：就是如果用"你"的话，他就把自己和玛丝洛娃放在一个等级上了。

师：噢，你是从等级的角度来考虑的。聂赫留朵夫这个时候已经决定来向她赎罪了，他还在讲究自己的地位比玛丝洛娃低还是高吗？

生10：那就是亲疏问题。

师：对了。所以思维要调整。用"您"还是"你"不是阶级地位的问题，而是从关系亲疏的角度。你按照关系亲疏这个思路再来重新解释一下。

生10：他们分开之后很多年没有见了，如果用"你"就是想忽略这段时间，回到关系很亲密的时候，但是已经十多年了，他们俩的经历等变化都很大，已经有了很大的距离；所以他就没法用"你"这么亲密的称呼，而用"您"这样一个礼貌疏远的称呼。

师：好，这个解释我听懂了。还有当时的场合——

生10：是在监狱里。

师：只有他们两个人吗？

生10：当着很多人的面。

师：你怎么知道当着很多人的面？

生10：因为还有一个衣衫褴褛的人叫着，还有一些狱警在旁边。

师：很好，也就是说监狱那个环境很——

生10：嘈杂。

师：非常好，请坐。明白了吗，同学们？你看，不用我讲，你们就把它解决了，这说明同学们一点就透，你们的基础是好的，只要思路对了头，就可以把它解释清楚。刚才几小段中，还有问题吗？还有问题的请举手。（无人举手）刚才主要是在这侧的同学回答问题（左侧），（右侧一男生举手）这就对了。好，你有什么问题？

生9：第三段，玛丝洛娃那张眼睛斜睨的笑盈盈的脸凑近铁栅栏。玛丝洛娃现在很惨，蒙受冤屈，可她为什么现在还能笑得出来呢？

师：这个问题提得太好了！谁能回答？

生11：第二段中说"她从衣衫上看出他是个有钱人，就嫣然一笑"，我觉得玛丝洛娃可能由于长期生活在底层，对这些贵族老爷有一种条件反射吧，就会有这种讨好的笑。

师：讨好是为了什么？

生11：就是为了获益。

师：对，得到——

生11：得到同情。

师：不是得到同情，得到他们的什么？

生11：钱。

师：对，得到他们的钱，这是生活在底层，特别是做妓女，长期形成的——

生11：反射。

师：对，条件反射。这样理解就非常好了。那为什么她是"斜睨"？文中"斜睨"这个词不止出现了一次。玛丝洛娃为什么不是"正眼看"？谁来回答？（无人举手）托翁用这个词肯定有他的用意。

生12：人的眼往下睬的时候会感到心虚。

师：眼睛往下看的时候心虚，斜着看的时候是什么？

生12：应该也是心虚。

师：哦，心虚，你是这样理解的？

生12：为了生活她必须去讨好这些贵族，但是她本性善良，不想接近这些臭男人。一边想要生活，一边心里又不想接近，所以就会斜睨，就会心虚。

师：那问题又来了，孩子，既然是"斜睨"，那她为何又"笑盈盈"？"斜睨"后面配的词应该是"不屑一顾"，或者是"愤怒"，为何后面又是"笑盈盈"？把"笑盈盈"与"斜睨"放在一起，不矛盾吗？

生12：不矛盾，她还要继续生活，所以还要笑盈盈地去讨好别人。

师：也就说"笑盈盈"是一种——

（生12回答不出）

生13：我觉得"笑盈盈"是个假象，为了生活她不得不这样做。实际上"斜睨"更体现出她内心的一种斗争。

师：什么斗争？

生13：她想生活但不想用这种肮脏的手段来生活。

师：讲得有道理。（招呼生12）小伙子，你看她讲得好不好？笑盈盈的，假象，你看说得多好。孩子你很聪明啊！（低头走在生13面前，表扬生13）作家，特别是伟大的作家，他用哪一个词，他哪一个句子怎么写，都不是随随便便的，他一定是要表现出自己的想法。作为读者，可能很多人都没有读懂。那我们在语文课上，就是要专门训练这种能力。什么能力？读懂作者的原意。这就是语文课的作用。没有问题了吗？（无人举手）。没有了啊，那我说说我个人对"斜睨"的理解。我估计同学们现在的年龄段还不可能完全认识到。"斜睨"是"斜着眼看"的意思，表明了玛丝洛娃对这些男人的态度。她早已对男人不抱任何希望，她曾受到过男人深深的伤害，不只是聂赫留朵夫一个男人，她已经失去了正眼看男人的心态。但她又要假装"笑盈盈"的，来获得一点钱，这是为生活所迫。托翁用词用得特别好。翻译家汝龙先生译得也好。后面同学接着往下读。

四、读赏第六到第十二段

（生14读第六到第八段）

师：这是在写他们两个人之间的事情吗？

生14：不是。

师：这是在写什么？

生14：他们旁边两个人的对话。

师：这实际上是在表现一个场景，什么场景？

生14：就是探监地方的嘈杂。

师：对。这种混乱嘈杂的监狱场景为下文聂赫留朵夫为玛丝洛娃改换环境埋下了伏笔。这里有个词要注意，哪个词？

生14：衣衫褴褛。

师："褴褛"是什么意思？

生（齐）：衣服破烂。

师：好。同学们用手比画着来写写这个词。它读几声？第一个字读？（生齐答二声）第二个字读？（生齐答三声）好，大家写完再加上声调符号。

师：从这开始，这位同学你再接着往下读。

（生15读第九到第十二段）

师：好的。读完这几小段，你内心有触动吗？

生15：有。

师：你说说，有什么触动。

生15：就是聂赫留朵夫在此刻"眼泪就夺眶而出，喉咙也哽住了"，说明他内心对玛丝洛娃有深深的愧疚，他已经是在赎罪了，用真情实感在赎罪。

师：好，请坐。这位同学（生15的同桌），你听她读这几段的时候，内心有触动吗？

生16：我觉得聂赫留朵夫也很痛苦。

师：聂赫留朵夫痛苦什么呢？

生16：他做过对不起玛丝洛娃的事，让她的生活很悲惨。

师：像这种男人，我觉得挺多的呀！以聂赫留朵夫的地位和身份，在他的生活中这也不算什么吧？小说中他的亲戚曾有过这样的话。他为什么心里痛苦、难受？

生16：可能是他对玛丝洛娃以前动过真情。

师：请坐。谁来回答老师这个问题？（无人举手）聂赫留朵夫是一位有爵位的男人，他在这个社会上地位很高，像他这种男人玩弄女性，其实在那个社会很常见。为什么聂赫留朵夫痛苦、难受？或者换个问法，这样的贵族形象在生活中并不具有普遍性，作者为什么要把他写进小说？

（有同学陆续举手）

师：一个同学举手了，两个同学举手了，三个。好，你们前后桌交流一下。这是一个非常关键的问题，你们抓紧交流。（学生们互相讨论）

师：哪位同学发言？

生15：首先人的本性是有区别的。我们最近在读《悲惨世界》，我想联系《悲惨世界》里的多罗米埃说一下。多罗米埃也是社会上等人士，他抛弃了芳汀，却没有悔改迹象；而聂赫留朵夫生出愧疚感，我觉得这源于他本性的善良，心存善念。然后结合题目，这本书的题目是"复活"，他的愧疚是内心的复活，他想赎罪，他想将自己的心灵引向更高尚的地方。

师：他说得这么好，我们应不应该鼓掌？（大家鼓掌）

生16：可能他当时接受了新的思想。

师：这位同学，我先打断你一下，"可能"这个词说明你没有根据。

生16：（马上去掉"可能"）他接受了新的思想。

师：你怎么知道他接受了新思想？（众笑）

生16：我根据社会环境推测的。当时新旧思想混杂、碰撞，我认为他接受了新的思想，与旧思想碰撞，产生人道主义思想，生出了善念。

师：我觉得你不是在说聂赫留朵夫了。

生17：我从玛丝洛娃的角度分析一下。如果他抛弃玛丝洛娃后再没见面，就不会心生愧疚，但后来他做了陪审员，看到她蒙冤，要去做苦役犯了，因为是曾经爱过的女人，所以他内心愧疚，想赎罪。

生18：我其实读过原著，太久之前读的。（众笑）原著中他是个贵族，有很多土地，很富有，但他不是刻板印象中的贵族，他会把土地分出去，他经常为别人着想，他是在帮助他人过程中遇到玛丝洛娃的，所以想帮助她……

师：你先停下来，孩子。你见过聂赫留朵夫吗？（众笑）

生18：没有。

师：这个人物真实存在吗？

生18：不是，虚构的。

师：既然聂赫留朵夫是个虚构人物，用虚构人物来做证据，能说服人吗？

生18：他是作品中的人物。

师：好，请坐。这位同学虽然说得也有一定道理，但就缺那么一层窗户纸。注意，我们学的是小说。

生19：我想从作者角度来谈。

师：对，很好。这个思路就对了。

生19：托尔斯泰本身是贵族，他发现了贵族的问题，他想去改正，可能他也犯过类似的错误。

师：那倒不一定。（大家笑）

生19：他从自己的生活原型出发，创造出这个形象，聂赫留朵夫身上有托尔斯泰自己的影子。

师：好，为他鼓掌。（鼓掌）大家读小说千万不要被情节迷惑。小说的背后一直有一只无形的手在操控它的人物、情节、环境，这只无形的手就是作者。聂赫留朵夫身上有托尔斯泰自己的影子，作者就主张把土地分给农民，当然托尔斯泰并没有像聂赫留朵夫那样玩弄女性又把她抛弃。虚构的人物在生活中也许有，托尔斯泰是从他的朋友那里听说过一个类似的故事，但故事本身不同于创作的情节。原来的故事说的是类似聂赫留朵夫的那个人物良心发现，向"玛丝洛娃"赎罪，并和她结婚了。故事是偶然的，但托尔斯泰要把它变成必然发生的，这就需要一个创作思想起作用，就要让聂赫留朵夫去赎罪。其实大多数人遇到这种情况都不赎罪，为什么聂赫留朵夫要赎罪？因为托尔斯泰一直主张道德的自我完善。怎样实现道德的自我完善？就要让这个人良心发现。给他安排一个场景，让他做陪审员，看到他当年深深爱过的单纯女孩如今沦落到这种程度，而这种情况又与自己有关，因此良心发现。生活中也许90%的人不会良心发现，对不对？这就是小说。我们可以被小说感动，但不要被它欺骗。托尔斯泰的这一安排就是想给良心丧失或良心不完整的人以反思："我有良心吗？如果我没有良心，我就是畜生。"聂赫留朵夫被塑造成一个有良心的人。他原来是一个正派的人，但后来进入军队和上流社会后，过起花天酒地、醉生梦死的生活，良心丢失了，见到玛丝洛娃之后良心又被唤醒了。于是小说题目叫"复活"，"复活"是借用了《圣经》中耶稣的复活，在这里赋予它新的含义，就是精神、良心道德上的复活。我们明白了这个，后面就不必一一去读了。下面，请四人一组，选出你感兴趣的一段对话或心理描写，谈谈你的感受。（生小组讨论约5分钟）

五、自由赏析对话或心理描写

师：哪一段、哪些句子让你特别有感受？一个同学举手了，两个举手了。总不举手的同学是怎么回事呢？

生20：我想说第67段。"这种情况不仅没有使他疏远她，反而产生一种特殊的新的力量，使他去同她接近。聂赫留朵夫觉得他应该在精神上唤醒她。"前面我们看到聂赫留朵夫的良心复活了，这里他希望通过自己的复活来救赎玛丝洛娃，让堕落中的玛丝洛娃也复活。

师：你说得很好。不过"救赎"不能用在玛丝洛娃身上，只能用在聂赫留朵夫自己身上。

生21：我想说第43段。玛丝洛娃说："没有什么罪可赎的。过去的事都过去了，全完了。"最初我读的时候，觉得玛丝洛娃是放下了仇恨，但其实没有真正放下。后面"她忽然瞟了他一眼，又嫌恶又妖媚又可怜地微微一笑"。心里有怨恨，没有放下，才会有嫌恶；"妖媚"是说她想从聂赫留朵夫身上获得好处；"可怜"却是真可怜，她的孩子死了，自己被诬告，即将去服苦役，她希望能得到同情。

师：说得很好。还有吗？

生22：我想说63段。"卡秋莎！我来是要请求你的饶恕，可是你没有回答我，你是不是饶恕我，或者，什么时候能饶恕我。"聂赫留朵夫对卡秋莎的称呼改成"你"了，结合上文，他发现卡秋莎不是原来的天真样子了，他内心的魔鬼浮上心头，现在可谓他良心复活的关键时刻，他不再束手束脚，他直接喊出"你"，袒露真心，不再犹豫，真正地想要"复活"。

师：讲得很好。他内心是有矛盾斗争的，但最后善良战胜了魔鬼，这是这个形象让我们感动的地方。玛丝洛娃原来相信他的话吗？

生22：不相信。

师：原来不相信，后来相信了。如果你们去看原著，就会知道玛丝洛娃为什么要钱。她是为了要钱买酒。她想借喝酒来麻醉自己。结果喝醉之后，她又去跟别人打架。聂赫留朵夫劝她不要喝酒，玛丝洛娃很温顺地听了。后来聂赫留朵夫觉得监狱环境太恶劣，动用各种关系把玛丝洛娃调到监狱的医院去当看护，玛丝洛娃也愉快地接受了。玛丝洛娃的狱友受到不公正的审判需要帮忙，玛丝洛娃求聂赫留朵夫，聂赫留朵夫也都帮她办了。小说最后，玛丝洛娃重新爱上了他，但当聂赫留朵夫向玛丝洛娃求婚时，玛丝洛娃拒绝了，最后和一个被流放的革命者西蒙松结合了。这个结果可能比最初托尔斯泰从朋友那里听说的故事里的结果更符合文学的创作规律。我还想提醒同学们注意的一个地方是第57页下半页，有一处写玛丝洛娃心理的文字。找到了吗？有感触吗？

谁来说说？

生23：我有感触。玛丝洛娃不愿意回忆那段生活，因为太痛苦，但是当年的爱情毕竟是幸福的。残酷因幸福而来，幸福因残酷而失去，折磨着玛丝洛娃，所以她竭力用堕落生活的种种迷雾把痛苦遮住，她现在所想的就是利用他多弄点好处。这段心理描写很细腻，也很感人。

师：说得好。我们为他鼓掌。

（大家鼓掌）

师：我还想强调一点，就是对人物进行心理描写是专属于小说的手法，尽管散文中也有心理描写，但那是作者内心的剖白，不是对人物的心理描写。我们学的是小说，人物的心理描写是作者虚构的。这就是小说文体特点的体现。

六、谈学习收获

师：作为高二的学生，你从小说中获得了怎样的人生教益？

生24：聂赫留朵夫动摇的时候，他不断地与心中的魔鬼斗争，判断自己应该怎么办。从中我学会了应该做该做的事，而不是只做对自己有利的事。聂赫留朵夫虽然判断这个女人失去生命了，与她一刀两断会更利于自己，但他仍然按照心中的善念去做该做的事。如果只想着为自己谋利，会丢失良心。

师：聂赫留朵夫帮助玛丝洛娃是冒着身败名裂的风险的。你知道他这样做的文化背景是什么吗？

生24：不知道。

师：基督教文化。尽管托尔斯泰否定《圣经》，甚至因此没有获得诺贝尔文学奖——他曾经有五六次被提名，但最终没有获奖，但这不意味着他没有受《圣经》文化的影响。西方文化的一个重要观念就是"救赎"，而东方文化不是这样的，所以同学们读外国文学要有一定的西方文化背景。

生25：我结合聂赫留朵夫从犯错到改错的过程谈一下。从犯错中，我学到不要做一个始乱终弃的人，从改错中，我学到要勇于承担责任，要勇于认错。还有，老师讲的基督教的救赎，在中国可以叫"积德"，就是要不断做善事，让自己少犯错甚至不犯错，这是我今后要努力践行的准则。

（大家鼓掌）

师：中国文化虽然没有"救赎"，但从《论语》开始就有"知耻近乎勇"这一"耻"文化观念，还有"吾日三省吾身"。圣人告诉我们要注重自我反省，反省之后要改正。学完这篇课文后，如果你是玛丝洛娃，你会不会原谅聂赫留朵夫？我不需要你们回答，请你们去思考。学完这篇课文之后，想去读《复活》原著的举手？（全体举手）这是我最想看到的。如果说我这节课能有点效果，就是希望大家课后能认真读原著，写读后感。至于对人生的影响，我现在还很难看到，但我相信一定会有作用的。刚才那位男生说了，坚决不做始乱终弃的人。在我们中国文学作品中是有"始乱终弃"这一现象的，还不止一部。当我们把中西方文化打通的时候，你会发现这是一个共同的话题，就是，爱一个人就要负责，不要去伤害她。懂了吗，小伙子？（男生齐答：懂了！）姑娘们则要自尊自爱，不要轻易许身他人。好，这节课就上到这里。下课！

（生全体起立：老师辛苦了！）

（2020年10月24日执教于威海实验高中，威海一中王世珍整理）

│ 说 "习惯"

说到"习惯"二字，我们会将其分为好习惯和坏习惯两大类，还会引用一堆的名人名言来证明好习惯之重要、坏习惯之可怕。这当然有道理。但我想谈的是，无论好习惯还是坏习惯，都会有自伤和伤人的时候，人们应该对习惯保持警惕。

有人要问了：坏习惯自伤、伤人的道理不言自明，好习惯怎么会呢？请试为君阐述之。

某生在父母严格管教下，在老师引导下，养成了一个良好习惯：上课积极回答问题，逢课必说，逢问必答。结果，课上他一个人占据了很多时间，其他同学被屏蔽了。同学们对此意见颇大，私下说他爱出风头，好表现自己；有的同学干脆不发言，以此来表示自己的不满。该生很苦恼：难道自己错了吗？老师则持鼓励态度，说同学们如果都像他一样，课堂该是多么活跃呀。这算是自伤又伤人的一个例子。这种伤害是无意的、不自觉的，但这种良好习惯的负面作用的确存在。如果我们用老子的话来分析一下就会明白，某生的积极发言是"有"，占据了课堂的"无"，其他同学无法体现自己的"有"，便心生不满。这大概就是老子所说"自见者不明"的道理吧！

一个好习惯养成殊为不易,不知花费了多长时间,不知投入了多少心血。但是,就是这样的好习惯往往成了束缚自己的绳索,轻则造成小的损失,大则酿成终生遗憾。习惯的最大特点是由惯性形成的支配力,它可以让人不用思考地说话做事,形成一种"无意识"。比如某生做练习题有一个习惯,只要一见某种类型的选择题,就习惯于用排除法先去掉三个,剩下的一个肯定是正确选项。但是今年的高考题变了,他还被旧的习惯支配着,结果做错了,以2分之差与北大、清华失之交臂。当然,这样的失误可以弥补,明年再考一次就是了。但有的事情永远无法弥补。有一个特工人员习惯于饭后散步,这是多好的习惯呀!但是,敌人掌握了他这个习惯后,就在他散步的时候杀害了他。所以,特工人员是不能有习惯的,因为它最容易被敌人利用。除非你有高度的警觉性,像诸葛亮那样利用自己的习惯巧施空城计,反制司马懿。

从这个意义上说,坏习惯也可以歪打正着,可以利用一下为自己谋利。当我们懂了这个道理后,好习惯和坏习惯的界限似乎变得模糊起来。处在生活常态中,好习惯就是好习惯,坏习惯就是坏习惯;在非常态下,好习惯会有负面作用,坏习惯会有正面作用。但无论怎样,我们都要警惕习惯的巨大作用,不要在无意识中被习惯所支配。

（此文为教师下水文）

小议"说真话"

　　曾有人表达过对"说真话"的看法，巴金就写过一本《真话集》，《北京观察》杂志也发表过《小议"说真话"》《再议"说真话"》之类的文章；党和国家领导人反复要求各级干部要"说真话"；至于家长和老师教育学生要"说真话，做诚实的孩子"，那更是月月讲、天天讲。

　　于是乎引发了笔者的思考，也想来议一议"说真话"。笔者认为，首先要明确"真话"的含义，然后再议论"说真话"才有针对性。笔者认为"真话"有四个层级的含义：一是说出内心真实想法的话，二是说出符合实情的话，三是表达正确观点的话，四是表达或维护真理的话。含义不同，说真话的心态和做法也不同。

　　内心真实想法属于隐私，可以说出来，也可以不说出来。每个人都有权保持沉默。另外，内心的话不一定是正确的话，甚至是不成熟的话，说出来很可能效果不佳；不愿意说出来，实属人之常情。相反，我们反对不加思考、信口开河的话。当然，愿意说出来，是你的自由，即便说错了，也不应受到打击，因为说真话是一种权利，有言曰："我不同意你的观点，但我誓死捍卫你说话的权利。"这里捍卫的应当是说真话的权利。

一般来讲,反映实情义不容辞,特别是那些在相关岗位上的人更应如此。领导下基层了解民情,法官向被告质询案情,老师、家长向学生了解情况,你作为当事人,理应如实反映,要说真话,不能隐瞒,更不能做假证;否则,你就是在欺骗,就是昧了良心,这关涉你的人品。有无特殊情况不说真话?当然有,对敌人就不能说真话。

一个人能说正确的话十分难得。为了国家建设得更好,为了自己单位和团体健康发展,为了亲朋好友生活得幸福,你积极建言献策,当然要说正确的真话。这些真话是金点子,说出来应该得到鼓励。但是在特殊情况下,对特殊人,即便是正确的话,也可以不说;相反,可以说些善意的假话。试问:谁忍心面对病危的亲人说出真话呢?

属于真理级的真话,一定是人类智慧的精华,不仅要说,而且要捍卫它。人类社会发展的历史,就是不断追求真理的过程,就是真理不断战胜谬误的过程,需要做出巨大的牺牲——布鲁诺为真理牺牲了,张志新为真理牺牲了……其英名永远放射着璀璨的光芒!宁抱真理死社稷,岂容谬误害人民!

希望同学们抽时间读一读巴金的《真话集》,那是他老人家用心血写成的。

(此文为教师下水文)

教者与编者

　　我是一名中学语文教师，每天站在三尺讲台给学生上语文课，教语文课本。起初，我仅是一名教者，对于教材的编写意图没有概念。后来，我有幸参加了人教社高、初中教材编写工作，思路一下子打开了，在原来教者身份的同时，又多了一个教材编者的身份。我参与人教社教材编写近二十年了，其中有很多故事值得回忆。

　　记得那是一次教材编写讨论会，人教社中语室的同志与邀请来的社外几位老师一起讨论，准备从《草房子》中节选一段文字作为初中语文教材中的课文。选哪一段好呢？大家各抒己见，提了很多建议。中语室的同志让我谈一谈。我早就想发表意见了，因为我很喜欢《草房子》，尤其喜欢"秃鹤受辱"一段，我觉得那一段写得非常感人，我曾当面向曹文轩老师表达过我读这一段时的感受，因为我小时候有过类似的经历。那是我上小学的时候，一个冬天，几位大哥哥到我家来玩，看到我家的炭炉子正烧得旺，于是他们便想捉弄一下我。他们趁我不注意，悄悄将铁钩子的把柄烧热了，但并没有烧红，我看不出是烧过的样子。他们让我拿起铁钩子整理一下炭炉子，以便炉火更旺。我没有任何防备心理，一把抓起了铁钩子。就在握住铁钩子把柄的一刹那，我被灼伤了，疼痛难忍，大叫一声，迅速扔掉铁钩子。那几位大哥哥看着我疼痛的样子大笑起来，我才明白是他们搞的鬼，便起身与他们拼打。他们撒腿便跑，我紧追不舍。他们跑一段，站住，逗我。我继续往前跑，眼看追上了，他们又跑了。就这样，他们捉弄着我，嘲笑着我。我当时心里恨不得把他们抓住撕烂，吃掉。可我就是追不上他们。那一段经历我终生难忘，使我在读"秃鹤受辱"时产生了强烈共鸣。我曾经给学生做过一次读书报告，讲到了这一段，讲得我泪流满面。基于此，我主张将"秃鹤受辱"选进语文课本，我还陈述了理由。我本以为我的理由能够博得大家的赞同，没想到的是，大家并不赞同我的意见。中语室的一位老同志对我说："从全国来看，像秃鹤这样有生理缺陷的学生可能还有一些，如果把这一段选进来，会不会引起学生的恶作剧呢？"其他同志点头同意，我一时语塞。后来我明白了，尽管我的愿望是好的，但从教材编写的角度看，我忽略了一个问题：文本可能存在的负面作用。作为课文，要避免对学生造成意外的伤害。后来，大家反复讨论，比较，也征求了曹文轩老师的意见，确定了《孤独之旅》一段，得到了广大师生的认可。这个例子使我深受教益。

还有一个例子同样使我牢记在心。现行语文教材是由一个一个的单元组成的，单元的主体是一篇一篇课文。如何将一个单元的课文选准，是教材编写的重要工作。大家为此广泛搜罗样文，反复比较，有时讨论了半天又放弃了，似乎做了很多无用功。后来我才明白，看似无用功，却包含了语文教学的理念在里面。记得有一次，我们编写一个散文单元，各位老师将自己推荐的样文拿了出来，篇篇都是名家名作，都是精美之作。我说，把这些好散文都编进来吧，放弃任何一篇都十分可惜。

一位大学教授笑了，说："那样就把老师和学生累垮了。"我说："好
文章多多益善嘛。"他说："一个单元内既有教读课，也有自读课。叶
老的教材编写思想是，教材是一个例子。教师用例子教学生，不只是将
课文讲深讲透，更重要的是启发学生由此及彼，举一反三，体现迁移的
效果。"中语室的一位同志接着说："好文章太多，选不完，也读不
完，但学好某一类文本的例子，学生就能触类旁通，进而融会贯通，所
以同一单元内的各篇课文的分量是有差异的。"原来这里面包含了这么
深刻的教学原理。而我以前总喜欢把课文掰开了揉碎了，讲深讲透，面
面俱到，生怕学生考不好。看来我的教学思想还不够成熟。从那时起，
我开始认真学习叶圣陶先生的语文教学论著，领会他的教材编写思想，
沟通教者与编者之间的联系。如今，我从教快四十年了，懂得了"教教
材"与"用教材教"的关系，懂得了"课文"二字的精髓，还撰写了这
方面的教学论文。因为我参与了教材编写，所以我在教师培训工作中能
较好地处理理论与实践的关系，能将理想中的教材与现实中的教材沟
通、对接。我越来越深刻地体会到，一线教师的重要任务在于将教材编
写意图落实到位，在"课标修订—教材建设—教学实施"这个链条中，
教师体现的是最后一个环节，这个环节做不好，再好的课程标准，再理
想的教材，都会大打折扣。要想全面完整地体现课标和教材的理念，教
师必须消除教者与编者之间的隔膜，从这个意义上讲，教师专业发展的
核心内容就在于准确把握"课标—教材—教学"整个链条，缺一不可，
这大概也是近年来国家大力提倡一线教师积极开发地方课程尤其是校本
课程的意义和价值。

　　参加人教社教材编写工作久了，我收获良多，也得到了人教社同

志的肯定。我被聘请为人教社高、初中教材编写委员,参加了必修和选修教材的编写,还与章熊先生一起主编了高中选修模块《文章写作与修改》及教师用书。近年来,我还参加了初中统编教材的编写工作。记得教材主编温儒敏先生对我说:"参与国家统编教材编写是很有意义的事情,也许一生就这一次。"在编写过程中,我经常遇到老师们问这样一个问题:原来是一纲多本,教材有好几套,大家八仙过海,各显其能,百花齐放,现在怎么又统一起来了呢?我当时也有些想不通,以为过几年会再放开的。现在我体会到了,语文课教的是国家通用语,它是上了《宪法》的,还有一部《中华人民共和国国家通用语言文字法》,教不好语文是违法的。语文学科与其他学科相比,具有十分特殊的地位,它不仅仅是打知识基础的,更是塑造灵魂的。的确如此,在现行中学各科教材中,只有语文学科的内容全是地地道道的国货,其他学科外国的东西多。试问,在数、理、化学科中,在培养学生的民族自豪感上能与语文学科相提并论吗?我听北京大学楼宇烈先生的报告,他讲到了中学学科内容与中华传统文化的关系,引发了我强烈的共鸣。还有一位著名学者说,语文在一定程度上决定了学生未来的人生走向。这些话启发我不断地思考一个问题:语文教育的灵魂究竟是什么?如果仅仅把眼光盯在升学考试上,学生岂不成了考试的机器?他们还能具有民族自豪感吗?还能有中华文化的价值认同吗?中国的诗、词、歌、赋这些内容是中国独有的,比如"赋"这种文体,在外语中找不到一个相对应的单词,只能按照音译的方法来翻译。所以,一名语文教师,肩负神圣使命,就是弘扬祖国具有悠久历史的传统文化,从《诗经》《楚辞》,到唐诗、宋词,再到元曲、明清小说,从孔子、孟子到黄宗羲、龚自珍,哪一个不饱含着民族的精神呢？人民教育家于漪老师说："语文是什么？语文教育是什么？对于这些根本性的问题，教师要反反复复思考，努力想清楚。"这就要求教师具有思辨能力。于老师坚持多年理性思考的结果是：1.语言文字是民族文化的根；2.语文教育是母语教育；3.语文教育的基本特征是工具性和人文性的统一。于漪老师很早就是教材的编写者了，她不仅是一位杰出的教师，还是一位杰出的教材建设者。我在参与人教社教材编写的过程中，从许多优秀专家身上学到了很多宝贵的东西，这对我的专业成长起到了很大作用。

拥有一双语文的慧眼

——以"选择性必修"上册第一单元为例

　　《中国人民站起来了》《长征胜利万岁》《大战中的插曲》《别了，"不列颠尼亚"》《县委书记的榜样——焦裕禄》五篇文章构成了高中统编《语文》教材"选择性必修"上册第一单元的主体内容。有老师问，这个单元教什么？怎么教？笔者认为，这个问题必须搞清楚，否则就会影响贯彻统编教材的新理念，影响落实语文学科核心素养。

　　这是一个红色单元，既有毛泽东"中国人民从此站立起来了"的庄严宣告，也有聂荣臻、杨成武的战争回忆录；既有香港回归的历史镜头，也有优秀县委书记焦裕禄的生动事迹。因此，学生认真阅读本单元的文章，接受革命传统教育，是本单元的教学任务之一。需要指出的是，语文课的德育与政治课的德育虽然目的相同，都肩负着"立德树人"的重任，但途径和方法明显不同。政治课的德育不一定依托于文本，可以通过讲授、参观、看视频、听报告等方式进行；语文课的德育则必须以文本为依托，通过对语言文字的涵泳咀嚼，感悟其中的思想情感，那种脱离文本进行干巴巴说教的德育容易失掉语文课的学科特点——这是历史早就证明了的。另外，德育是政治课的主体内容，而语文课除了德育之外还有其他任务。因此，教师要站在语文学科的角度来教学本单元，要拥有一双语文的慧眼，努力挖掘文本中的语文因素，避免把语文课上成政治课。下面笔者侧重在此方面谈谈看法。

教学《中国人民站起来了》应从文体切入，以开幕词为抓手引导学生自主学习。学生通读课文后，教师让学生看课文注释①，引出"开幕词"三个字，然后问学生：开幕词是怎样一种文体？学生通过交流讨论能够回答出来，即重要会议开幕时领导人的讲话稿（与之相对的是闭幕词）。它一般由三部分组成：开头语、主体内容和结束语。开头语和结束语应该怎样写呢？本文是极好的样例，教师要引导学生认真体会。如果学生能够说出，开头语要热情洋溢，结束语要鼓舞人心，那就说明学生基本掌握了。主体部分写什么呢？总要写一写这次会议是在什么背景下召开的吧，总要明确本次会议的任务吧，还要指出这次会议的意义吧，还应该对开好这次大会提点要求吧。于是"背景—任务—意义—要求"四个核心词构成了开幕词主体内容的基本框架，然后按照一定的顺序展开就是了。

毛泽东指出，这次会议的背景有两个，一是"胜利"基础，二是"教育"基础。获得了胜利，才具备召开政协会议的条件；二是三年前与国民党一起开的政治协商会议被国民党撕毁了，给了人民以深刻的教育。因此，我们的政治协商会议是"在完全新的基础上召开的"。接下来，毛泽东明确了这次会议的任务：一个"宣布"，四个"制定"，两个"选举"，一个"决定"——如果没有这些内容，就不能算是合格规范的开幕词。这些任务都是重大任务，具有伟大的历史意义，完成这些重大任务的政治协商会议必然具有里程碑意义。所以，接下来毛泽东阐述了这次会议的历史意义："诸位代表先生们，我们有一个共同的感觉，就是我们的工作将写在人类的历史上，它将表明：占人类总数四分之一的中国人民从此站立起来了……"这是向全世界发出的宣告。开幕词往往具有宣告性的特点。最后，毛泽东提出"不要松懈自己的警惕性"，要团结起来。主体部分思路清晰，逻辑严密，充分体现了毛泽东高超的写作水平。

接下来要讨论一个问题：开幕词有两个层次，一是作为文本的开幕词，二是作为演讲的开幕词。二者的区别是，前者是文字的，无声的；后者是语言的，有声的。仅仅掌握了文字的开幕词是不够的，还要掌握演讲的开幕词。下面请同学们以结束语为例，模仿演讲者朗读结束语中四个带感叹号的句子。读后，教师播放毛泽东在政治协商会议上的视频，感受毛泽东是如何将文本与演讲完美结合在一起的。至此，本文的教学就基本结束了。

有老师说，《中国人民站起来了》有文体抓手，而《长征胜利万岁》文体抓手不突出，怎么教呢？感到难度很大。笔者也曾有这样的感觉。经过认真备课，笔者发现《长征胜利万岁》中有一处内容的语文因素十分突出，可以将其单独拎出来进行一次"确定核心词的顺序"的言语技能训练。这段内容就是杨成武引用的毛泽东的那段著名讲话。教学应该突出重点，不必面面俱到。

学习内容明确了，接下来需要一个完整的教学过程。我先让一位同学发表一段演讲，来表达在疫情期间进入高二新学年的感受。学生支支吾吾没有说清楚。于是我举了自己的一个例子：2002年暑假，我和另外两位语文老师应邀到马来西亚交流语文教学经验。到了以后，马方汉语教学部门举办了一个欢迎会，让我们其中一人做代表讲几句话，两位老师推荐我来讲。我在极短的时间内确定了三个核心词：亲切、感动和期待。然后我围绕这三个核心词展开来。亲切，就是我们来到马来西亚后，见到华人说汉语，写汉字，教语文，丝毫没有异国他乡的感觉，就像在国内一样，到处都感到亲切。感动，就是来到之后，受到当地华人热情接待，受到无微不至的关怀，我们三人从内心十分感动。期待，就是接下来的十多天里，我们将要到六所中学听课、上课、座谈，我们想象着未来崭新的每一天，充满了好奇，充满了期待。我讲完后，那两位老师称赞说"讲得好，清晰、得体，三个词表达得准确。"

讲了这个故事后，我让同学们读课文中毛泽东那段著名的讲话，读了两遍，第一遍个体读，第二遍集体读。读完我让学生找出核心词。学生很快就找出来了：第一次、宣言书、宣传队、播种机。我又让学生分析毛泽东是如何围绕核心词展开的，逻辑顺序是怎样的。学生很快就掌握了，认识到三个核心词与展开部分一一对应的关系，也就是"纲"与"目"的关系，并与以前学过的"目录句"和"对应段"的知识联系起来了。这属于程序性语言知识。很多人表达不清晰，尤其是口头表达不清晰，往往是因为缺乏确定核心词的意识，或者是核心词的顺序不合逻辑。

接着，我让同学们重新表达在疫情期间进入高二新学年的感受，刚才那个同学主动举手，说他现在可以讲清楚了。他确定了三个核心词：反思、抓住、规划。他展开说，反思疫情期间自己居家学习的表现，自制力差，浪费时光，成绩下降，这对自己是一个深刻的教训。抓住，就是抓住新学年的每一天，珍惜时光，珍惜每一节课，把过去虚度的光阴补回来，努力提升成绩，变坏事为好事。规划，就是对未来高三以及大学选择专业有一个初步规划，为将来的人生打下良好基础。他讲完后，全班同学鼓掌。他有了可喜的变化。

随后，我让学生给毛泽东那段著名讲话划分层次，学生讨论后划分了三个层次：1.用核心词概述长征意义；2.围绕核心词展开，具体阐述长征意义；3.揭示长征胜利的原因。我又让学生鉴赏那段讲话的修辞手法，学生很快就指出，有新颖的比喻，颇具气势的排比句，还有自问自答的设问句。我趁热打铁问学生，杨成武写道："我们越听越激动，越听越高兴……"你们能否理解杨成武的这种感受呢？学生点头。如果我在上课的开头环节就提出这个问题，学生会不会点头呢？真的很难说。这样，《长征胜利万岁》作为"确定核心词的顺序"而进行的言语技能训练收到了良好的效果。本文其他内容我就略去了，从而体现"选择性必修"的特点。

《大战中的插曲》是一个很好的叙事文本。首先安排学生认真读课文，并解决字词问题，比如"井陉""襁褓""包扎""着人""幡然"等。接下来教师问学生："插曲"是什么意思？你能否简练准确地复述这个"插曲"？有的同学将聂荣臻元帅在人民大会堂接见美穗子的内容也作为"插曲"来复述了，显然不对。接着要求学生来评价这个"插曲"，即这个故事究竟好在哪里？同学们七嘴八舌，回答得并不理想，暴露了思维过程中的弱点——不深入，不全面。针对这一普遍性的弱点，我借此训练学生掌握分项回答的技能。第一，这个故事表现了八路军官兵的人道主义精神，表现了美好的人性，尤其是聂荣臻的铁骨柔情，它超越国家、党派、阶级。第二，它表现了八路军官兵宽广博大的胸襟。"孩子是无罪的"是一句多么感人的话！第三，以小见大。在百团大战中，这个"插曲"实在太小了，但它折射出的美好人性是巨大的，超越时空。第四，本单元课文内容要么写革命斗争，要么写国家主权，要么写党的好干部，都是高大上的内容，如同黄钟大吕，震胆摄魄，又如大山奇峰，高耸入云；而此"插曲"则余音袅袅，绕梁三日，又如涓涓溪流，滋润心田。最后，教师布置一个作业：将此文改写成一篇小小说，采用日本小姑娘的叙述视角。老师们说，这样教学是不是很有意思呢？

《别了，"不列颠尼亚"》属于新闻报道，记述香港回归的历史瞬间。英国人占领香港长达156年，这让真正的中国人感到耻辱。1997年7月1日，香港回到祖国怀抱，让中学生阅读记述这一历史时刻的文本，其教育意义显而易见。

本文不长，教学从哪儿下手呢？题目是：别了，"不列颠尼亚"，这提示我们，作者围绕题目选取了四个场景，都与"别"字有关，教师要求学生把这四个场景概括出来，这可以锻炼学生的概括能力。第一个场景：告别港督府；第二个场景：雨中告别仪式；第三个场景：政权交接仪式；第四个场景："不列颠尼亚"号在夜幕中消失。涉及的人物依次有：末任港督彭定康、查尔斯王子、英国军人、中国军人。涉及的重要物件有：米字旗和五星红旗。教师问，这四个场景的顺序能否变更呢？这个问题考查学生对四个场景内在逻辑关系的理解。不能变更。作者按照时间线索安排四个场景，最后是"不列颠尼亚"号在夜幕中消失在南海，内在逻辑关系是：由先到后，由低到高，由小到大，紧扣题目。这个顺序最合理。

教师再问，作者表现四个场景时运用了什么写作手法呢？一是对比。比如第一个场景将1885年建成港督府与如今成为历史陈迹形成对比；第二个场景将156年前一个叫爱德华·贝尔彻的英军舰长带兵占领香港升起米字旗与如今查尔斯王子宣布"英国国旗就要降下……150多年的英国管治即将告终"相对比；第三个场景将大英帝国156年前从海上来与如今从海上离去形成对比。这些对比始终扣住历史的跨度，表现历史的嬗变，启发读者思前想后：一个当年的"日不落国"如今成为"落日"，一个原来落后挨打的旧中国如今崛起于世界东方。除了对比还有叙、议结合的手法。另外，本文颇具文学色彩，作者故意渲染了一种气氛。比如皇家邮轮"不列颠尼亚"号和邻近大厦上悬挂的巨幅紫荆花图案，恰好构成"日落仪式"的背景文字，还有结束时"不列颠尼亚"号很快消失在南海的夜幕中的文字，都暗含了一种味道，耐人咀嚼。

《县委书记的榜样——焦裕禄》篇幅太长，可以作为课下自读的材料来处理。其实，本文更适合党员干部来读，对中学生来说不是最合适的读物。课本"学习提示"中把"选取典型材料"作为学习重点，想法是好的，但实际操作起来会遇到困难。笔者建议用《我是黄土地的儿子》更换此篇。习近平同志的文章写得很朴实，很感人，贴近青年学生，对当代中学生具有很好的启发教育作用。另外，从语文的角度看，作者善于总结自己的人生道路，表达人生感悟——这是语文能力强的表现。

之所以这样安排本单元的教学，是基于对课文功能的认识和把握。什么是课文？就是"教学文本"，而非"自然文本"。每一篇课文都担当一定的语文学科功能，也就是今天课标上说的语文学科核心素养。拥有一双语文的慧眼，就是指教师要努力挖掘一篇篇课文的语文因素，准确锁定语文教学目标。谁来锁定教学目标呢？最好是教材编者，在课本上明确写出来，教师拿过来就能用——但事实上这很难做到，因为学校情况千差万别。但也不是说教师可以信马由缰，这需要备课组来共同研究，共同锁定。集体备课十分重要。

确定教学目标的依据是什么？一是课标，二是教材，三是学生；"依标定教""依文定教""依生定教"三者相结合。"依标定教"就是教师吃透课标，并转化成教学内容，要善于将语言、思维、审美、文化四个维度统摄下的语文学科核心素养分解为一个个具体的素养点，然后与教材对接。这项工作关系到语文教学目标体系化和科学化的问题，任重道远。"依文定教"就是尊重文体规律和内容特点。要遵循文学体裁和非文学体裁各自的文体规律，让火车在轨道上行驶。比如教《中国人民站起来了》一文，就离不开对开幕词这种实用文体的认识和把握。就目前全国的情况来看，部分教师对于文体规律的认识和把握存在突出问题。所谓内容特点，就是超越文体限制，从培养学生言语技能的角度来锁定教学目标，这就更需要集体备课，防止教师的随意性，尤其警惕将常规教学变成高考应试教学。至于"依生定教"，不是本文研究的重点，故此处不谈。

总之，教师拥有一双语文的慧眼，就能把语文课上成语文课，上出语文味。

浅谈信息技术下的语文教学新内容

　　我是一名语文学科的老教师，但在信息技术方面还是一名小学生。长期以来，我对在语文教学中使用多媒体技术持审慎态度，语文课上我基本不用多媒体设备，所以有老师说我"从来不用多媒体"。

　　我并非"从来不用"，而是很少用。原因很简单，我要求自己本身就是一个多媒体，听、说、读、写，甚至唱、念、做、打都可以来一点点。更重要的原因是，我觉得语文课的本质体现在对语言文字的学习和运用上，而不是将其作为媒介。这是语文学科与其他学科的根本区别。如果将语文课变成影视课，就改变了语文学科的性质。在这一点上，我是比较执着的。很多年前，我去澳门参加语文国际研讨会，内地一位语文教师教学《祝福》，在课上播放电影《祥林嫂》，受到海峡两岸及香港、澳门参会专家的质疑。我的大会发言内容是提高语文教师语言的感染力，则受到了普遍欢迎。我发现，在专家层面上，对多媒体的使用一般是谨慎的；而在非专家层面上，就是另一种情况了。这一现象值得人们深思。2004年，我在《教育研究》上发表了《试论多媒体与语文教学的整合》，比较系统地阐述了我的观点。直到今天，我的观点没有变化。

但我对网络教学很重视，并认为这是语文教学的未来。当我看到有些学校严禁学生带手机，甚至将违反校规的学生的手机收起来统一销毁，我对此做法感到十分气愤。这既是侵犯人权的行为，同时表现出极为僵化死板的教学观念。禁锢学生的视野和思想，即便考分上去了，也不会有足够的后劲；只顾眼前升学成绩，不考虑学生的终生发展，是不负责任的行为，是自私的行为。

如何理解一篇课文？网络世界提供了丰富的参考资料，教师讲得再好，也仅仅是一家之言，而网络世界则是别开生面，有利于学生活跃思想，提升自主学习和质疑批判的能力。有条件的学校，应当尽可能地将教学置于网络环境下来进行。当然，目前很多学校还做不到每间教室、每名学生都能随时上网，但学生的智能手机是可以在一定程度上解决这个问题的。在疫情期间，学生在家中基本实现了网络环境下的学习。当然，新的问题也随之产生，就是学生自制力差，会看一些与学习无关的内容，甚至沉迷其中不能自拔。我觉得，这正是教育可以发挥作用的契机。堵塞，只能暂时管用；疏导，才能解决根本问题。目前，很少有学校进行手机科学管理的研究，多数是机械死板地严控。这大概是中国基础教育的特色吧。

以上是关于信息技术与语文教学的老问题，已经有很多人在研究，而且取得了不菲的成就。我想借此机会谈一谈信息技术背景下的语文教学的新增内容。

传统语文教学重视基础知识和基础能力，尤其是阅读和写作能力的培养。高中新课标又从语言、思维、审美、文化四个维度提出培养语文学科核心素养的观点，这是很大的进步。但无论怎样变化，阅读和写作是语文教学的核心内容。随着信息技术的迅猛发展，阅读和写作，甚至包括听和说，所依据的载体形式已经由传统的纸质书册、人与人面对面交流变为电脑、手机以及通过机器进行人与人的间接交流。这不仅仅是信息传播方式的变化，也是学习方式的变化，这一变化促使语文教师思考一个问题：语文教学的内容是否也随之发生了变化呢？有没有新的内容增加进来呢？

回答是肯定的。因为每个学生将来到了高一级学校，或者走出校园后，其工作和生活方式都与电脑、手机密切相关。爱好读书的人将来不必再花很多钱买纸质的书籍，买一台电脑就基本解决问题了；做专门研究的依靠相关专业数据库就可以了。写作也是如此，25年前，我给香港大学的朋友写信，用信纸手写，香港朋友回信则是电脑打印。25年后的今天，我早已告别了手写书信的时代。现在除了中小学生，谁还在用笔手写呢？过去到银行办理业务，营业员都是手写账单，现在早改成电脑打印了，就连学校教师备课写教案都是打印了。手机发语音，既是说的行为，也是听的行为。"抖音"等社交软件的使用，对说的能力要求很高，如果头一句话抓不住观众的兴奋点，很可能就会被关掉。我的学生中，经常有人问我："老师，这次作文交电子稿可以吗？"如果我说"可以"，他（她）会很高兴，而且写的字数也比手稿多。面对这种情况，语文教学怎能视而不见呢？又怎能见而不思、不改呢？

前段时间，学校组织教师参加"教育叙事征文"活动，我作为评委，发现教师交来的稿件排版很成问题：不讲究字体的选择，不讲究字号的选择，随意将文字加黑，不知道首行空两格，不讲究字距、行距，不知道什么情况下让文字居中等。至于标点符号不规范，数字序号使用不规范等老问题也很多。这些问题，计算机课上老师不讲，所以老师和学生也就不懂。这是语文教学的任务，是新内容。

随着研究性学习的不断深入，对写作教学提出了新的要求，"非虚构写作"和"学术写作"将成为写作教学的重要组成部分。传统写作教学基本不重视"非虚构写作"和"学术写作"，客观上也的确缺乏必要的条件，学生不容易搜集资料。而在网络环境下，"非虚构写作"和"学术写作"就变得比较容易了。这两种写作需要对已有资料进行搜集、筛选和整合，这是实实在在的语文能力。比如写《孔子小传》和《话说汉字》这类文章，是不能虚构的，单靠读书记忆难度很大，也不严谨；如果让学生通过网络查找相关资料，再进行加工，就可以写出比较理想的文章来。现在，我们成年人，如果不是搞文学创作，写作已经离不开网络了；即便是文学创作，有时也依靠网络。

打开电脑字库，你会看到多种字体，比如宋体、仿宋体、楷体、黑体、华文中宋、华文新魏、华文行楷、华文琥珀、启功字体、方正舒体……可谓应有尽有，取之不尽，用之不竭。对这些众多字体，专业人士分为印刷体、书法体和创意美术体。这些字体都有发明者，也有各种有趣的发明故事。但是打开书籍、拿起报纸，你又会发现使用最多的字体是宋体。这是为什么呢？学生用电脑写作，选用哪种字体为好？楷体和宋体在word状态下有何不同？各自承担什么功能？想搞清这些问题，就需要懂一点字体常识。建议语文老师读一读《汉字字体设计》之类的书，来丰富一下自己的语文知识。这也是语文教学的新内容。

至于学说普通话，写规范汉字，电脑更是方便得很。就拿笔顺来说，网络可以搜寻每一个汉字的笔顺，方便快捷。至于查找汉字读音，解释词语含义等，都极为方便。也许有人说，网络上的内容不权威，还有很多错。其实，网络上的权威发布早就有了，只是我们不太清楚而已。我们要给学生推荐相关的权威软件和平台，比如由教育部、国家语委组织的重大基础资源建设项目"通用汉字全息数据库建设"标志性成果"汉字全息资源应用系统"已经上线，内容极为丰富，使用极为方便，同时也极为权威，可以放心使用。作为语文教师，应该经常使用这个平台，同时推荐给学生使用，甚至在语文课上就可以依此来让学生解决一些疑难问题。至于创意美术字体的选用，不仅仅是美术教师的任务，也是语文教师的任务，要引导学生去认识创意美术字体，学会科学合理地使用创意美术字体，在办黑板报、搞班级宣传等方面发挥作用。这些也都是语文教学的新内容。

　　总之，时代在发展，信息技术向语文教学提出了新的挑战，语文教师准备好了吗?

试论教、学、考一致性对语文统编教材的意义

在语文统编教材实施过程中，一线教师遇到了突出问题：教、学、考不一致。这既影响教师教教材的积极性，也影响学生学教材的积极性，使统编教材的功能得不到真正体现。初、高中相比，高中尤为突出。

所谓教、学、考不一致，主要指的是期中、期末考试中试卷内容与教材内容不一致。长期以来，中考、高考内容与教材内容不一致的现象一直存在，大家习以为常，视为当然；因为中考、高考是选拔性、淘汰性考试，要考迁移能力，要体现区分度。不幸的是，这一命题思想被移植到了期中、期末考试命题中，甚至在毕业会考（合格考）中也有所体现。

期中、期末考试以及毕业考试与中考、高考性质不同，试卷内容与教学内容理应具有一致性。以前全国一纲多本，要求不统一，似乎可以理解；实施统编教材后，这一现象理应改变。最不应该出现的情况是：期中、期末考试命题瞄准中考和高考，使得教、学、考不一致，混淆了两种不同性质的命题考试。

命题考试按照目的和用途，可以分为课程考试和选拔考试。期中、期末命题考试属于课程考试，又叫学业考试，其功能是考查学生在某个

阶段的学习状况，其内容应与这个阶段的教材内容高度一致。此种考试既可以测量学生对教材内容的掌握程度，也可以评价教师教学的效果。章熊先生说，这种考试在于测定学生的"昨天"。学生没有系统认真地学习这个阶段的教材，就不容易考得好。课程考试命题的覆盖面应当尽量全面，做到教、学、考一致，使绝大多数学生能够及格。中考、高考属于选拔考试，目的是通过甄别学生水平对其进行选拔。这是两种性质不同的命题考试。

将课程考试混同于水平考试的主要原因是应试教育思想，是激烈的升学竞争。很多学校在起始年级就把目标瞄准中高考，将语文教学窄化为应试，使语文教学进入狭窄的胡同。我们可以称之为"小语文"。这种做法的弊端显而易见，就是师生不重视对语文课本的教与学。大家知道，实施统编教材是国家行为，教材理念体现国家意志。笔者有幸参加了温儒敏先生担任主编的初中语文统编教材的编写工作，历时四年多。这套教材继承了以前同类教材的优点，集中了众多专家的智慧，凝聚着他们的心血，又具有新时代特色。笔者还在初中教了三年，亲身体验了这套教材的教学过程。师生对这套教材是满意的。在教学过程中，笔者与备课组的老师们一起，深入细致地研制期中、期末试卷，力求能够考查平时教与学的实际情况，但是期中、期末试卷中教材内容的覆盖率仍没有达到60%。

教、学、考一致性，不是说将教材中的练习题直接搬到期中、期末试题中来，而是说相关度要高。比如字词，教材中有100个重点字词，考试可以抽测20个；文学常识有20个点，可以抽测5个；默写要100%出自课内；现代文阅读可以课内课外各出一篇；文言文试题不要超出课本。

有些内容应当成为每届学生的必考内容，不怕学生事先知道。写作题目虽然不能与平时练习的题目相同，但可以文体相同，要求也基本相同。一份期中、期末试卷，要60%出自课内，40%出自课外。当然，各校情况不一样，不能用同一份试卷去评价所有学校的教与学，各校可根据实际情况，独立命题，也可以按照县、市区域进行整体评价，试题难度以中偏下学校为基本参照，让多数学生及格。校与校之间，区域与区域之间，横向比较，及格是相对的。

这里有一个关键环节，就是集体备课。备课组要在教学进度、教学内容、教学要求、作业布置、考试命题及阅卷讲评等方面统一规划，不能各自为战。县、市区域内的同一评价也应事先有统一规划。期中、期末考试可以分开命题，即期中考试学校独立命题，期末考试以县、市为单位统一命题。县市命题应吸收一线教师代表参加。

目前，能够做到教、学、考一致的学校并不多，大部分学校是教、学、考不一致，试卷内容与教材内容相关度低，甚至看不到教材中的内容。教师日常教学效果得不到如实反映，学生认为学教材和不学教材没有区别，积极性受到影响，教师不得不在日常教学中增加课本以外与中考、高考关系密切的内容。有的学校从网上下载历年中考、高考试题以及大量模拟试题，学生陷入题海之中，辛辛苦苦编出来的教材成了鸡肋。

这一现象如果出现在毕业年级的试卷中并不奇怪，问题是大量出现在非毕业年级，高中尤为严重。非毕业年级期中、期末考试内容与高考试卷相同，但质量上相差很远。有学生反应，辛辛苦苦学了半个学期高中统编教材，希望得到一个理想成绩，结果期中考试根本不考课本内容，成绩很不理想；相反，那些在课上不怎么学课本的同学，因为在课外班上刷高考题，成绩反而很好。这就大大影响了学生学习统编教材的积极性，教师也教得不带劲儿。

笔者理解高考的重要性，它不可绕行，而且从高一就开始做高考题，肯定比到了高三再做高考题效果明显。高中教师尤其是青年教师，都知道高考成绩关乎自己的尊严，关乎职称晋升和评优树先，宁可牺牲教材也不能牺牲高考。这就是高中语文学科日常教学的实际状况。在这样的现状下，统编教材的待遇就可想而知了。如何将统编教材的作用充分发挥出来，这不仅仅是摆在一线教师面前的实际问题，也是摆在高考命题人员面前的一个迫切任务，更是摆在教育行政部门和教研部门相关人员面前的严峻问题——教、学、考相剥离的现象不能继续下去了。

高中统编教材的教学怎样体现教、学、考的一致性呢？期中、期末考试命题教材内容占比60%应该是个最低限。试卷结构和试题形式可以模仿高考，做到一举两得。就以高中语文课本中《哦，香雪》和《复活》（节选）为例，完全可以作为小说阅读的语料来设题考查学生。考查的内容应该是在平时教学中尤其是在集体备课时强调的学习内容，考查学生掌握的程度。有人会质疑：这不是考死记硬背吗？学生记住了教师讲义就答得好，记不住就答得不好，学生的真实能力能考查出来吗？试题的效度和信度还要吗？其实，期中、期末考试就是考查学生对某一个阶段内容的学习情况，并不单纯考查理解能力，也考查记忆力，而且记忆力与理解能力不是截然分开的。教师阅卷时并不要求学生非得按照教师讲义上的内容来回答；学生只要言之有理，照样可以得高分。还有，高考的应考能力是从哪里来的？与平时对课文的学习密切相关。课内基础打牢了，应对高考就没有问题。学好教材是应对高考的基础。

以上强调的虽然是期中、期末考试中教、学、考相一致的重要性，笔者认为中高考命题也应该遵循这一思路，不同的是占比上有差别，比如40%—50%区间。要让中高考服从教材，而不是让教材服从中高考。教材在学校教学工作中具有基础地位，一线教师又是一个庞大的群体，中、高考命题要充分考虑两个因素：一是课标，二是教材。实现"课标—教材—教学—考试"四位一体，是语文学科发展的必由之路。

笔者对高考做过学科之间的横向比较，发现语文高考中教、学、考的不一致最明显。请看近10年数学高考教材内容占比统计：

2010—2019年全国高考理科数学卷（I卷）教材内容占比统计表

时间	满分	试题数	出自教材	教材占比	教材外题目的注解
2010	150	22	21个，142分	94.6%	21（2）
2011	150	22	20个，137分	91.3%	12，21（2）
2012	150	22	19个，129分	86%	12，20（2），21（2）
2013	150	22	19个，132分	88%	11，12，21（2）
2014	150	22	19个，132分	88%	11，14，21（2）
2015	150	22	20个，137分	91.3%	12，21（2）
2016	150	22	19个，128分	85%	11，12，21
2017	150	22	19个，132分	88%	12，16，21（2）
2018	150	22	19个，129分	86%	12，20（2），21（2）
2019	150	22	17个，118分	78.7%	4，11，12，16，21

2010—2019年北京高考卷理科数学卷教材内容占比统计表

年度	满分	试题数	出自教材	教材占比	教材外内容
2010	150	20	17个，127分	84.6%	8，14，20
2011	150	20	17个，127分	84.6%	8，14，20
2012	150	20	17个，124分	82.6%	8，14，17（3），20
2013	150	20	17个，124分	82.6%	8，14，17（3），20
2014	150	20	17个，124分	82.6%	8，14，17（3），20
2015	150	20	17个，127分	84.6%	8，14，20
2016	150	20	17个，124分	82.6%	8，14，16（3），20
2017	150	20	16个，119分	79.3%	8，14，19（2），20
2018	150	20	18个，128分	85.3%	8，17（3），20
2019	150	20	17个，124分	82.6%	8，14，19（3），20

说明：上表中所说的"教材内容"是指教材中出现过的定义、定理、公式、方法等基础知识，以及用这些基础知识和方法解决问题的常见类型。"教材外"指的是教材上没出现类似的内容和解法。

再看其他学科：

2010—2019年全国高考历史卷（Ⅰ卷）中教材内容占比统计表

2010年	2011年	2012年	2013年	2014年	2015年	2016年	2017年	2018年	2019年
75%	80%	78%	80%	80%	82%	80%	75%	75%	80%

2010—2019年北京高考历史卷中教材内容占比统计表

2010年	2011年	2012年	2013年	2014年	2015年	2016年	2017年	2018年	2019年
80%	82%	80%	80%	78%	75%	80%	83%	80%	75%

2010—2019年北京高考化学卷中教材内容占比统计表

2010年	2011年	2012年	2013年	2014年	2015年	2016年	2017年	2018年	2019年
42分	36分	42分	38分	38分	30分	16分	31分	46分	42分

北京物理高考卷，近十年来教材内容占75%—78%。2019年6月8日《北京考试报》刊登的《2019年高考文综理综北京卷试题评析》一文对当年高考物理试题评价如下：

通览2019年北京高考物理试题可以看出，绝大部分试题都能从教材中找到原型或相关内容。统计表明：客观题有半数源于教材（13、14、15、17题），主观题的21、22和第23（1）问也均源于教材。这些试题或源于教材中的正文，或源于教材中的习题，且所有素材在两个版本教材中均有不同程度的涉及，在考虑教材版本特色的同时兼顾考试公平。

通过横向比较可以看出，语文高考试题中教材占比是最小的。这一现象应引起语文命题者的注意。以前，高考语文试卷中也有出自教材的题目，甚至出现过原题。但总起来看，占比甚小。近年来除了默写内容出自教材，其他均为课外内容。

有人会质疑，课内、课外是一个模糊概念，尽管语文高考试题不直接出自教材，但是能力点来自课堂，来自教材，考查的是迁移能力。这话听起来似乎有理，但细细思量很难令人服气。仅以今年的高考语文试题全国卷Ⅰ卷为例，直接出自教材的是6分的默写内容，连课内的文言实词和虚词都不考了。作文是从齐桓公、管仲、鲍叔牙三人中选一个谈感受和思考。这在一定程度上变成了考历史，试题效度受到了影响。

学生对命题内容的熟悉程度直接影响写作水平的发挥。熟悉程度高，容易写得好，熟悉程度低，容易写得差，很难说真正考查了写作水平。即便是语文教师，如果写自己不熟悉的内容，也写不好。本学期笔者给所教高二学生命了五个议论文题目，内容及成绩如下：

1. 习惯

2. 战胜自己最重要

3. 小议"说真话"

4. 学校手机管理之我见

5. 说"作业"

五次作文学生（40名）成绩表

题 目	优 秀	良 好	及 格
1. 习惯	18人	20人	2人
2. 战胜自己最重要	12人	18人	10人
3. 小议"说真话"	8人	22人	10人
4. 学校手机管理之我见	25人	15人	0人
5. 说"作业"	31人	9人	0人

其中，第1题是1988年全国高考作文题"习惯"是个司空见惯的题目，学生比较得心应手；第3题是期中考试作文题，有的学生因考试时间紧未写完；学生对第4、5题最熟悉，而且学生就是当事人，有话可写，有的学生写了近3000字；第2个题目限制性最强，学生即便不认可此观点也必须想办法加以证明，有一定难度。由于熟悉程度和认可程度存在明显差异，所以1、4、5题写作成绩比较理想。

有人会说，太熟悉的题区分度差。如何看待区分度呢？区分度指的是试题对应试者水平差异的区分能力，是试题重要的质量指标。在大规模高考情况下，高水平学生得分高，低水平学生得分低，则说明试题区分度好。但是在期中、期末考试中，第一位的是及格率，第二位是良好率，第三位才是优秀率。而在高考中，如果其他学科区分度不明显，只让语文学科的区分度明显，并宣传什么"得语文者得天下"，是很不妥当的。

2000年以前，高三学生是有语文教材的，记得当时笔者教高三时，按部就班地教第五、六册语文课本。课改以来，高三学生没有语文课本了，这个现象不正常。应对高考不应该花一整年的时间刷题。中学语文教育应该是"大语文"教育，而不是"小语文"考试。有关部门看到了这个问题，将语文会考放在高三进行。但是，谁都知道，会考很容易过，几乎没有制约作用。

在高中统编教材实施的今天，我们应该好好考虑如何将统编教材的功能最大化，将语言、思维、审美和文化四个维度的语文学科核心素养落实到位，真正实现教、学、考的一致性，促进语文教育的健康发展。

下编 文学写作

怀念父亲

2017年清明节前的一个晚上，我急匆匆地从北京赶回泰安，为父亲扫墓。

父亲的骨灰安葬在泰山东麓的陵墓公园内。这里群山环抱，苍松矫首，翠柏傲立，山风瑟瑟，细雨绵绵。

四弟将父亲墓穴石板擦拭干净，三弟燃上三炷香，我拿出准备好的祭品，整齐地摆放在父亲墓前。大哥将酒倒在杯中，轻轻洒在墓前。

"爸爸，我们看您来了。我们都想您。我妈年纪大了，没让她来。妈住在三弟家，三弟媳妇照顾她，您放心吧。"大哥哽咽了。

大嫂把剥开的水果放在父亲坟头。我们跪在父亲墓前磕头，祈祷父亲在天之灵安息。

回来的路上，大哥对我说："二弟，写点东西吧。"这是大哥第二次对我说这话了。

父亲是2016年9月12日去世的。当时，我极度悲痛，很长一段时间内都心绪难宁。那段时间，我反复听《酒干倘卖无》，一边听，一边流泪。"远处传来你多么熟悉的声音，让我想起你多么慈祥的心灵，什么时候你再回到我身旁……"以前听这首歌，总觉得与自己没有关系，父亲去世后，这首歌就与我有了关系；以前听这首歌我不会流泪，父亲去世后，一听到这首歌我就泪流不止。

我对大哥说："我是要写一点东西的。"

父亲的老家在黄河边上，父辈是地道的农民。父亲十几岁离开家乡，干了一辈子银行。父亲在银行是个负责人，整天忙于工作，工资几十年不变，当时每个月只有五十多元，支撑着全家。我们弟兄四个，是父母在艰难拮据中拉扯大的。

父亲在"文革"中受到冲击，被打成"当权派"，戴着高帽子游街示众。有一次，母亲领着我上街买菜，远远就看见游行队伍迎面朝我们走来。母亲一眼就发现了走在前面戴着高帽子的就是父亲，后面跟着一大群人，喊着"打倒当权派"的口号。母亲怕我看见后叫爸爸，赶忙拽着我躲进一个小胡同。那些年，父亲被游街示众，遭受着身体的折磨。母亲天天提心吊胆，特别是听到屋外高喊"打倒当权派×××"时，就心惊肉跳。后来，母亲回忆那段经历的时候，说："当时，连死的心都有。"父亲就这样连滚带爬度过了"文革"十年。"文革"结束后，父亲心有余悸，叮嘱刚参加工作的我大哥："千万别说'文革'不好。"后来，党中央对"文革"有了定性，父亲心中才一块石头落了地。

1969年，上边来了政策，让"家属还乡"，像我母亲这种没有工作的干部家属须回到家乡务农。我父母积极响应号召，于是，母亲带着我们弟兄二人回到了父亲老家——黄河边上一个叫三合庄的小村庄。那一年我六岁，三弟刚一岁，四弟还没有出生。我大哥跟着父亲住在银行。刚回到家乡，就遇上了冬凌水（凌汛），三合庄一片汪洋，断裂的冰块肆虐着。我们临时住在村北头一个老乡家里，洪水和冰块冲撞着土坯墙，屋基的一角已经被冲撞得悬空了，房屋岌岌可危。我们母子三人蜷缩在屋子东南角，夜里不敢睡，听着洪水的咆哮声，还有冰块的碰撞声，心里直哆嗦。母亲后来回忆说："当时如果屋塌了，我们娘仨就得全给砸死，就再也见不到你爸和你哥了。"当时，三弟高烧不止，母亲叫天天不应，叫地地不灵。母亲后来说："如果老三真的不行了，就只能扔到洪水中冲走。"

父亲远在外地，得知家乡发冬凌水，不放心，就和我大哥连夜赶回老家。那天夜里，我睡着了，母亲在朦胧中听到远处有叫喊声。母亲听出是父亲和我大哥的声音，原来他们被洪水和冰块阻隔，进不了村。于是母亲赶紧叫人传话给村大队负责人。这家传那家，终于辗转到了大队负责人那里。但夜里过冰面十分危险，父亲和大哥只好暂时借宿在附近老乡家里。等到次日天刚放亮，在老乡的引领下，他俩才战战兢兢地踩着冰面进了村。一家人就这样在冰水飘摇中团聚了。后来，母亲在父亲面前说起这段经历，父亲就打断："别说了，伤感！"我知道，其实父亲心中最难过，这可能是他内心最痛的地方。有一次，母亲不管父亲愿不愿意听，硬是说完这一段经历。父亲很沉重地对三弟说："三儿啊，爸爸对不住你。"

我们在三合庄生活了五年，后来落实政策，又转回城镇户口，全家人终于都回到了父亲所在的银行小院居住，重新吃上了商品粮。

我们住在银行的院子里，父亲对我们要求很严，营业室不能随便进入，公家的东西即便是一张纸条也不能拿。这让我们从小就懂得公私分明的道理。父亲的工作单位经常更换，我记得仅在莱芜就换了三个银行。我们跟随父亲东西辗转，居无定所，后来到了长清马山银行才算安定下来。

　　父亲虽然要求我们很严，但心肠软得不得了。记得有一次，我惹父亲生气了，父亲板起面孔训斥我。我瞪着眼睛看着父亲，父亲瞪着眼睛看着我。他看着看着，扑哧一声笑了。我就知道父亲当时是装出生气的样子，他心里是疼爱儿子的。我小的时候对父亲十分依恋。记得在三合庄时，父亲每次回家都给我们买几本连环画，那是最好的礼物了。父亲住一两天就要回单位，我舍不得，一边哭一边紧紧抓住父亲的自行车不让他走。我长大一点后，就用父亲的自行车练习骑车了。父亲总是叮嘱我："要小心，别摔着。"我骑着父亲的大金鹿自行车，十分自豪，这是现在那些开着宝马、奔驰的年轻人无法理解和体会的一种感觉。

　　父亲深爱着他的儿子们。有一次，父亲看到大哥身上穿的背心旧了，就脱下自己正穿着的背心，要给大哥换下来。大哥参军后，父亲还专程到部队去看望大哥。1979年，我第一次高考名落孙山，想回到母校泰安一中复读，但又顾虑家中经济负担重。父亲知道后写信给我，说："爸爸就是勒紧了腰带也支持你读书。"1980年，我考上了大学，父亲写信给我，信上写道："咱们程家出了个秀才！"我参加工作后，父亲给我买自行车，买手表，买照相机。父亲认为，儿子应该有这些东西。在我结婚时，父亲亲自到木材公司挑选木料，找人给我做家具。我结婚时，父亲来到我的新房，高兴地说："你刚结婚就有了房子，我干了大半辈子，还没有房子呢。"

　　我四弟出生在三合庄，是睡土袋子长大的，真可谓土生土长。大概是因为黄河水的缘故吧，三合庄的土既细又滑，四弟睡在里面好舒适呀。有时候，父亲回到老家，四弟正睡着，父亲就蹲在四弟旁边，一看就是很长时间。当时家庭困难，我父母一度想把四弟送给亲戚家，终因舍不得而没有送。四弟长大后知道了，笑着对父母说："你们就多我这一个儿啊。"父亲笑了笑，说："你这不还在咱们家么。"大概父亲心中有些愧疚，对四弟说："有小儿就是好!"在父亲晚年病重期间，他的四个儿子、儿媳妇，还有孙子、孙女都守在病床边。父亲说："我有福，没有遗憾。"

回忆父亲的一生，他在很多方面影响着我们。父亲一生做人低调，尤其不喜奢华。他从小穷日子过惯了，一向勤俭持家。20世纪70年代，我们家十分拮据，衣服都打着补丁。父亲经常对我们说："和老百姓比一比，咱们算好的，有白面馒头吃。"我记得，那时候老百姓吃的是地瓜面窝窝头。父亲有过一件呢子中山装，那还是外公给他的。在父亲80大寿的那一年，我们弟兄几个商量着给父亲好好庆祝一下，请几位知己朋友。父亲非常坚决地说："不必。只要你们在就足够了。"有一次，我和父亲商量着给他老两口买一个带冲洗功能的坐便器。他说："没有必要。"

父亲对自己是这样节俭，但是对儿孙就大方多了。我们回家时，父亲已经买了一大堆好吃的。我儿子喜欢吃猪蹄，父亲每次都买一堆猪蹄。看着孙子又香又甜地吃着，他可高兴啦。每年春节，父亲总要给孙子孙女压岁钱。我在北京工作近20年了，父亲一直牵挂着我们。记得"非典"的那一年，父亲三天两头打电话，问我们一家身体如何，嘱咐我们不要外出。我们每年回家过春节，父亲都早早守候在大街上，见到我们安全到达，他就非常高兴。每当我们离开的时候，父亲都送出很远，接到我们安全抵京的电话后，他心里才踏实。

父亲似乎没有太多个人爱好，也不怎么喜欢锻炼。他是一个喜欢安静的人，越到晚年越是如此。我印象中父亲喜欢养茉莉花，家中常年有一盆茉莉花，每年都开得花白似雪，香气馥郁。父亲喜欢茉莉花的香味，他精心侍弄着，浇水，施肥，剪枝，像呵护着儿孙一样。父亲把盛开的茉莉花放进茶叶罐中，于是茶叶就变成了花茶。父亲说，茶叶善于吸收茉莉花的香气。我对花茶的认识应该始于父亲的这种做法。父亲年轻时喜欢喝酒，年纪大了就不怎么喝了，但喝茶的习惯一直保持着。有一年，我给父亲带了两盒龙井，父亲非常喜欢，后来经常提起，说那次的龙井味道最纯正。父亲也曾喜欢喝点铁观音，但后来铁观音驳杂不纯，他也就不喝了。

父亲最大的爱好是关心国家大事，这对我们弟兄四个影响最深。我记得，在我很小的时候，父亲每天都收听《新闻和报纸摘要》和《新闻联播》节目，一年365天雷打不动。我学习普通话比较容易，与长年听广播有关。1979年的一天，中央人民广播电台突然更换了这两个节目的前奏曲，我还专为此事写信向广播电台询问原因。1976年1月8日，周恩来总理逝世，父亲到处找周总理的画像，后来终于找到了，就挂在银行会议室的墙壁上。当时，我只有十多岁，不明白父亲为什么对周总理这样崇敬。当然，后来我懂了。

长大后，我们兄弟四个团聚在父亲身边，经常谈论的话题就是国家大事。父亲先是静静地听我们讲，偶尔插一两句话。当他听到不对劲儿的观点时，就会打断我们，指出我们的问题，甚至还要和我们争论一番。当我们争论到激烈处，声音就大起来，母亲就提醒说："声音小一点，大街上都听到了。"最后，父亲针对我们的观点进行评论，他说："看问题要全面，要辩证。"父亲对社会上流行的这种或那种观点，都有自己理性的判断，他从不盲目附和。他是过来人，很多事情亲身经历过，而我们则是道听途说来的，或是读书上网得来的。父亲对腐败深恶痛绝，并告诫我们，一定要严格自律。父亲一生经历了太多的风风雨雨，他有一个看透人生和辨析乱象的头脑。他希望他的儿子不被迷雾遮蔽，走出自己的人生之路。他经常对我说："还是搞学术好。"

父亲为人耿直，透亮，不喜蝇营狗苟，尤其不向权势低头。父亲的这种性格对我是有影响的。我在北京工作，曾经与某位领导发生过冲突。我回家时对父亲说起这事，父亲和母亲静静听着。我说完了，母亲看着父亲。父亲说："你真是我的儿子！"母亲说："你爹当年也是这样。"那一次，我终于明白了，我身上流淌着父亲的血，这种性格是与生俱来的。这就是命。

父亲离休后身体逐渐衰弱，1992年得了心梗，当时命悬一线，幸亏抢救及时。后来安放了三个心脏支架，总算放心了。再后来又安装了心

作者及妻子与父母在北京一零一中校园内

脏起搏器。这前后20多年，父亲的心脏在当代医学技术的呵护下坚强地挺了过来。每年春节，家人团聚，父亲高兴地喝上一小盅白酒。他说："喝一点点不要紧。"我想，父亲活到九十岁应该没有问题。有一次，我和父亲谈起这个话题，他说："活这么大干什么，给你们添麻烦。"他停了停又说："我希望活到八十八岁。"我

说："米寿，很好啊！"但我怎么也没料到父亲会在去年9月12日就离开了我们。

2015年国庆期间，父亲终于同意和母亲来北京住几天。不知是父亲有预感还是其他什么原因，此前父亲一直不愿意来北京。这次我打电话说，北京的秋天最美，应该来看一看。还有，我调到了新的工作单位北京一零一中，这里景色优美，和花园一样，更应该来看一看。父亲终于同意了。国庆期间，父亲和母亲来到一零一中美丽的校园，我陪二老参观了校园，还去了隔壁的圆明园。父亲虽然以前来过北京，但没有到过圆明园，这次算是圆了多年的一个梦。

父亲回到泰安，有一段时间感觉胃口不好，吃东西有点困难，后来饭量明显减少。2016年暑假，我回泰安给父亲过84岁生日，见到父亲明显消瘦，我还说："有钱难买老来瘦。"这次回泰安，我感觉父亲变化很大，说话明显少了，总是躺在床上，好像在想什么。

暑假后，父亲感觉浑身乏力，便中带血，于是住进了医院。那段时间，我一到双休日就回泰安看望父亲。父亲对我说："这次不好。"我说："不会的，现在医学发达，不会有事的。"我见到了主任医生，他告诉我，彩超显示，父亲是胃癌。我的头一下子就蒙了。医生说，还要做一个胃镜才能最终确诊。可是已经85岁高龄的父亲做胃镜有一定风险。我们征求父亲的意见，父亲表示可以接受。第二天上午，我们推着父亲进了胃镜室，检查结果显示，父亲的确患了胃癌，随时有大出血的危险。

我们都很紧张。一个两难的问题是，病情真相对父亲说还是不说。商量之后，我们决定半说半不说，就是不说透。父亲大概也能猜透，他一辈子风雨人生，该经历的都经历了，能瞒得住他吗？父亲对我们说："我的病是糜烂性胃溃疡，不好治。"我们没说什么，等于默认了父亲的话。

最坏的时刻还是来了。9月10日下午，父亲开始大出血，嘴里一口一口地向外吐血，叫人看着心疼。我们都哭了，父亲却说："不要悲伤，没有什么。" 经过医生抢救，血暂时止住了。可是到了晚上，父亲又大口大口地吐血，我们用了两个盆交替接着。后来，父亲的下身也开始大量流血。医生抢救了两个多小时，又暂时止住了。

第二天上午，父亲精神很好，主动和我聊起文学，并让我把《岳阳楼记》默写给他看。我找了一张纸，默写了《岳阳楼记》。父亲用他那因为打针而肿胀的手接过去，仔细看了起来。我有些奇怪，父亲怎么对《岳阳楼记》这么感兴趣？父亲对我说："老二，你给我讲讲这一段。"父亲让我讲的是第三段。我给父亲讲了几句，父亲说："你听我讲一讲。"于是，父亲讲了他对这一段的理解。原来父亲对这一段的理解很深刻。我点头说："爸爸讲得好。"父亲说："有你们这几个儿子，我骄傲。"母亲在一旁连竖大拇指。

吃过午饭，大哥对我说："你和咱妈回家休息一会吧，医院里有我呢。"这样，我陪母亲回家休息。下午六点左右，大哥打来电话，说父亲不好，让我们赶紧过去。于是，我和母亲坐上车就直奔医院。到了医院，看到医生正在抢救，但是心脏监护器上的曲线已经变成了直线。我大声喊着："爸爸，爸爸！"但是，父亲永远听不到我的声音了。

父亲的去世给我们全家带来了深深的悲痛。料理完父亲丧事，我们一家三口准备回京了。临走时，大哥对我说："写点东西吧。"我含泪点点头："会写的。我先静一静。"

　　父亲走后，我们全家人一直沉浸在悲痛之中。春节期间，全家人团聚，唯独少了父亲。除夕，全家人围坐一起，心情都很沉重，没有了往年的欢乐。我们唯恐母亲太伤感，就多和母亲说开心话，一顿饭吃得好艰难。离开饭店时，三弟突然晕倒，大家吓坏了，赶紧拨打120。医生来了，诊断后说不要紧，休息一会儿就会好的。三弟醒来后，哭着对他女儿说："我没有爸爸了！"回家的路上，我一边走，一边流泪。没有父亲的除夕是这样的难受啊！

　　父亲去世后的第一个清明节前，我乘高铁回家给父亲扫墓。大哥说："写点东西吧。"我点了点头。

　　今天，是2017年的清明节，正是路上行人欲断魂的时候。父亲已经长眠在泰山脚下，这里是他生活了一辈子的地方。父亲，若您在天之灵能感受到儿子对您的怀念，就永远地安息吧！我知道，您一定会感受到的。

写给吴心田老师

吴老师是我们的恩师，更是我的恩师。

吴老师培养了一大批优秀的语文教师，功劳卓著，有口皆碑。吴老师写有文章上百篇，庆平兄编过两个集子——《吴心田语文教育论集》（2000年）和《吴心田语文教育论集（续）》（2010年），但没有正式出版。

现在，吴老师已经失语、失忆，于是为他老人家正式出版一本书成了我的一件心事。

2017年和2018年，我先后两次到济南看望吴老师，翠莲、卫东和建筑也曾专程到医院看望吴老师，宏丽更是多次去看望他老人家。吴老师身体越来越不好，每次去看望老人家，我们心中都很难过。回京后说起来，寅贤兄、然荣兄和小宁兄也牵挂在心。

于是，我和朋友商量，为老人家做点事。

吴老师一辈子酷爱语文教育事业，视为自己的精神生命，为老人家正式出版一本书再恰当不过了。于是我在庆平兄编辑的论集的基础上精选出23篇论文，加上吴老师好友和弟子写的文章，构成了这本《吴心田语文教育思想与研究》的基本内容。

　　吴老师的好友苏立康、顾之川、王本华老师知道后，大力支持，或写文章，或联系出版社，令我非常感动。远在福州的陈日亮老师听说后，乐意担任编委会成员；虽然最终没有成立编委会，但我对陈老师的感激是真诚的。今年5月12日，我去福州一中开会，陈老师还问起此事，可见他对这项工作的重视。序修兄和家云兄与吴老师交往颇深，在我发出邀请后，他们很快写就文章。还有赵雷兄和笑天老弟，在济南做了很多工作，他们和吴老师有着深厚友情。秋云和周静也是吴老师的弟子，虽然因故未能提笔，但也分别表达了对吴老师的敬意。吴老师的儿子吴凯专门写了一篇《说说我的父亲》，让我们多了一个了解吴老师的视角。晓龙兄生前写过一篇文章，也选了进来。

　　吴老师已经失语、失忆了，他无法知道我们在为他做这件事。但是，作为他的弟子，我们似乎也只能做这么一件事情，尽管微不足道。

　　吴老师的文章没有玄虚的套话，都是质朴实用的体悟和总结。无论是针对课堂教学还是教改实验，无论是教研活动还是培养新秀，无论是考试研究还是教材改革，著述皆源自实践，归于"致用"。可以说，"致用"是他语文教学思想的灵魂。凡是摸爬滚打成长起来的一线教师，无不对此感受深切。吴老师甘为人梯，他之所以爱牛，不仅仅因为他属牛，更重要的是体现了他所具有的"孺子牛"情怀。

　　我在编辑这本书的过程中，感到非常亲切，时时被吴老师的观点所打动，有时不由自主地回忆起与吴老师在一起的难忘时光……

　　吴老师得病后，还经常给我打电话，尽管他已经口吃得说不成句了，但还要坚持说下去。我去济南看望吴老师，让他试着背《春晓》一诗。他背不下来，我就一句一句地领读。他竟能流畅地跟读下来，高兴得手舞足蹈，像个孩子。他拿出一个笔记本，打开来，指着上面几行字嘟嘟着。我一看，原来是我解释"六心斋"的文字，老人家整整齐齐抄了下来！我鼻子一酸，泪水就在眼眶里打转。我强忍着，不让他看到我流泪。

我有很多话要对吴老师说，但我再也不能与他老人家交流了。就让这本书来说吧，这是写给吴老师的一本书。

补注：

2019年11月16日18：20，吴心田老师永远离开了我们，享年82岁。李卫东、史建筑、杨宏丽老师和我专程赴济南参加了吴老师的遗体告别仪式。

怀念饶杰腾先生

　　我与饶杰腾先生相识于1991年。那一年我来北京参加语文单元教学研讨会，住在首都师范大学的招待所。饶先生对单元教学很有研究。会议期间，他有一个发言，说到梁启超很早就提出了单元教学的想法。我很想继续了解这方面的内容，于是就登门请教。饶先生当时住在18层楼。他很热情地接待了我，还把刚买来的冰淇淋拿给我吃。我也没有推让，接过来就吃。现在想想，我那次登门拜访先生是很不懂礼节的，不仅没有买点东西作为见面礼送给先生，还把先生的冰淇淋给吃掉了。我向饶先生请教了几个问题，他很耐心细致地做了解答。在谈到听、说、读、写四种能力时，饶先生特别强调读、写的重要性，给我留下深刻印象。后来，饶先生带我去拜见张寿康先生，并约定1991年8月一同到四川参加单元教学研讨会。

　　8月份，我和饶先生一同乘飞机去了成都，一同爬了峨眉山。一路上，我向饶先生请教了许多问题，先生都一一做了解答，我受益匪浅。后来，我们又一同去了乐山。在乐山，我执教《祝福》公开课。当时，话筒接线比较短，我一边讲课，一边手持话筒，很不方便。饶先生便主动走到我跟前，拿过话筒，蹲下身来，用手举着话筒让我专心讲课。我很感动。课后，我向先生表示感谢，他笑了笑，说："你拿着不方便。"

回到泰安后，我给饶先生写信，继续请教问题。先生给我回了一封很长的信。我打开一看，惊呆了：蝇头小楷，一丝不苟！我甚至想，这大概不是手写的吧，是不是打印的啊；我还拿到阳台上，透过阳光仔细辨认。后来，我才知道，饶先生向来认真书写每一个汉字。

1998年11月，我调到北京，和先生近了。我再去拜访他的时候，带了一点礼物，以示敬意，算是对上一次的弥补。先生谈笑风生，送给我一套他主编的教师参考用书，共六册。这套书收录了很多权威性的文章，对解读课文极有参考价值。饶先生说："教师理解课文，一定要广泛占有资料。知道别人是怎么说的，才能比较鉴别。"先生说："我始终关注你的发展状况。"我很感激先生对我的关心。2000年，我在北大附中上了一堂公开课《林黛玉进贾府》。先生见到我，说："毕竟年轻！"我上完课，有的老师对我的课提出批评意见。先生则说，"程翔的课有特点，有激情"，给予了鼓励和肯定。

先生是我的长辈，宅心仁厚，如同父亲关心孩子一样。我很幸运能遇到饶先生。他没有宠我，更没有贬我——先生从不贬人，这是他的美德。他给我的是鼓励、激励，还有中肯的意见。1991年暑期，我参加全国大赛，获得一等奖。先生在肯定我的同时，指出了我的缺点。那次在先生家里，先生和他爱人王老师一起分析我的课。我听得心服口服。先生的厚道和严谨深深感动了我。如今，我已是中年偏老一点的教师了，我对青年教师本着爱护、鼓励的态度，实心实意为他们的成长着想。我从来不去打压或贬损哪一个年轻人，如果不小心说了过分的话，心里就长时间不得安宁。

后来，我才知道，先生是国学大师饶宗颐的侄子。我对先生说："您从未向我说起此事。"先生笑了笑，说："说那些做什么。"饶先生与我的导师吴心田先生关系很好。有一次，先生对我说："吴老师对山东的语文教育贡献很大。吴老师培养了一批优秀语文教师。"我完全赞同饶先生的评价。当我把饶先生的话告诉吴老师的时候，吴老师很高兴，并托我转达对饶先生的感谢之情。

2015年冬天，我参加北京师范大学文学院举办的一个语文教育研讨会，饶先生也来了。我们谈得很高兴。先生对我说："我把《二十世纪前期中国语文教育论集》看了18遍，还要看第19遍。"我说："我很惭愧，连一遍都没有读完。"先生说："要读，要读。最近语文出版社重新出版，版式好多了。你要读。"我知道，先生希望我能有语文教育史的概念。今天，我们很多人提这观点、那模式，殊不知早在20世纪二三十年代已经有了。自己不读书，不懂得，不了解，还说自己是创新。那次会上，先生做了发言，很精彩，很健谈。

先生对酒没有感觉，似乎喝多少都无妨。记得先生曾对我说："不要劝我喝酒。我对酒没有感觉，就像喝凉水。"所以，我以为先生身体很健康，一定长寿。谁能想到先生突然离开了我们！

我是在今年9月18日才知道先生去世的消息的。此前，我老父亲病逝，我回泰安奔丧。回到北京，接到先生去世的消息，我的心情糟透了，原本伤痛的心又添上新伤痛。我父亲曾对我说过："你遇到了好的前辈，是你的幸运。"我也经常给父亲说，我有很多忘年交，他们像父亲一样的年龄，像父亲一样关心我。父亲说："跟他们好好学。一定要尊重他们！"我是按照父亲说的那样去做的。我对饶先生向来很尊重、敬仰。在我国语文界，文人相轻的事不是没有，但总体上是融洽的。年轻人不尊重老先生的事情有过，但很少。老先生贬损年轻人的事情就更少。祖国的语言文字本身就是"和合"的，教祖国语言文字的教师也应该是"和合"的。

2009年，北京市教育学院中文系邀请在京的部分语文教师聚会，饶先生也到会了。我在发言时，说到饶先生对我的影响，我向先生鞠了一躬。饶先生在发言时说："我老了，能为年轻人做一点事心甘情愿。"这使我想起于漪老师的一句话："愿为青年教师效犬马之劳！"多么伟大啊！一想起这些，我的心情就不能平静。我在庆幸之余，更加感到肩上担子的沉重。我想，我纪念饶先生的最好方式，就是努力工作，多读书，勤思考，勇探索。只有这样，才能告慰先生在天之灵，才算是对得起先生。

怀念章熊先生

我原打算过几天就去看望章熊先生的。我来北京21年了，每年春节前我都去看望章先生，可我怎么也想不到，章先生竟于1月21日去世了！

章先生是我的导师，是我的恩人！我于1998年10月到北京开会，当时北大附中的赵钰琳校长提出调我来京工作。我打电话给章先生，征求他的意见。章先生在电话中说："我对此事很感兴趣！来北大附中工作，好！"章先生的话坚定了我来北京的决心。不久，我全家迁来北京。

来京后，我去拜访章先生。记得那天天气很好，先生的胡子刮得干干净净。他张开双臂对我说："欢迎程翔！"我赶紧跨上前去握先生的手。我们谈得很高兴。先生说："在北大附中工作，头三脚不好踢，想立得住更不容易。不过也别担心，有我呢。"先生又说："你是做事的人，我收你做徒弟了！"我诚惶诚恐，立刻站起来，向先生深深鞠一躬，就算是行拜师礼了。我又转向师母，深深鞠一躬，说："师母好！"从那以后，我每次去看先生，都向先生和师母鞠躬，我认为执弟子之礼是中国人的传统，我没有行叩拜礼，已经简化多了。那次，先生把事先给我写好的一幅书法作品送给我。我挂在自己家里，经常瞻仰，时时诵读。

从山东到北京，是我人生的一大转折。我深知京城语文界藏龙卧虎，我这一个初出茅庐的小辈想立得住谈何容易！"长安居大不易。"
章先生比我更了解其中的情况。有的人说，像我这样的，在北京根本评
不上特级教师。我经常告诫自己，来到首都，一切从零开始，别把自己
当特级看，要夹起尾巴做人。章先生有时主动打电话问我，来北京适应
吗？在附中工作开心吗？我如实汇报，说自己处处谨慎，事事小心，像
林黛玉进大观园一样。章先生在电话里哈哈大笑，说道："程翔，不能太
过分，该出手时就出手！北京相信实力，附中也相信实力。"先生的话鼓
励着我，我也逐渐放开了。先生在幕后为我做了很多事，也当面指导我
如何处理复杂的人际关系。可以说，先生是我的保护伞，如果没有先生
的呵护，我可能会非常困难。

先生在业务上给了我莫大的帮助。我经常打电话向先生请教语文教
学上的问题，有时一打就是半个小时。先生总是不厌其详地做出指导，
使我收获满满。我到先生家中时，先生则高兴地谈起他的一些经历，谈
着谈着，他就抽出一根烟，一边抽一边对师母说："今天就抽一根，行
吗？"师母笑笑，说道："抽一根，行。说话要算数。"先生咧开嘴笑了，
像个小孩子那样可爱。其实，先生谈话高兴了，一根烟是打不住的。我
虽然不希望先生多抽烟，但看着他高兴的样子，也不忍心阻止他。

先生经常向我推荐书目，说某某书应该读。我回去立刻找来读，读
完便向先生汇报心得。先生总要再引申，让我认识得更加深刻透彻。我
在北大附中工作期间，继承先生的做法，在高二年级开展小论文写作。
这项工作是章先生开创的，在全国处于领先地位。先生于1979年率先在
北大附中开设小论文写作课，并撰写了《小论文写作》一书。这项开拓
性的工作在海淀、北京乃至全国产生了深远影响，现在的研究性学习在

一定程度上受此启发，而《小论文写作》一书则是较早的校本选修教材。这一成果后来获得北京市教科研成果评比二等奖。先生在教材建设上建树颇多，曾编写多套语文教材。2002年，人教社编写新课改下的选修教材，章先生让我找几个语文老师和他一起编写《文章写作与修改》。在先生的指导下，我们数易其稿，终于通过教材审查关，该书正式成为高中生的写作选修教材。在编写过程中，我学习和领会先生的写作教学思想，深受教益。后来，北京市评选教材成果，因只限于在编在岗人员参评，我找到先生，先生二话没说，拿起笔写了一份说明：此教材全权委托以程翔的名义参评。我非常感动，先生提携后生，奖掖后进，甘为人梯，高风亮节，堪为楷模！

先生经常鼓励我，要勤于笔耕，要做科研型的教师。先生把教师分为三种类型：实践型、理论型和科研型。他认为：实践型的优长在于实践经验丰富，但短于理论修养；理论型长于理论探索，但短于实际操作；只有科研型教师能将理论和实践结合起来，兼二者之优点，去二者之不足。他希望我成为科研型教师。我深知，自己起点不高，在山东工作时，长于实践，短于理论，科研能力弱。在先生的指导下，我努力学习，既重实践操作，也重理论提升，尤其重视二者的有机结合。我的努力取得一点进展后，先生非常高兴，又不断指出我存在的问题，使我向更高的目标迈进。先生听说我执教《雷雨》公开课受到好评，便发电子邮件问我："程翔，《雷雨》一文你是怎么上的？把教学设计发给我看。"先生看后，用电子邮件回复我："此课有突破，好！"我写了一本《播种爱心》，请先生写序。先生在序中写道："我向读者推荐的第二篇作品就是《作文是抄袭的》。读到这一篇，我简直拍案叫绝，因为如果我遇到同样的情况，很难想象我将如何处理。程翔能够举重若轻地化解这个矛盾，不仅反映了他应变的灵活性，而且（或者说是更重要的）反映了他教学思想的基础——要爱护、珍惜每一个学生。这本书用'播种爱心'命名，作者体会最深的，也是要特别强调的，正是这一点。"看着先生写的序，我心里颇不平静。先生用他的爱呵护着我，滋养着我，先生是我的恩人，是我敬爱的导师！

先生平时谈笑风生，似乎不是一个爱动感情之人，但接触时间长了，就能感受到先生是一个感情深厚之人。他的确很少动情，但有两次，我终生难忘。其中有一次是先生给我们讲写作原理，他读一篇题为《花》的散文。他越读越动情，直读到哽咽。以前，我从未见先生哽咽，是散文的情激起了先生的情，产生了强烈共鸣。由此，我知道，先生心中有他推崇的真善美，也有他唾弃的假恶丑。学习先生，不仅要学习其渊博的知识，更要学习他的爱憎标准，这是做人的高标！

先生永远地离我而去了！我无法挽留先生的生命，但我能永远铭记先生的教诲，永远仰望先生的风骨！今天，我是带领学生在云南科考的途中得知噩耗的。我万分悲恸！我不能到先生跟前叩拜，就让我在几千里之外为先生的在天之灵祈祷吧！先生千古！

写给晓龙兄

晓龙兄：

你好吗？

昨天，是你离开我三周年的日子。三年来，我总感觉生活中少了什么；我一直想写点东西，却总是提起笔又放下。我不知道应该从哪儿写起。不写，心里放不下；要写，心里就难过。

写点什么呢？你从来不和我客气，所以，我写这篇文章也不和你客气。

你是我的好兄长！你走了，我少了一个说知心话的兄弟！你说过，有些话愿意对我讲。我也是这样，几天不见就想你，打电话约你出来喝酒、聊天，即便你另有约请，也总是推辞掉，高兴而来。

咱俩说的话很多，可总觉得说不完。

我的泪来了，我去擦一擦再来写……

咱俩一起出差，火车上，飞机上，宾馆里，说不完的话。咱俩不是一母所生，不是合伙人，也不是同事关系，怎么就有这么多说不完的话呢？为什么过一段时间不见面就彼此想念呢？看来这世界上真有心灵之交！有心灵之交是幸福的——你幸福，我也幸福！

咱俩曾经谈起退休后的打算，都说要开启新的生活。你问我具体想干什么。我说："大山深处，找一所穷孩子读书的学校，教教语文，写写文章。"你惊呼道："正合我意！"当时我们击掌发誓，退休后一定生活在一起，老在一起。

你走了，我将何以堪？

我原本是个心事较重的人，是你开导我，让我释怀。只要你在，我们都快乐。你幽默，风趣，有烦心事从不表现出来，总是妙语连珠，引得大伙儿开怀大笑——那是工作重压下难得的放松。

你的幽默难以企及。你像庄子，能消解一切苦楚，解构一切伪善。你常说一句话："百年后回头看，这点事算什么？"那么从容淡定，像指挥千军万马的周瑜，谈笑间樯橹灰飞烟灭……

你的幽默常常逗得大伙儿捧腹、喷饭。这使我想起苏东坡和文与可，想起笑岔气儿的林黛玉——你有一种神奇的本领，可以再造历史佳话，重现文学场景。

你走了，我没有了那样的快乐。

你的诗很好，散文尤其好，特别是写当代民办教师的那篇长文，很能打动我的心。你的书，我是第一个读者；读完了，应你之邀题写书名。我说："请位大书法家写吧，你也是教授了。"你说："我没那个钱。你写，不花钱。"今天，捧读你的书，我的心在颤抖！

你不善经营。嫂子说过，买房子时说好了要早起排队，可是你一觉睡到大天亮。你常说："谁想那些事来？"这世道，有些事只要用点儿心思，使点儿手段，便会有称心如意的结果。但是，你不善经营，你从内心不屑于此。你说过："做人就要透亮，何必阴阳两面。"你向来表里如

武汉龟山脚下古琴台

一，鄙视那些蝇营狗苟者，这一点极合我心。咱俩聊天，谈及此处，无不神采飞扬。我嫂子，你弟妹，看着咱俩，只是笑。我知道，凭你的水平，只要点头哈腰，就能飞黄腾达。可是，你不屑！我常常绝望于当代文人风骨失落，从你的身上，我看到了曙光。

你走了，这曙光暗淡了许多。

你对朋友赤诚相待。我们几家每次聚会，你总是带酒，还抢着结账，每次都争不过你。你说："一个样。"我去临沂出差，回来对你说，临沂的桔梗咸菜好吃。你记在心里，每次回临沂老家，都给我带几瓶桔梗咸菜。朋友家里有丧事，你身体已经很虚弱，还要坚持参加告别仪式。嫂子急得和你吵架，说服不了你，只好打电话给我。我劝你不要来，你才勉强同意。

十多年前，咱俩和吴老师去武汉开会，专门参观了古琴台，并拍照留念。吴老师一边给咱俩拍照，一边说："你们俩，不是兄弟，胜似兄弟。"去年，我又到武汉，重登古琴台，不见当年同游人，只听古琴流水声！我无限伤感，随即写了一首诗怀念你：

重游古琴台怀郑兄

昔日与兄登此台，曾轻摔琴破弦声。

今日不见兄容面，始信知音最动情。

你走了，这首诗你永远看不到了。

你在病榻上说："想和兄弟一起多过几天。" 我们兄弟一场，难得的缘分！记得你手术那天，我和寅贤兄焦急地等待在手术室外，一整天忐忑不安；你的家人都在那里等候。我们内心默默为你祈祷。你住院期间，我们几个去看你，见到你消瘦的面容，恨不得为你分担病痛。你临终时，兄弟姐妹都在你的身边，个个心如刀绞。无奈医生回天乏术，没能挽留住你的生命，你带着对兄弟深深的留恋走了！吴老师听说后，在电话里哭着对我说："晓龙走了！痛心哪！"

你走后，我和你弟妹经常过去坐坐。每到你忌日的时候，我们几家一起过去看看，与嫂子聊聊天。你知道吗，郑艺又生了一个小宝宝，白白胖胖，很可爱。潇潇越长越漂亮，还跳舞给我们看。有一次，我手持一根小棍，潇潇也手持一根小棍，她敲一下，我随着敲一下。她似乎感觉到

作者与吴心田（中）、郑晓龙在国家大剧院前

了什么，又敲了一下，我也似乎感觉到了什么，也随着敲了一下。我们就这样应和着敲了下去，每一声都敲在心上。潇潇笑了，有点腼腆，有点羞涩。我还是第一次有这样的感觉，这大概是爷爷与孙女心灵的交流吧。你虽然走了，但我知道，你也一定能感受到。

你走后，郑艺把你在生病期间写的日记发给我，题目是《向死而生》。你在日记中写了对家人的热爱、对疾病的抗争以及对生命的思考，篇篇感人肺腑，就像史铁生的散文。你还回忆了咱俩几十年的兄弟情谊，令我泪流不止！晓龙兄，昨天是你三周年忌日，我写这篇文章，是表达兄弟之情，并与你的灵魂对话。你在日记里写道："人，生不能做主，死尽量自己安排。我不喜欢张扬，不喜欢麻烦别人，再大的事自己能处理尽量在最小范围内操作。草芥人物，言行没有什么政治含义，举动也更不必有什么政治设计，一切应该自然地像小河的流水一样。"你的一生就像山里的溪流，清晰，自然，恬淡。如今你魂归故里，长眠在沂蒙山太皇崮脚下。那里山清水秀，朝晖夕阴——那是你生命诞生之地，那是你事业起步成长的地方，那是你树高千尺落叶归根的土壤。你母亲去世早，每谈及此，你总是唏嘘哽咽；你老父亲已九十三岁高龄，长年卧床。如今，你回到他们身边了，你可以安息了，晓龙兄！

今天下雨了，淅淅沥沥的雨声就是你的话语啊！我听得懂你在说什么；你没有走，你不会走，你舍不得兄弟；你的灵魂一天也没有离开过我。

泪又来了……写不下去了……

我家的菜板

我们家有一块菜板，用了六十多年了。

当年不知道讲究，一块菜板，既切菜，又切肉。

母亲每天用它切蔬菜，菜板上留下无数刀痕。

我小时候，最愿意看父亲在菜板上剁骨头。父亲强壮的大手，咔嚓咔嚓几下就把鸡骨头剁成小块。菜板上留下几道明显的痕迹，但不几天就模糊不清了。

如果是大块的猪骨头，父亲就要拿出平时不怎么用的斧头，使劲儿砍下去。因为用力过猛，菜板上留下深深的沟痕。

母亲有些心疼："好好的菜板，砍坏了。"

父亲笑笑，说："不碍事，放在盐水里泡两天就好了。"

果然，菜板在浓浓的盐水里泡了两天，拿出来一看，沟痕不见了！我觉得它很神奇。

我结婚的时候，父亲说："这菜板你用吧。我用了它三十多年，还能再用三十年。"

如今，我成家快三十年了，菜板早已专门用来切肉、剁骨头。

儿子小的时候愿意看我剁骨头，还说："爸爸真厉害！"

菜板为我们家奉献了六十多年。它已经明显老了，原先平平的板面，现在已经凹陷下去，中间部位竟然能存一小盅水呢。板面遭刀劈斧砍，痕迹纵横交错。不过，它整体上还是那么坚硬！

我突然想知道它是什么木材制成的，可是父亲已经故去；打电话问母亲，她说年头太久，记不清了。

儿子已经成年，将来能不能送给他？

我看着菜板，默默沉思……

| 灯

　　我上幼儿园的第一天，妈妈就给我买了一盏台灯。那是一盏制作很精美的灯，红红的灯罩，白白的灯泡；圆圆的底座上有一个旋转开关，轻轻一转，灯就亮了，发出明亮而又柔和的光。我就在这盏灯下开始了新的生活。

　　起初，我觉得那盏台灯像一个玩具。我喜欢听旋转开关时发出的清脆声音。我连续地打开、关上，"啪嗒""啪嗒"，那声音像小锤敲在铜器上，很好听。这时候，妈妈就说："孩子，它嫌疼。温柔点，好吗？"我笑了："妈妈说错了，它怎么会感觉到疼呢？"我把玩具拿到灯下来玩，我特别喜欢把水晶做的小动物放在灯光下映照，水晶发出耀眼的七色光，很好看。我还和妈妈在灯下玩跳棋。有一次，我眼看就输了，便想耍赖。我趁妈妈不注意，很快地关上了灯。就在黑暗到来的一刹那，我挪动了一个关键棋子的位置。当我再打开灯的时候，棋盘上的局势就变得对我有利了。妈妈笑了："这鬼丫头。"现在想一想，那盏灯给我带来了多少童年的快乐呀。

　　我上小学后，爸爸给我买了一套《十万个为什么》。于是，我每天晚上完成老师布置的作业后，就在灯下阅读《十万个为什么》。天文、地理、物理、化学、历史、人类、社会、艺术，那是一个多么丰富美妙的世界呀！在明亮而又柔和的灯光下，我吸吮着知识的精华，那盏灯成了我与知识之间的一道桥梁。到了初中，作业多了，在那盏灯下，我认真完成老师布置的作业，一道一道的练习题做完了，一张一张的卷子做完了，一篇一篇的课文背过了……寒来暑往，物换星移，那盏台灯始终陪伴着我，送走了一夜又一夜，迎来了明朝又明朝。

中考前夕，我连夜奋战，常常很晚才睡。妈妈看在眼里，疼在心里，每夜都陪伴在我的身旁。每当我学累了，妈妈就端来一杯水。这时，我望着妈妈的笑脸，在灯光的映照下，显得既美丽又疲惫；我们母女俩的身影映在墙壁上，简直就是一幅剪影。

我顺利地考上了重点高中，那盏灯是立了功的。开学前，妈妈对爸爸说："女儿桌上的那盏灯太陈旧了，应该换新的了。"于是爸爸买来了一盏新台灯，旧的台灯顺便送给了院内收旧家具的王师傅。新台灯很时髦，底座是一台收音机。爸爸说："学累了，可以听听歌，放松放松。"我打开收音机，里面正在播放歌曲，那是一首我们全家都喜欢听的李春波唱的《小芳》："村里有个姑娘叫小芳，长得好看又善良。一双美丽的大眼睛，辫子粗又长。"我见过妈妈年轻时扎长辫子的照片，那是爸爸最喜欢的照片。每当听到这首歌，妈妈和爸爸总要互相深情地望一望，眼神里传达出我不知晓的秘密。我只能仔细地去感受歌词里的含义，试图从中明白些什么。

"谢谢你给我的爱，今生今世我不忘怀。谢谢你给我的温柔，伴我度过那个年代。"

多美的歌词呀，我的心中突然一动：灯，那盏被扔掉的灯，伴我度过几度春秋，怎么说扔就扔了呢？不行，我必须把它要回来。我起身就往外跑，我知道王师傅住在哪里。我一边跑着，脑子里一边闪现着灯下一幕一幕的往事。我找到了王师傅，要回了那盏旧台灯。我把它紧紧抱在怀里，觉得愧疚于它。妈妈说："孩子，你为什么把它要回来呢？"我眼里含着泪说："妈妈，我感受到它的疼痛了。"妈妈紧紧把我抱在怀里，眼里也含满了泪水。

"好孩子。"爸爸和妈妈几乎同时说。

我把那盏旧台灯放在了窗台上，天天都能看见它。它虽然不再发出明亮而又柔和的灯光了，但它在我的心中却永远明亮着。

一棵树

在一片广袤的森林里，有这样一棵树。

它原本像其他树一样，有着挺拔的枝干，有着荫翳的枝叶，努力向上生长着。狂风吹来，它挺住了；暴雨袭来，它挺住了。突然，轰隆巨响，电闪雷鸣，它不幸被击中，"咔嚓"一声，一根粗大的树枝被生生从主干上劈开，断裂下来。

——就像雄鹰被折断了翅膀一样，永远飞不起来了。

它暴怒了，埋怨上天的狠心。它想，干脆彻底死掉算了，这样生长有什么意思。

是啊，不能像树一样正常地生长，是多么痛苦的事情！这棵树整天流泪。——可是，流泪有什么用。摊上了就要忍受。与其消沉而亡，不如战斗而生！

这棵树挺了过来。它拖着牵连却未断掉的枝条，它忍着撕裂后无法想象的疼痛，努力长出新的枝叶。

——它竟然长出了崭新的枝叶！

你看，这一枝多么娇嫩呀！你看，那一枝多么鲜亮呀！你简直不敢相信这是真的，生命原来有如此顽强的力量，顽强到令人感到神奇。

它越长越茂盛，遮天蔽日，绿树成荫。人们在它的下面乘凉，感受着它带来的愉悦，似乎忘记了它还拖着一条牵连却未断掉的枝条。

然而，命运就是如此不公——它一次又一次地在暴雨中被雷电击中。这一次伤到了主干。

它在风雨中摇曳，树叶发出哗啦哗啦的声响，似乎对天说：

"我不怕。我即便死了，也会变成肥料。"

是的，只要有天，就会有风雨雷电。天可以折断树的枝干，却不能折断树的意志；天可以毁伤树的主干，却不能毁灭树的信念。树，一旦有了信念，就具有了永恒。生命的长度虽然有限，但信念将永生！

这棵树表现出了神奇而又伟大的力量。

——它努力地生长！

——它挣扎着努力地生长！

——它拼命地挣扎着努力地生长！

…………

在它的周围，长满了鲜花和绿草，还有一棵一棵的小树。

有一天，它对天说："我就要永远地离开了。感谢你教育了我。"

它又深情地看了看身边的一棵树，留下遗愿：把自己的树根挖出来，埋在这棵像我一样受过伤害的树的下面，我的树根能给它生命的力量。

树的根深埋在地下，雷电无法伤害到它。

一棵树死了。

一棵树继续活着。

注：

史铁生逝世于2010年12月31日。笔者曾与史铁生有过交往，终生难忘，谨以此文纪念他。2017年12月31日写于六心斋。

一顿饭

　　儿子提议去大董烤鸭店吃饭，说那儿的烤鸭做得最好。妻子征求我的意见，我说："随便。"

　　于是，儿子开车去了大董。一路上，我都在接听一位朋友的电话，心思没在吃饭上，也不知大董是个什么饭店。三口人嘛，随便找个小饭店就行了，何必跑这么远。

　　半小时后，车子停在了大董旁边的停车场。我抬头一看，是启功先生题写的匾额。环顾四周，西边是中央电视塔，东边是玉渊潭公园。我就知道，这准是个好地方。

　　进了饭店，我们选了靠近水池边的一个桌子落座。水中鱼儿悠然，环境还真不错。身边有一块牌子，上面写着"料理松风竹雪——大董冬季系列菜品"，还配了一首唐诗："已讶衾枕冷，复见窗户明。夜深知雪重，时闻折竹声。"我笑了，店主喜欢唐诗，却并不深究诗的原意，只图风雅。

　　在去洗手间的时候，我突然瞥见墙上挂着很多照片，我想那可能是什么"星星"来这里吃饭的照片，饭店用来宣传的，我见得多了。走近一看，嚯，都是些外国元首，还有萨马兰奇。我认真地看了一遍，才明白这家大董非同一般。

回到座位，我给儿子说："你很会挑饭店。"儿子说："这家的菜确实好。"

儿子已经点好菜，我拿过菜单一看，真讲究，菜名很雅致：黑松露墨鱼汁文思羹、山楂焦糖鹅肝、红花汁栗子白菜……我突然想起了《红楼梦》；又想起一个小品，赵丽蓉和巩汉林演的。但我没有说出来。

一会儿，菜上来了，服务员介绍说："这道菜叫'北京果丹皮配白巧克力碎'，取宋代词人周紫芝'酸甜红颗阿谁知。别是人间滋味'词句的意境，请您品尝。"刚吃完，又上来一道菜，服务员介绍道："这道菜叫'董氏藜麦烧海参'，颜色和造型取骆宾王的'芳沼徒游比目鱼，幽径还生拔心草'诗意。"我笑了，骆宾王的《艳情代郭氏答卢照邻》写的是怨妇情，诗中有"妾向双流窥石镜，君住三川守玉人。此时离别那堪道，此日空床对芳沼"，这是谴责卢照邻薄情的名诗，与这道菜八竿子打不着呀。不过，我又觉得，在这里当服务员不容易，要背很多唐诗宋词，这在众多饭店中是少见的，能弘扬传统文化总是好的。于是，我对服务员说了句"谢谢"。

又上来一道"董氏宫保虾"。我趁服务员尚未开口，便道："这道菜符合范仲淹的《苏幕遮》词意'秋色连波，波上寒烟翠'，对不对？"服务员笑了，说："您说得真对！您不是第一次来这里用餐吧？"我笑了笑，说："初登贵门品佳味，仿佛身归唐宋时。"服务员也笑着回答说："总盼四季常惠顾，冬日时节更迎君。"我惊住了，从来没有见过这样高素质的服务员。她见我有些发呆，便说了句"请慢用"，就离开了。

我懂得这家饭店之所以能够接待外国元首的原因了。饮食文化是中国传统文化的重要内容，但是，人们平时只是吃饭而已，很少去挖掘和体会其中的文化内涵。无论做什么，要想收获良好的经济效益，离开了文化，总是会受限制。特别是在人们的生活水平提高之后，如果缺少了文化品位的消费，总会有一点空缺感。

在这家饭店，主人告诉顾客，喝汤显现人的情致。急喝是性情，慢品是境界。酸溜溜、辣滋滋的汤含于口，就像深嗅了几口质朴的齐鲁之风。醋与胡椒在味蕾上缠绵翩然起舞，荡漾在灵魂深处。他们精心制作的一道菜"咸肉炖卤水老豆腐"，配上查慎行的"须知澹泊生涯在，水乳交融味最长"，就顿然有了灵魂。他们还把《齐民要术》《饮膳正要》《随园食单》里的饮食文化价值充分挖掘出来，继承创新，让每一个来这里的顾客心有所会，情有所系，比单纯吃饭多了一层文化情趣。

我开始有些留恋这里了。儿子说："我下午还有事。"我们只好起身离开，我这才发现，来这里吃饭的人真不少，大多是有老有小的一大家人。

我心中突然觉得有一点不足，走到门口又回头看看那些吃饭的人家，他们正在尽情享受美好的味道，谁也没有看我一眼。

久　久

今天是九月九日，星期六。上午十点，我来到小院整理书法桌，应朋友之请，准备写一幅毛笔字。

半个月前，居委会来人拆除小院，说是违建。我只好遵照规定，让他们拆掉了棚顶以及前侧立面大玻璃上的推拉窗。于是小院就与外界相通了。其实，打通也挺好的，绿色植物早已爬满了铁栅栏，扁豆藤蔓更是生机勃勃。这不，一簇一簇的扁豆花伸了进来，有白色的、紫色的，风一吹，摇曳着，似乎向它的主人打招呼。

为了防止落灰，小院拆掉后我就把书法桌和紧挨在旁边的旧沙发用大塑料布盖了起来，沙发上还堆了些杂物。今天，为了写字，我就掀掉大塑料布，往沙发上放。突然，一只大黑猫从沙发杂物中蹿了出来，跳上一米五高的大玻璃墙，跑了。我不太喜欢养宠物，对野猫就更不喜欢。我转身对着逃走的猫呵斥了一声。以前，没封小院时，野猫常来光顾，喊它一声，它就逃得无影无踪了。这次却有些反常，大黑猫跳上玻璃墙，没有立刻逃走，而是回头看着我。我又喊了一声，它才不情愿地离开。我想，猫真会找地方，沙发上是很安逸的小环境。于是，我就想把沙发上的杂物整理一下，省得大黑猫再来捣乱。

就在我准备拿走杂物的时候，我看见在杂物中间有两只小小的猫仔依偎在一起，一只黑的，另一只黑白相间，沙发垫子上面还留有猫妈妈清晰的血迹，猫仔还没有睁眼，大概出生只有两三天。我很惊讶，赶紧喊来妻子。

"小猫！"妻子惊喜地喊道。

妻子蹲下来，端详着小猫，用手轻轻抚摸了小花猫一下，表现出很喜欢的样子。

"还没有睁眼呢。猫妈妈呢？"

"被我赶跑了。"

"猫妈妈会回来带宝宝走的。"

"这怎么可能？玻璃一米五高，滑滑的，它能带着两个孩子走？"

我明白大黑猫为什么回头看我了，它惦记自己的孩子，怕我伤害它的小宝宝。那一回眸，很令我回味。妻子认为应该把猫仔放在原处，等待猫妈妈回来带走。我虽然有些怀疑，但是也没有理由不按照妻子说的去做。我没有动小猫仔，在它旁边的桌上写起了毛笔字。我写了大约半个小时，猫妈妈也没有回来，大概是我在旁边的缘故吧。我回到屋里，给写好的那幅字盖印章。等我再回到小院时，发现黑猫仔不见了。我就叫妻子来看，还让她找找沙发下面，会不会掉下去。没有找到。

"猫妈妈把小黑带走了。"妻子用肯定的语气说。

"这么高，它竟然能叼着跳过去？"

"没问题。它能跳进来，就能跳出去。"妻子显然一点都不怀疑猫的能力。

"那，这只小花猫呢？"

"猫妈妈还会再回来。"

我只好相信了。可是，到了吃午饭的时候，小花猫还在小院的沙发上躺着，猫妈妈没有回来。午休之后，猫妈妈仍然没有来。

妻子说："听说，猫仔如果沾上了人的味道，猫妈妈就不要它了。"

"你不就是轻轻摸了一下吗？有那么严重？"

"大概是吧——猫妈妈可别那么狠心呀。"妻子显然有些伤感了。

"要不，咱们养起来吧。看上去还挺好玩的。"我说。

小花猫开始叫了，它大概饿了，晃着小脑袋四处寻找着什么。可能是受了凉，它开始打喷嚏，鼻子上冒出了小泡泡。

眼看着小花猫可怜的样子，妻子把她抱进屋里，找了一个小盒子，铺上软垫。小花猫还是有点冷，不停地打着喷嚏。于是，妻子找来暖水袋，灌进温度适宜的水，放在软垫下面。

过了一会，小猫又开始叫，它显然是饿了。它离开猫妈妈好几个小时了，应该饿了。可是我们家中没有猫食，于是妻子拿出一袋牛奶，从邻居王大夫家借来一个带嘴的小奶瓶，把奶灌进去，然后喂小花猫。小花猫不好喂，好不容易吃了一点，不叫了，睡着了。看着妻子耐心喂猫的动作，我很希望小猫仔快点睁开眼睛；它第一眼看到谁，谁就是亲妈妈；那样的话，它就可以安心在我们家生活了。

于是，妻子盘算着给它买猫粮以及配套的生活用品。上网一查，还真有，等儿子一回家就下单，订购，这方面我们全靠他；估计明天就能送来，现在网络购物确实方便。

吃过晚饭，儿子排练结束回家，妻子让他立刻上网，下单，购买。然后，我们仨一起观赏小猫，拍照片，喂食，还在它身上找到了一个小虫子，掐死了。我们计划着小猫未来的生活：白天儿子负责，晚上妻子负责。于是，妻子提议给小花猫起一个名字。

"就叫花花吧。"我说。

"没特色。"妻子说。

"应该有个学名，现在兴这个，可以借用古代名人的名字。"儿子说。

我们都笑了。"那你就负责起个学名吧——不能起外国名字。"我对儿子说。

"小名叫久久怎么样？今天是九月九日，谐音久久。好吗？"妻子说。

"很好，就叫久久。"我很是赞同。

晚上，我一边看着电视剧一边想一个问题：猫妈妈生了两个宝宝，带走一个，留下一个。因为有了一点人的味道，猫妈妈就不要它了。太可怜！从此以后，这对小猫就开始了不一样的生活。养在我家的久久，肯定是享受荣华富贵，这不，现在就喝上了牛奶。而那只小黑猫呢，只能跟随妈妈在野外流浪，风霜雨雪，冰冻寒冷，还要遭人欺负、戏弄……很多的电视剧不就是表现这样的人生吗？于是我的思绪飞扬开去：若干年以后的一天，久久坐在我们家的汽车上和我们一起外出旅游，碰见了它的妈妈和小黑，它们会不会相认呢？会不会同根相煎呢？也许我们家的久久根本就不理睬那流浪的妈妈和小黑……唉，生活的偶然性太不可捉摸了。

就在我发挥着文人无限想象的时候，就听小院里传来一个声响，虽然不大，但也能听得清楚。

"猫妈妈回来了！"妻子说。

"看看去。"我们立刻来到小院，打开灯。果然，那只黑猫妈妈见到我，就立刻跳上玻璃墙，准备跑。但是它没有跑，而是停留在玻璃墙上。

"快把小花猫拿出来。"妻子说。

于是儿子把盛放着小花猫的盒子拿出来，放在沙发上。大黑猫并不下来，显然是怕我们。于是我们关上灯，退回屋里，隔着阳台上的玻璃观看猫妈妈的动静。

猫妈妈蹲在玻璃墙上观察着。它觉得似乎可以行动了，只见它跳了下来，但没有来到沙发跟前，而是打量了一下，又跳上玻璃墙。

"这是演练。"妻子说。

小院黑乎乎的，看不太清楚。我找来望远镜，在黑暗中，我看见猫妈妈身子的轮廓。它弓着腰，蹲在玻璃墙上，做出随时跳下来的姿势。我们在阳台的玻璃窗内，猫妈妈在小院的玻璃墙上。我们在等待，猫妈妈也在等待。

这时，小花猫叫了一声。只见猫妈妈噌地跳下来，来到沙发前，跳上沙发。黑暗中我模模糊糊地看到，猫妈妈叼起小花猫，跳下沙发，然后用力跳上玻璃墙，离开了小院。小花猫发出的叫声越来越远，最后什么也听不到了。

我们赶紧打开灯，来到小院，发现沙发上早已没有了小花猫。再看妻子，眼里含着泪花。

"它终于有猫妈妈照顾了。幸亏它没有睁眼。"妻子说。

我有些失落感。它们一家幸福团聚去了，但是猫妈妈会不会嫌弃久久身上的人味呢？更何况还有牛奶味。猫妈妈为什么走了那么久才回来带走久久呢？它是在四处寻找安全的地方等放好小黑后才回来的吗？它们的新家在哪里呢？假如我们不放久久回去，就在家里养起来，猫妈妈又会怎么样呢？我不得而知，只能靠想象了。

听着久久那渐行渐远的叫声，我原本写一部关于猫的小说的计划也就变成可笑的空想了。久久的叫声似乎不是饿的叫喊，而是对我的嘲笑。看来我并不了解猫性——我用人性推测猫性，其实，猫跟人类不一样。

我正想对儿子说说这些感想，他却说："我得赶紧上网退货。"

| 我爱人间石榴红

突然有一种冲动，促使我提笔写一写石榴。

我太喜爱石榴了，什么原因呢？想了许久，大概是小时候种下的"基因"吧。那是1969年秋天，我们一家被"还乡"了，剩下父亲一个人留在银行工作。

六岁的我来到陌生的家乡，谁也不认识，什么也不懂，傻傻地站在大伯屋前；我身边长着一棵石榴树，比我高许多。堂姐见我无聊的样子，便摘了一个石榴给我。石榴有馒头那么大，但我不知道怎么吃，下口咬吧，硬硬的，涩涩的。堂姐帮我掰开了，里面露出红红的石榴子，密密地挤在一起。我抠出一粒放到嘴里，哇，酸酸的，立刻就觉得很开胃，于是不一会儿石榴就全进肚里了。

从那以后，我就喜欢上了石榴，尤其是酸口的石榴，若是半口的就更佳。在后来的几十年里，我家多次搬迁，我们兄弟四个在父母的呵护下逐渐长大，在生活的艰辛中，让枣推梨，灼艾分痛。如今，我来北京也有二十多年了，喜欢吃石榴的习惯从未改变，只要拿起石榴，手足亲情油然而生，似乎喜爱石榴暗含的味道，远远胜过了它自然的味道。有一天，老母亲突然问我："我老了以后，你们兄弟四个会不会因为争遗产而闹矛盾？"我笑了："不会的。妈妈放心吧！"母亲也笑了，说："我当然放心。"

后来读到郭沫若写的一篇散文《石榴》。他说石榴"籽粒特别丰腴，有酸甜两种，酸者味更美"。看来喜欢酸石榴的人也还有的，但是，在商店或街市上卖的石榴多是甜的，总感觉味道不足。郭沫若还写道，石榴树的枝干"奇崛而不枯瘠，清新而不柔媚，这风度实兼备了梅柳之长，而舍去了梅柳之短"。他又说："最可爱的是它的花，那对于炎阳的直射毫不避易的深红色的花。单瓣的已够陆离，双瓣的更为华贵，那可不是夏季的心脏吗？"我感到奇怪，作者为什么很少写石榴子呢？因为我最喜欢的是石榴子。

拿起一个石榴果，你会觉得沉甸甸的；这比起那些轻飘飘的东西，给人以实在的感觉。石榴果的外皮是红的，里面的籽粒也是红的，表里如一。石榴粒的形状是不规则的，有多个平面，因为它们那么多挤在一起，互相谦让，要给别的籽粒留出生长的空间。它们虽然众多，却长得均匀，绝不会大的大、小的小。它们挨得那样紧密，团抱一起，即便把外皮全剥掉，石榴子也不会掉下一粒来。你要吃它的时候，不忍心一粒一粒地吃，而是几十粒几十粒地吃，它们是同生共死啊！石榴果成熟到一定程度，会咧开嘴笑，那个样子太可爱了，似乎在说："朋友，快来吃我吧！"石榴子的颜色最惹人爱，红宝石一般，晶莹剔透，纯洁无瑕。你看着它那赤诚的颜色，心都要被融化了。

据文献记载，中国并非石榴原产地，西汉张骞出使西域时带回了石榴种子，它于是扎根中华大地，结出了累累硕果。两千年来，这个外来物种在神州大地生长得很好，深得华夏民族的喜爱。好东西到哪里都受欢迎。

我真的很喜欢你——石榴。

｜活　道

疫情好多了，再不用隔离十四天，我把母亲从山东接来北京。

母亲八十六岁，身体比较弱，患有冠心病、高血压，睡眠也不好，尤其腿脚不利落，膝盖变形厉害，走路不稳，须拄拐杖。看她走路姿势，常使我想起宋丹丹演的小品。

母亲一生勤劳，在老家总也闲不住。来京后，我说，干了一辈子，可以歇歇了，看看电视什么的。但是，母亲看电视只喜欢看天气预报，其他节目不喜欢。我说，《伪装者》上的靳东长得多帅，看看不好吗？她说，不如看儿子好。唉，真没办法。我家里书多，包括画报，可以随便翻翻。母亲听了，便去看。母亲读过几年小学，识得几个字，但年纪大了，看一会儿就头痛。我说，妈，你就不是看书的人，我和你正相反，我如果头痛，一看书就好了。看画报吧，母亲翻了几页，觉得没意思。

"儿子，你给我找点活干。"她说。"没有活。你就歇着吧。""给我找个顶针。""顶针？"我的天哪，我家哪有顶针？！"青儿给了我一件衣服，有些大，我改一改。""算了，买新的吧。""我总得有点事干吧。"母亲嘟哝着，拄着拐杖在房间里来回走。她觉得，闲着就难受。

我想了半天，家里有什么活适合母亲干呢？洗衣服？早就用洗衣机了，我总不能让洗衣机退休，换母亲上岗吧。蒸馒头？蒸了给谁吃呢？虽说我们山东人喜欢吃馒头，可是我们现在很少吃馒头了，特别是我儿子，根本就不吃主食——我不知道这算不算忘本。其他的家务活，纳鞋底？织毛衣？想了半天，我才发现原来母亲擅长的那些家务活早就在我们家烟消云散啦。在我们家里，母亲没有施展才华的平台，这真是英雄无用武之地啊。

不过我还是努力去找了找。我在小院的杂物堆中找，希望能找点适合母亲做的东西。突然，一台旧缝纫机出现在我面前，那是一台上海产手摇式蝴蝶牌缝纫机，虽然有些年头了，但还是完好的。这台缝纫机本不是我家的，是原来的房主——一位老教授留给我的，她卖掉这套房子就去了南方，房间里的旧家具一件也没带走，都留给了我——其实是让我来帮她处理掉，那些旧家具我才不喜欢呢。除了两个旧书橱我凑合着能用，就连那些书我都懒得留下，因为那些书对我来讲太不常用了，都是些什么养花、针织之类的书，还有几本文学名著，我都有——哎，你别说，我发现了一台上海产手摇式蝴蝶牌缝纫机，可以算作一件文物了。我就把它留了下来，其余的都送给了院内收旧家具的王师傅。他可高兴了，好像一下子赚了很多似的。王师傅来搬运这些旧家具的时候，我和他聊了几句。原来他是外地的，靠收旧家具供他的儿子在北京读大学。如今，他儿子已经研究生毕业了。这不，他的儿子下课后来帮父亲搬运家具了。我很佩服这位王师傅，也佩服他的儿子。人穷不要紧，但要有志气。我夸奖王师傅的儿子争气，王师傅乐得合不拢嘴。他说："人呀，就是要有点活道才行。"他发现了那台旧缝纫机，问我可否给他。我说不行，我自己留下了；他说拿钱买，我说给钱也不行。他显得有些遗憾。我不知道他为什么喜欢那台缝纫机。

搬走了旧家具，腾出了空间，我的那些书橱才能摆放进来。几个月后，装修完毕，我的十几个书橱进来了，原本有些空间的房子又堆得满满的。那台旧缝纫机被我扔在小院的一个犄角旮旯里，很快就把它忘记了。

"咦——这个可以给母亲玩！"我心里想。

母亲这辈子和缝纫机结下了不解之缘。上世纪七十年代，外公给我母亲买了一台脚踏式缝纫机，蜜蜂牌的。从那以后，母亲就在这个岗位上辛劳了几十年。她原本就天天蒸馒头、纳鞋底、织毛线，有干不完的家务；特别是洗衣服，我们家的搓板换了好几块，母亲的手变得很粗糙。有了缝纫机后，她多了一个工作岗位，时间不够用，她就夜以继日。深夜，家人都睡了，她还在机子上忙着。我起夜方便时，看到她在灯下俯身低头做衣服的身影，伴着那有节奏的机子声，她的身子也有节奏地晃动着。就这样，我们兄弟几个的衣服在她灵巧的手中做好了。我那时穿的衣服总有几个大补丁，那是母亲用缝纫机缝制的，很规整，就像一件艺术品。许多年以后，我发现商店出售一款据说很时髦的衣服，在崭新的衣袖子上加两个大补丁。我想，母亲早就这样做了，要是去服装厂干这个活，准没问题。那时，母亲还给邻居家做衣服，不要钱，所以邻居经常拿着破旧的衣服或新裁的布料来找母亲。母亲从来都是热情接待，从未说过一个不字。想想那时候缝破补烂的生活，挺有回味头的。

"妈，这个你喜欢玩吗？"我拎着沉重的缝纫机对母亲说。母亲的眼睛一下子亮了，惊喜道："你怎么会有这个？"我就说了原委，然后把机子放在母亲房间的桌上。母亲开始忙碌起来，我就退到书房写作去了。一会儿，母亲来到书房，伸出一只手，对我说："儿子，你看。"

天哪，母亲竟然找到了顶针！"在哪儿找到的？我们家怎么会有顶针？""缝纫机的工具盒里，还有线圈……"原来母亲很快就把这台缝纫机研究透了。她转身改做衣服去了，我说："慢一点。"也不知道她听见还是没听见，那一天，她竟然没拄拐杖。

我在书房写作，一写就是两个小时，妻子上班去了，晚上才能回家。我担心母亲没人聊天，寂寞得慌，便悄悄过去看她在干什么。我看到母亲弯着腰，低着头，戴着老花镜，正在摇动缝纫机改做衣服呢。她把前天手工改制的缝线全都拆掉，重新用缝纫机过了一遍。我站在她身边，她竟然没有发觉，看那认真的样子简直比我写作还要投入。我不敢说话，怕吓她一跳。母亲心脏不好，禁不起惊吓。

晚上，母亲睡得很香，还打着小呼噜。我知道，这是白天忙得。她常说，白天忙点好，晚上能睡个好觉。其实，我对母亲的期望很简单，就是期望她能吃，能睡，多活几年。这个年纪的人，吃得好睡得香，身体就不会有什么大问题。但是母亲这次的表现又告诉我：要想睡得好，白天要有事情做才行；如果整天无事可做，晚上就会胡思乱想，只好靠安眠药维持。

母亲有了缝纫机，等于有了一件玩具，每天都闲不住，今天改一件褂子，明天改一件裤子，总是找活干。我给老家的大哥打电话，说母亲有玩具了。大哥笑了，说："人都是这样，你的写作是玩具，我的书法也是玩具，就像小孩子有玩具一样，人总得有消磨时光的方式。"于是我想起一句俗话，叫作"有活道"，词典上查不到这个词，百度上虽然有但不是我想要的解释。这话在我老家常用来形容一个人生活充实，整天忙忙活活，丢下耙子就拿扫帚，时间就在这样的忙碌中不知不觉过去了，人的一生就在这样的忙碌中过完了，离开人世的时候是幸福的。

一个人如果被剥夺了消磨时光的权利，肯定是痛苦的。鲁迅在小说《祝福》中写过一个祥林嫂，被剥夺了劳动的权利，她既不能替主人拿酒杯和筷子，也不能取烛台，整天闲着，最后忧郁而死；像李煜，在狱中发出"春花秋月何时了"的沉重叹息。仁人志士也是这样：像辛弃疾，他说"闲愁最苦，休去倚危栏"；像陆游，闲着没事干，只好"矮纸斜行闲作草，晴窗细乳戏分茶"；像李清照，"薄雾浓云愁永昼，瑞脑消金兽"。普通人呢，一样的道理，有事干才活得充实。

人的一生，说到底就是消磨时光的过程。所以，人总要有一种适合自己的消磨时光的方式。方式是多样的，因人而异，因年龄而异。小孩子就是玩，记得我儿子小的时候，只要有玩具，他就不来打扰我，自己不声不响地玩，精力非常集中，甚至我以为他睡着了。青少年呢？那就是把学习当玩具，一个劲地学呀，学呀。之所以有不爱学习的学生，那是因为学校没有提供给他们喜欢的科目——我一直认为学校的科目是很有限的，只用中考和高考的科目来约束学生，从而造成一部分学生厌学。成年人的玩具是事业，搞科研，搞创作，搞政治，搞公益，经商，旅游，健体等，整天忙得不亦乐乎。之所以有改行者，是因为发现了更好的玩具。老年人呢？下下棋，打打牌，聊聊天，练练书法，打打太极拳，也可以消磨时光。当然，有的人选择了在一般人看来很不好甚至是犯罪的方式：赌博，嫖娼，卖淫，吸毒。在我看来，最坏的方式就是发动战争，因为战争会剥夺很多人的生命。还有一种人，选择了一条在我看来最难受的方式：无所事事。懒汉就是这种人。我认为，在这个世界上，大概懒汉是最无聊的，整天看着日头东升西落，那就是在等死。

　　所以，别抱怨忙，别抱怨累，等你什么都不能做了，就只有等死。

　　想到这里，我为有这样闲不住的母亲感到高兴，也理解了王师傅为什么喜欢缝纫机了。同时，我也为自己感到欣慰，因为我选择了一条在我看来最适合我消磨时光的方式：读书和写作。一天不读书，我就觉得像少了什么一样；我沉浸在写作中的时候，时间过得真快，头发白得真快！我希望自己像马克思一样，最后在安乐椅上静静地睡着——永远地睡着，书桌上放着《资本论》的修改稿。

　　写完此文，我探探头，看看母亲，她正穿针引线呢……

｜ 我是一粒米

　　我是一粒米，最大的愿望就是被人吃掉，如果能被小朋友吃掉就更好。

　　我天天盼望着被小朋友吃下去，好让他们快快长大。我身上有丰富的养料，是小朋友长身体需要的。

　　我从一粒种子变化而来。农民伯伯把我从众多米粒中精心挑选出来，种进田地，等候发芽。我从一棵小小的秧苗，经过风吹雨打，长出沉甸甸的穗头。农民伯伯流着汗水，收割，脱粒。于是我成为一粒米，与众多的兄弟姊妹一起，装入麻袋，运进粮仓。

　　我的伙伴可多啦，堆成一座山。我们有一个共同的愿望，就是被人类吃掉。我呢，特别想让小朋友吃掉。我喜欢小朋友，连做梦都想成为小朋友的盘中餐。

　　有一天，来了一辆大卡车，把我和伙伴们从粮仓中搬出来，装上火车，不远千里，来到一座美丽的城市。这里是不种庄稼的，我的伙伴都来自遥远的地方。我很幸运，被分配到一所学校，暂时在学生食堂安了家，排队等候小朋友吃掉。

　　我每天都高兴得合不拢嘴，因为我想成为小朋友盘中餐的愿望指日可待了。作为一粒米，我能为人类做的贡献太少了，能被小朋友吃掉，就是我最大的贡献。我做了一个梦：一个小朋友吃下我后，长成了英俊壮实的小伙子，在运动场上奋力奔跑，获得冠军，全场观众都向他祝贺。

学生食堂有一个窗口，专卖蛋炒饭。我等了好多天，终于被派上用场，有幸成为蛋炒饭。食堂的师傅先把我淘洗干净，然后放进大锅里蒸。哎呀，那个滋味可不好受。原本坚硬的我变得松软肥胖起来，香味弥漫在空中。师傅说："这米真香啊！"我高兴极了，小朋友闻到我的香味一定食欲大增。

我被师傅从蒸锅里取出，放进铁锅，与鸡蛋、肉丁、菜丁掺和在一起炒。好热呀！我打着滚，翻来覆去，真够折腾的。不过我想，离小朋友的小嘴越来越近了，我很快就要成为小朋友的口中食了，我的梦想就要实现了——小朋友，快快长，奔跑，奔跑……

一位小朋友端起一盘蛋炒饭，我激动起来，因为我就在这盘蛋炒饭里呀！这个小朋友，长得胖乎乎的，好像有点营养过剩。他闻了闻我，说："好香，我要全部吃掉！"我激动得几乎要蹦起来，恨不得立刻钻进他的嘴里。可是，小朋友先把鸡蛋、肉丁和菜丁吃完了，把我剩在一边。我说："快吃我！快吃我！"他没有听见，吃了几粒米，就停下了，拍一拍小肚肚，说："吃饱了。"然后，他端起盘子把我稀里哗啦地倒进了垃圾桶。

我大哭起来，最不愿意看到的结果出现了。我伤心透了！我知道，接下来我会被当作垃圾处理掉，永无生还之日。我从一棵小小的秧苗长到现在，经历了无数磨难，夙愿转眼成了泡影，我能不伤心吗？

——小朋友呀，小朋友，你可忍心这样做吗？

| 爷爷和孙子

清晨，爷爷醒得早，出去遛弯回来，孙子才刚睁开眼。

"爷爷，你不是说今天要擦自行车，然后带我出去玩吗？"孙子躺在被窝里问。

"是呀。孙子，快起床吧，太阳晒煳腚了。"爷爷笑哈哈地一边说着，一边用喷壶给花浇水。

"好嘞！"孙子像泥鳅一样蹿出被窝，三下五除二穿上衣服，拉着爷爷的手就往外走。

"别急。孙子，还没吃早饭呢。一会儿你妈给你做早饭。"爷爷看着孙子，把他系错位的扣子重新系好。爷爷的眼里充满爱怜，他太疼爱这个孙子了，简直就是他的命根子。

"爷爷，今天的路我走过吗？好走吗？"孙子好奇地问道。

"新路，你没有走过。——我也没走过。"爷爷有些神秘地说。

"那我先擦一擦自行车，打打气。"孙子有些等不及了。他对今天要去的地方充满了好奇。

爷爷说："你爸早就把气打得足足的了。擦车嘛，到了再说。"

"为什么呢？"孙子有些不解。

"爷爷先不告诉你。"他故意吊孙子的胃口，"不过，这次擦洗自行车的任务全交给你了。好不好？"

"得嘞。"

正说着，他的妈妈已经端上早饭，鸡蛋、牛奶、面包。孙子大口大口地吃着，牛奶都流到嘴外边了。妈妈赶紧用纸巾给他擦干净，说："慢点吃，不急。"又对老人说："爸爸，昨天夜里下了点雨，路上要小心。"老人点点头。

吃完饭，爷爷和孙子各骑一辆自行车，出发了。

"爷爷，自行车挺干净，不用擦了吧？"孙子紧跟在爷爷后边，这是爷爷定的规矩。爷爷在前面，一旦遇到紧急情况，可以从容处置。

"只怕是不想擦也不行啊。"爷爷对后边的孙子说。

起初，还挺顺利，可是骑了一段路，突然出现了情况。今天走的这条路以前确实没走过，工人们正在修路。有的路段铺了柏油，好走；有的路段是土路，难走。昨夜下雨，没铺柏油的一段还有些泥泞。

爷爷一挥手，停下车子。孙子接着也停下车子。

"孙子，前面一段路不好走。咱们是回去呢，还是继续前进？"爷爷紧盯着孙子问。

孙子看了看前方，哇，坑坑洼洼，泥水遍地，这要骑过去，即便不摔倒，也得弄一车泥。

"爷爷，修路的人为什么不快一点修好呢？"孙子紧锁双眉，望着爷爷。

"修路的钱紧张。咱们这个乡啊，需要修的路有十几条，都需要钱。"爷爷说着，望了望远方，"咱们要是回去，就简单了，车子不会弄脏，更不会摔倒。不过……"

没等爷爷说完，孙子就开口了："爷爷，弄脏了也不要紧，咱们正好要擦车子。"

"要是摔倒了呢？"爷爷紧盯着孙子。

"摔倒了就爬起来呗，大不了把我自己也擦一擦。"孙子很坚定的样子。

爷爷有点激动，冲着孙子竖起大拇指："好样的！"

"走！"爷爷和孙子几乎同时说。

爷爷在前边，孙子在后边。爷爷能骑过去，孙子也能骑过去。车轮溅起泥水，弄脏了车子，弄脏了裤腿。遇到深一点的坑，爷爷用力一蹬，骑了过去，对身后大喊一声：

"孙子，用力！"

"好嘞！"孙子学着爷爷的样子，用力一蹬，也骑了过去。

有几个地方，滑得很，差一点就摔倒了。爷爷的腿一叉，硬给撑住了。孙子的车子矮小，也能落脚撑住。爷孙俩就这样艰难地跋涉着，一段并不长的路，足足骑了四十分钟，终于上了平坦大道。

"孙子，出汗了吗？"

"出了。爷爷呢？"

"咱俩都出汗了——这叫拼命汗！"爷爷坚定地说。

"歇一会儿吗？"孙子心疼爷爷，毕竟年纪大了呀。

"前面不远有水塘，咱们可以洗车了，快点走吧。"爷爷还真行。

一会儿，他们来到一处水塘边，停下车子。爷孙互相看了看，都笑了。原来，两个人的衣服上都沾了泥巴；车子呢，成了泥巴车，那车轮已经看不清原来的模样。

"我来洗。"孙子边说，边从车筐里拿出事先准备好的擦车布。他到水塘边湿了湿布，然后擦了起来。两辆车擦完了，再一看，急得孙子直想哭。

"爷爷，怎么擦不干净呀？"

爷爷笑了："孩子，你看看这水塘里的水，干净吗？"

孙子仔细看了看，这才发现水塘里的水浑浊不堪。拧一把擦车布，滴下来的都是泥水，还有呛鼻的腐臭味。

"这一塘死水污染啦，越擦越脏。"爷爷语气沉重。

"那怎么办？"

"从这往西走，大约三里路，有一条小河，那里的水是干净的。"

于是，他们骑上车子，往西而去。不一会儿，就听见哗哗的流水声。孙子急不可待地跳下车，跑过去，掬起一捧水。

"真清啊！"

爷爷从车筐里拿出事先准备好的喷壶，灌满了，交给孙子。

"孩子，懂了吗？"

"懂了！爷爷！"孙子高兴地跳起来，接过爷爷手中的喷壶，对着自行车喷去。霎时间腐臭全无，原貌重现，车子又变得干干净净了。

"流动的水干净。水干净，才能把车子洗干净。"爷爷说。

"死水塘的水不干净，怎么洗都洗不干净。"孙子说。

爷孙俩哈哈大笑。他们的笑声，一个厚重，沉稳，大气，充满自信；一个稚嫩，轻灵，清纯，充满希望。

然后，他们向着既定目标继续前进，不同的是，接下来的路，孙子在前面，爷爷在后面。

附：陈晓明先生点评

这篇小小说用生活化的语言讲述了一件爷爷和孙子的生活趣

事，虽是小事，却展现了成长的哲理。未涉事的孙子对未来的世界充满了好奇和向往，他迫切地期待着出去闯一闯，"三下五除二穿上衣服"，就要往外走。殊不知，人生的道路可能因为冲动而错位。幸好爷爷"把他系错位的扣子重新系好"，爸爸为他打好了自行车的气，妈妈为他准备了丰盛的早餐。可未来的路还需要他自己走下去，长辈只能辅助。孙子很快遇到了第一个选择，是困难地前进，还是返回温暖的家中。向前意味着风险，也意味着远方的风景；回家固然意味着庇护，但也并非是永远的。孙子选择了艰难的路，爷孙俩出了"拼命汗"，车子也变得满是泥巴。孙子意识到，在一潭死水中洗车，越擦越脏，而源头活水，冲刷泥泞，焕然一新。流水淙淙，永不停息，才能焕发活力，洗涤污浊。爷爷将走过道路的经验传授给了孙子，而孙子也越来越坚定地成长为新的探路者。

　　这篇小小说将人生道理寓于日常之中，抓住了平凡里有意义的时刻。语言生动简洁，多用口语，塑造了智慧、和蔼的爷爷和活泼、机智、勇敢的小孙子的形象。爷爷、小孙子没有具体的名字，爷爷这一形象代表了中国式家庭的引路人，而小孙子则代表了在自己的选择和坚持中崛起的新一代。故事构思巧妙，跌宕自然，却颇有戏剧性，用力恰到好处。

未　来①

　　期中考试成绩出来了，班主任贺老师对张聪同学很是担心，他各科都不及格，全班倒数第一。老师们向她反映了一个共同的问题：张聪一上课就睡觉，对学习毫无兴趣。

　　一天，贺老师见到教信息课的徐老师，便问："徐老师，张聪上课睡觉吗？"

　　"没有啊。张聪上课非常投入，他是电脑高手，同学不会的问题他都能解答。"可是信息课没有列入期中考试范围。贺老师和徐老师谈了很久。于是，贺老师决定找张聪好好聊一聊。

　　"张聪同学，徐老师夸你了！"

　　"哪个徐老师？"说来也巧，任课老师中有三位都姓徐。

　　"你猜。"

　　"信息老师呗。"

　　"不全对。三位徐老师都夸你了！"

――――――――――

① 题名为"未来"，是站在"未来教育"的角度考虑的。"未来教育"是先进的教育理念。未来学校一定是为学生个性化服务的，而不是大工业的模具教育。本文取材自笔者的一则真实教育案例，成文时有艺术加工。

张聪愣了愣，疑惑地看着贺老师。他不相信，语文徐老师和数学徐老师会夸他。

谁都知道，语文课上，徐老师叫他上黑板写字词，结果他把"沟通"写成了"高通"。老师问他为什么，他说刚才睡觉时梦见自己到高通公司参观。全班同学哄堂大笑，语文老师啼笑皆非。好在语文老师灵机一动，问他："你在高通见到了什么？"他张口就说："我听了高通公司艾文·马克·雅各布博士发表演讲，题目是《想象力比知识更重要》。这位创始人用创新思想缔造了高通公司，并计划创建未来学校，改变世界教育。"

谁都知道，数学课上，徐老师正在讲期中数学考试的名次，睡梦中的张聪迷迷糊糊地站起来说："华为董事长任正非也要创建未来学校，还说未来学校没有考试，也不排名。"徐老师问他："未来学校有数学课吗？"张聪尴尬地笑了笑，说："老师，这个问题我到梦里问问任正非去。"于是，又趴在桌上睡着了。

因为这些，贺老师找过张聪的家长，了解到张聪在家里除了喜欢玩电脑，什么也不学。家长发火，骂他，打他，却总不见效。

贺老师见张聪有些疑惑，便说："三位徐老师都说你是中国未来的乔布斯。信息徐老师计划带领全班同学去华为总部参观，任正非董事长知道你的情况后，打算安排你在他们公司做20分钟演讲。"

张聪瞪大了眼睛："真的？"

"真的！"贺老师笑了，"你可要好好准备呀。"

"不过……"张聪嗫嚅着。

贺老师说："是不是担心家长反对？"张聪点点头。

"放心吧。你爸爸妈妈也要去华为听你演讲呢！"

　　"谢谢老师！"张聪的眼睛突然放光了。他久久望着贺老师那张微笑着的脸，那么慈祥，那么温暖，充满了期待。他低声而又清晰地说了两个字：

　　"未来！"

那棵槐树

一

父亲去世三十年了，我和老母亲相依为命。她不是我的亲生母亲。我是被捡来的。

四十七年前，就是母亲三十岁的那年，深秋的一天，厂办主任通知说，明天上午火车站有一批从外地运来的孤儿，厂里职工谁愿意领养就登记一下，明天上午十点到火车站领孩子，每家最多领养两个。

父母结婚后一直没有孩子，想孩子想疯了。到医院检查，大夫说，母亲有一种病，不能生育。母亲哭了好多天，觉得对不起父亲，对父亲说：

"你另找一个女的，生个孩子吧。"

父亲暴跳如雷：

"胡说！"

从那以后，母亲再也不敢提起此事。

母亲叫李萍，不是本地人。她父亲是个江湖郎中，道行不浅，尤其擅长治疗各种疑难杂症。她父亲是传承祖业，据说他们祖上曾经给清朝某个大人物治过病。解放前，她父亲浪迹江湖，居无定所；解放后，虽定居鲁中一座县城，但经常四处奔波。她母亲早死了，留下一儿一女，男的是哥哥，叫李精神，随父学医，积德行善，治病救人。五十年代，她父亲因为说了几句不合时宜的话，被整得死去活来，不久便死了。她哥哥一怒之下，离家出走，杳无音信。她孤身一人在县城生活，备尝艰辛，后来农机厂招工，凭着父亲积下的阴德，她得到好心人暗中帮助，进农机厂当了一名工人。一天，她外出拾柴，发现一老奶奶摔倒在地，气息奄奄，她二话没说，背起来就走，快到家门口时，碰上前来寻人的父亲。奶奶得救了。父亲觉得，这是天大的恩情，无以为报，后来得知母亲还没有对象，就主动向母亲求婚。母亲答应了，于是两人走到一起；结婚几年，诸事顺利，美中不足就是膝下缺少一男半女。

父亲从未嫌弃过母亲，二人如胶似漆。父亲是个独生子，没有后代成了母亲一块心病。于是母亲又提出领养一个，奶奶也支持。父亲先是犹豫，后来表示同意。到哪儿领养呢？父母都是工人，虽说是双职工，日子过得去，也仅是维持温饱而已。领养一个，孩子亲生父母三天两头来蹭饭吃，要这要那，怎么伺候得起？于是，领养孩子的事也就搁下了。

厂办主任带来的消息，真是喜从天降！父母觉得再合适不过了：一不花钱，二少麻烦。父母喜得合不拢嘴，决定领养一个。他们立马收拾房间，整理床铺，准备迎接我这个不知从哪里来的孤儿。

第二天，父母一大早就起来了，把床铺又整理一遍，每个细节都不放过。不到十点，父母就来到火车站。呀，好多人，排起了长队。一个人举着喇叭，喊道：“大家注意了，按顺序排队。领到什么就是什么，不能挑，不能换。领到以后，先登记。孩子原有名，可以用，也可以另起。没有名，起好名，再登记，然后就可以抱回家了。记住，我再说一遍……”还有几个人帮他维持秩序，其中就有厂办主任。

母亲说: "孩他爹, 快给孩儿起个名吧。"

父亲说: "要是孩儿有名呢?"

"那也得重新起, 随你的姓, 姓张!"

父亲想了想, 说: "就叫张可心吧。"

"行。小名叫心心, 可心的心心, 行不?"

"行!"父亲笑了, 他懂母亲的心。

排了一会儿, 轮到父母了。这是一辆铁皮火车, 车厢门口站着一个戴大口罩的工作人员。他示意父母准备好, 便回身接过车厢里递来的一个棉包裹, 喊道"112号", 便交给了父亲。大概是天意吧, 那天正好是11月2日。

父亲紧紧抱住我, 转身就跑。

"别跑! 登记!"

父亲赶紧去登记, 然后抱着我继续跑。母亲在后边紧追, 喊着: "慢点, 我看看!"

跑出半里路, 父亲才停下来, 扒开棉包裹, 一摸, 喊道:

"男孩! 孩他娘, 咱有儿子了! 咱有儿子了!"

母亲接过我, 伸手摸我。"儿子, 儿子!"她的手颤抖着, 热泪第一次滴到我的脸上。那天, 九个月大的我有了一个新家。

棉包裹的被里上有一行字: 狗娃, 1961年2月2日生。

这行字是谁写的, 永远成了一个谜。我的家乡在哪里? 我的亲生父母是谁? 狗娃是我的乳名吗? 为什么不写我的大名? 这些一概不知, 只知道我的亲生父母是饿死的。

当时我瘦得可怜, 如果没有新家, 很快就会饿死。父母给了我足够的营养，给了我新的生命。

没想到奶奶不到七十就死了。更没想到，父亲五十岁那年也死了。母亲哭得死去活来，人都哭瘫了。那年，我十七岁；厂里照顾我，让我顶替父亲，当了工人。

我在厂里表现出色，不仅工作好，还爱学习，上夜大，学中文，毕业后转干，先做厂办副主任，后来一步步提升，做了厂长。一九九八年，厂子倒闭，我下海经商，几经起伏，饱受折磨，亲身体会到阿·托尔斯泰的名言"清水里泡三次，血水里浴三次，碱水里煮三次"的含义。

如今，我挣了钱，买了新房，买了汽车。我和妻子、儿子，还有老母亲，过得有滋有味。如今，我都奔五了，老母亲也快八十了。

岁月给了我太多的教训：人生，意外太多，很难断定明天和意外哪个来得更快。我最强烈的想法就是孝敬母亲，让她有个幸福的晚年。她虽然不是我的生母，但养育之恩比天大。我这个年纪的人，深受"样板戏"的影响，每次看《红灯记》都激动不已，特别是看到"痛说革命家史"那出戏，就感动得泪流满面。每到这时，母亲总是说：

"唉，也不知道你亲生父母叫什么。"

"妈，您就是我亲妈！"每当这时，我就紧紧抱住母亲，亲吻她的额头。

二

在我顶替父亲当了工人之后，有一天晚上，母亲把正在看书的我叫到她的房间，让我坐下。母亲从柜子里拿出一个叠得很整齐的小棉被，慢慢打开，指着被里说：

"儿子，你看这是什么？"

我伸过头去，看清了那一行字："狗娃，1961年2月2日生。"

我不明白，问母亲："妈，这是什么？"

于是，母亲把我的身世讲了一遍。我当时傻了，怎么也不相信这是真的，我以为这是母亲在给我讲故事。我小时候，母亲经常给我讲故事，讲了好多类似这样的故事。但那只是故事，离我很遥远。

面对母亲不容置疑的表情，还有那双充满怜爱的眼睛，我知道这一次不是故事。母亲是这个世界上最值得我信赖的人。我接受了这一切。那天晚上，我向母亲长跪不起，我一个劲儿地磕头，把头磕出了血⋯⋯

母亲紧紧搂住我，亲吻我⋯⋯

那天晚上，我和母亲都没有睡，我第一次彻底明白了李铁梅唱词的含义：

十七年教养的恩深如海洋⋯⋯

我当了厂办副主任以后，曾经问过已经退休的原厂办主任，就是当年通知父母去火车站领养我的那个主任。我问他，我的家乡在哪里，我的父母叫什么。他说，这本是秘密，不能随便说的，不过这么多年过去了，我也长大了，告诉我也无妨。

原来，我的家乡在南方一个偏远的山村，因为没有吃的，母亲生下我不久就死了。父亲上山摘野果子，从山崖上摔下来，死了。政府把像我这样的孤儿集中起来，运到外地，送给那些需要孩子的人家。至于我亲生父母叫什么，他也不知道。

却原来我是风里生来雨里长⋯⋯

后来，母亲陪我乘火车去了一趟南方，找到了我出生的那个山村。

那里群山环抱，小溪斗折蛇行，水草丰茂，村庄早已不在，到处是茵茵绿草，被风一吹，翩翩起舞。杜鹃花开满山坡，高大的乔木枝繁叶茂。小鸟在树上啁啾蹦跳，但它们不知道我来干什么，更不知道我此刻的心情。

我向着茫茫大地跪下，对着连绵的山峦叩头。我哭着说："我的亲生父母，你们遭罪了！孩儿向你们在天之灵祈祷：安息吧！孩儿幸福，我，还有一个亲妈！"

后来，我读《诗经·蓼莪》一诗，感同身受，常常默默吟诵：

> 父兮生我，母兮鞠我。拊我畜我，长我育我，顾我复我，出入腹我。欲报之德，昊天罔极！

我在高高的山坡上种下一棵槐树，这是我喜欢的树。它开细碎的白花，散发淡淡的芳香。在那个艰难年代，槐树救过不少人的命。槐，与"怀"谐音，历来就是炎黄子孙迁民怀祖的象征。槐树，长在北方，高大沉静，如今，随着气候的变化，在南方也能生长。我，生于南方，长在北方，就让这棵槐树守候着父母的在天之灵吧！

母亲对着小槐树说："大妹子，只要我身体还行，就会再来看你。"

三

从南方回来，母亲显得轻松，外表都能看得出来。是的，二十年来，压在母亲心头的一块石头搬掉了。她哼着一支曲子，那是她自创的：

> 儿子呀和娘，
>
> 南北呀一方；
>
> 天地呀有缘，
>
> 同住呀一房；

儿子呀可心，

为娘呀天堂！

每当母亲哼起这支小曲，她脸上就洋溢着幸福的微笑。在她心中，儿子就是她的天堂。

我小时候，母亲经常给我做好吃的。为了营养能跟得上，她想尽各种办法。母亲不能生育，没有奶水，可她不满足于让我喝奶粉，而是给我买牛奶喝。当看到别人家的孩子在妈妈怀中吃奶，她又感到不满足。于是，她找到正在哺乳的闺蜜苏阿姨，央求人家：

"让俺儿吃一口，行不？"

苏阿姨是厂里的医生，心地善良。产前，她挺着大肚子，说，如果生个女儿，就和母亲做亲家。后来，苏阿姨生了男孩，就不再提起此事。

苏阿姨见母亲央求她喂奶，就逗母亲："行是行，可吃了俺的奶，就得叫俺妈，俺俩儿子。"

母亲虽然犹豫，但终于咬着牙说："行——！"

于是，母亲三天两头抱着我往苏阿姨家跑。所以，母亲虽然没有奶水，但我也吃了很多"妈妈"的奶水。我长大几岁，苏阿姨看见我就说："儿子，叫妈！"我躲在母亲身后，就是不叫。苏阿姨假装生气，说："把奶水给我吐出来！"

真的，除了母亲，我从未叫过她一声妈；母亲似乎也不太乐意我叫她妈。现在想想，我挺愧疚的。苏阿姨喂我不止一次，那是一种恩德，应该报答。但是，我永远没有机会了，老人家已经永远离开了我们。送葬那天，我陪母亲一同去的。站在苏阿姨遗体前，母亲说：

"可心，你是吃着苏阿姨奶长大的，她走了，你应该叫一声妈。"

我跪下，叫了一声"妈"。

四

我在母亲的爱中长大，她是世界上最疼爱我的人，只要闭上眼睛回忆，我少年时代一幕幕难忘的情景就会历历在目。

有一次，苏阿姨来我家串门，带来一个大大的葵花头，美丽的图案，十分漂亮。我还是头一回见到这么漂亮的葵花头。苏阿姨说，放几天，干爽干爽，葵花子硬邦了，吃起来更香；还嘱咐千万别叫老鼠逮着了，它一夜就啃个精光。于是母亲把葵花头吊了起来，悬挂在半空，老鼠不可能跳起来吃吧。

但我心里痒痒的，希望快一点吃到嘴里。一天，我趁母亲不在家，跐上凳子，想抠几粒吃；哪知我太心急，没踩稳当，咣当一声摔下来，腿摔伤了，手腕也崴了，肿得老高老高的。母亲很后悔，说不该挂那么高。

母亲把葵花头解下来，让我吃。因为我手疼，母亲就替我嗑开瓜子，取出里面的仁，轻轻塞进我的嘴里。母亲嗑一粒，我吃一粒。我就这么一粒一粒地吃着，那是世界上最香最香的瓜子。我让母亲吃，她不舍得，只把我掉在地上的瓜子仁捡起来吃掉。

离我家不远，有一条小河，蜿蜒绕过工厂宿舍区。小河从山里流出，清澈见底。水中小鱼，悠然自得。母亲经常带我到河边玩耍，她洗衣服，我在浅浅的水中嬉戏，有时下麸盘捉几条小鱼回家炸着吃。现在的小孩子不知道什么叫下麸盘，就是用一块棉纱布把盘子包起来，在棉纱中央铰开一个小口，在小口四周抹上拌了花生油的麸子，然后将盘子放入河水中。小鱼闻到香味，就聚集在小口四周吃油麸，吃完了外边的，就钻进盘子里面继续吃。这时候，就可以把盘子从水中取出，小鱼就被捉住了。我捉小鱼是很入神的，所以母亲放心地洗衣服。在小河拐弯处，有一个水潭，深到没过一个成年人，一些小孩子在潭中游泳。母亲嘱咐我，坚决不能到水深的地方去。我开始还听话，后来，小伙伴多次嘲笑我不会游泳，是个旱鸭子。我经不住诱惑，趁母亲不注意，就跑了过去。我虽然害怕水深，但经不住小伙伴的一再怂恿，就跟着他们下水了。刚一下去，我就感觉不对，怎么探不到底呀！我开始下沉，没过腰，没过胸，眼看就没过头，我大喊："妈妈，救我！"然后就什么也看不见了。

我醒来时，已经躺在河滩上了。还好，我没被淹死。可是母亲吓得魂都没了。后来我才知道，母亲听到我的喊声，立刻飞奔过来，扑通跳进水里，把我捞了上来。

"你会游泳？"我问母亲。

"不会。当时就想着捞你，也不知哪来那么大的劲儿。"母亲笑了。

一场虚惊。从那以后，母亲让我学游泳。后来，我的游泳水平还真不错，在县中学生游泳比赛中，得了第三名。

母亲疼爱我，舍得拿她的命来换。我小时候很调皮，喜欢冒险，喜欢捅马蜂窝，觉得刺激过瘾。小河旁边，长着一棵桃树，树上有一个大大的马蜂窝。我和小伙伴举着一根长竹竿，去捅马蜂窝。为了避免被蜇，我们把头蒙起来，只露两个眼睛。我用竹竿捅一下，马蜂就立刻飞出来，四下找人，看是哪些家伙来侵犯它们。这时，我们就趴在地上，一动不动。马蜂见没有人，一会儿就回窝了。于是我就再捅一下，它们又飞出来，如此三番，觉得很好玩。如果隐蔽得不好，就可能被蜇。那一次，我大意了，狠狠捅了一下蜂窝，那蜂窝就像炸开了一样，马蜂四处飞散，寻找入侵者。我想看看那些马蜂急成什么样，刚一露头，只见一群马蜂直冲我飞来。一个小伙伴说：

"可心，快跑！"

我一个飞跃，起身就跑。马蜂疯了一样追来，我哪里是它们的对手，很快就被追上了。眼看我就要被马蜂包围，在这危急时刻，一个人唰地扑过来，把我按倒在地，盖了个严丝合缝。于是，马蜂把趴我上面的人包围起来，狠命地蜇。后来，厂里的叔叔们赶过来，用火把驱赶马蜂，这才避免了更糟糕的后果。那个趴在我身上的人，就是母亲。

母亲被马蜂蜇得很重，住进医院，差点死了。我到医院去看她的时候，只见她面目全非，全身红肿，一个一个的黑点往外渗血。我后悔，难过，大哭起来。母亲的眼睛肿得看不见人。她拉着我的手，说："别哭，妈死不了。"过了一会儿，她又说："马蜂的窝，那是它们的家，也有老有小；你捅人家，不是找着挨蜇嘛！"

直到现在，母亲身上还有马蜂蜇过的疤痕，一看到这疤痕，我就自责。

母亲疼爱我，舍得拿命换，但是，如果我做了坏事，她是毫不含糊的，甚至会狠狠惩罚我。

那是我上小学的时候，班里有一个女同学，叫方娟，长得很漂亮。也巧，老师把我俩安排做同桌。班里很多男生都喜欢她，有的写情书给她。有一天，班里一个外号叫三胖子的男生写了一封情书，托我交给方娟。放学时，我和方娟做完值日，在她走出教室门口的时候，我把情书塞进了她的书包。方娟有所觉察，回头问："干什么？"我说："没什么。"她放下书包开始翻，发现了那封信，急忙打开，见开头有"亲爱的娟娟，我好想亲亲你"等字样，以为是我写的，一气之下把信撕了，哭着跑到班主任办公室，告我的状，说我欺负她。

班主任非常生气，狠狠训斥了我一顿，母亲也被叫到学校。当母亲知道这一切时，嘴都气歪了。回到家，她把我摁在床上，拿起扫帚，狠狠打我的屁股。我拼命喊着："冤枉！冤枉！"母亲哪里听得进去，越打越带劲儿，把我的裤子都打破了。她一边打，一边骂我：

"打死你这个小流氓！"

我连疼带怕昏了过去。母亲发现我一动不动，拉一拉，我浑身软得像棉花团。她用手试试我的呼吸，我没有呼吸了。母亲吓坏了，赶紧喊"救命"。当苏阿姨和其他邻居赶来的时候，我已经醒了。我是被吓昏的，我从来没见过母亲发这么大的火。邻居们走后，母亲紧紧抱住我，亲吻我，说："对不起！对不起！妈太狠了！"

后来，真相大白，三胖子受到了应有的惩罚，我得以平反昭雪。从那件事上，我体会到，母亲绝不允许我犯那种错误。在她看来，捅马蜂窝是小事，欺负人家女孩子是大事。后来，我读《红楼梦》，里面有"宝玉挨打"的情节；读到此处，我长叹一声：天下父母都一样啊！

也因为有了母亲这一铁的原则，所以我从小学到高中，对女同学都敬而远之，更不敢随便开玩笑，即便心里有想法，也不敢表现出来。

因为我不敢和女孩接触，所以女孩也不容易接近我。长大了，到了可以谈婚论嫁的时候，我这个习惯成了一个问题。改革开放后，西方电影陆续引进国内，西方人谈恋爱和中国人不同，他们很开放，我接受不了，不愿意看这样的电影。我不知道母亲对我的这个影响究竟是好还是不好。当年我和妻子第一次见面的情景，现在回忆起来真是可笑之极。

我的妻子姓苏，因谷雨节气那天出生，所以起名苏雨。她是苏阿姨远房侄女，高中毕业后顶替退休的妈妈，到新华书店当了一名店员。她比我小四岁，长得不错，特别是那张小嘴，很好看，那银铃般的笑声，很好听。有一天，母亲去苏阿姨家串门聊天，如果是往常，待上个把小时就回家，可那次，我下班回家了母亲还没回来。又过了一个小时，母亲才回家。一进门，母亲神采飞扬，乐得合不拢嘴。我说："妈，看把你乐得，有什么好事？"母亲笑着说："好事！好事！"她一边做饭，一边对我说："儿子，你今年都二十七了，该找个对象了。这不，你苏阿姨的侄女今天来了，真懂事，我一眼就看上了。我和你苏阿姨合计着，给你俩牵个线，叫你们哪……嘿嘿……见个面！"

那时，我并不想急于找对象。一来家里不富裕，母亲没享过一天福；二来我也没多少积蓄，想过几年再说；第三就是厂领导见我表现不错，将我列入培养对象，准备把一个转干名额给我，我正要好好表现呢，如果一谈对象，势必影响工作。我给母亲说了自己的想法，谁知母亲一口回绝：

"工作要干好，对象也要谈。"

母亲的话就是命令，我不敢违抗，于是我和苏雨见面了。

一天，我来到苏阿姨家，进门叫了一声："苏阿姨好。"

"儿子来啦！快坐。"苏阿姨一把拉住我的胳膊，接着就往我手里塞糖。我坐下后，苏阿姨喊道："苏雨，出来呀！"

正说着，里间卧室门帘一挑，走出一个姑娘。她当时很苗条，羞羞答答的。

"这是你李婶的儿子，可优秀啦。你们谈吧，我找你李婶有点事。"

屋里就剩下我们俩，谁都不说话，静得很，听得见钟表的声音。

几分钟过去了，苏雨主动开口了。

"吃块糖吧。"说着把糖盒递到我跟前。"我，我有。"我太紧张了，把攥在手里的那块糖连皮一下子塞进嘴里。刚一下咽，我就觉得嗓子难受，大声咳嗽起来。苏雨看得真真切切，赶紧给我捶背。我说不出话，用手指着嗓子，一个劲地"呜呜"。苏雨急中生智，拿来一把镊子，伸进我的嘴里，看准了，稳稳地把带纸的糖夹了出来。我这才觉得好受多了。苏雨又递来一杯水让我润润嗓子，就在我接过水杯的那一刻，我的手碰到了苏雨的手，我像触电一样，猛地撒开，水杯在茶几上打了个滚儿，然后掉到水泥地板上，啪的一声，摔了个四分五裂。我赶紧去打扫，一不小心，让玻璃碎片扎破了手，鲜血直流。苏雨赶紧拿来创可贴，给我包扎。她纤细的手指就像葱白，白生生的；又像面团，软软的，滑滑的。除了母亲粗糙的手，我平生第一次体验到女人手指的质感，心里美美的。

回到家，我给母亲看手指，讲了整个过程。母亲笑得前仰后合，然后用手指着我，又气又疼地说：

"你可真有出息！"

停了一会，母亲问道："你们谈什么了吗？"

我说："我给她背了一首诗。"

"背诗？什么诗？"

"《关雎》"

"写什么的？"

我笑了，"不告诉你"，转身出去了。

后来我们进展顺利，彼此有好感，一年后就结婚了。就在同时，我正式转干，被任命为厂办副主任。

五

一年后，我们有了一个儿子。母亲高兴得不得了，就像当年领养我回家一样高兴。妻子坐月子，全部的活儿都是母亲一人包揽，我要是伸手，她总是说："一边儿去。一个大男人，哪会伺候月子？"正因如此，我才能全身心上完夜大，拿了一个大专文凭。那时候，有个大专文凭是稀罕事儿，厂里人都喊我"大学生"，我成了厂里的小名人，成了厂领导重点培养的对象。

俗话说，人怕出名猪怕壮。就在我结婚、生子、转干、提职四喜临门的时候，一只黑手向我伸来。

这还得从我父亲说起。父亲是五十岁那年死的，当时担任副厂长。一个人很优秀，既可能是培养的对象，也可能是嫉妒的目标。父亲当了副厂长，凭他的能力和为人，干到厂长是自然而然的事。但是，当时另一位副厂长觊觎厂长的位子多年；老厂长面临退休，能与他竞争的只有父亲一人。于是，父亲成了他向上爬的最大障碍。他深知不是父亲的对手，要想达到目的，只有扳倒父亲。人到了官迷心窍的时候，什么手段都使得出来。

他叫孙玉辉，大字不识几个，就喜欢喝酒，肚子喝得大大的，外号孙大胖子。他有三个儿子，最小的那个就是托我传递情书的三胖子。

孙大胖子"文革"期间发迹，先是当了车间革委会主任，后来又当上副厂长。眼看就要把厂长踢下去，不料"文革"结束了，他在副厂长的位子上停了下来。他不甘心，托关系，走后门，给上级领导送钱送物。据说，有一天他冒冒失失地跑到农机局局长家里，送去一堆礼品。也不知是局长大人嫌礼品太少，还是清正廉洁，把他的礼品扔了出来。他虽然恨得要命，但也不敢发作。后来，局长调走了，孙大胖子高兴得喝了一斤半白酒，结果差一点酒精中毒死掉。面对父亲的光明前途，孙大胖子坐不住了，想方设法要搬掉父亲这块绊脚石。

有一天，父亲突然接到通知，说农机局领导找他谈话。父亲以为要提拔自己当厂长了，高兴而去。谁知去了以后才知道，有人揭发父亲"文革"期间打砸抢，还动手打了厂里一位工程师。如果属实，父亲就属于"三种人"，不能提拔，还有可能降职使用。

父亲气愤极了，无中生有啊！后来，经过仔细调查，包括找到早已调到外地工作并已退休正在病榻上治疗的老工程师鲁大同，让他当面核实当年打他的人是不是父亲。鲁大同老眼昏花，但头脑还清醒。他瞪大眼睛看着父亲，看了很久，突然激动起来，伸出双手紧紧握住父亲的手，说："恩……恩人哪！"

原来，当年父亲为了保护鲁大同，用自己的身体挡住了造反派的棍棒。父亲肋骨被打断，鲁大同则被父亲安排的人偷偷抬走，躲过一劫。后来，改革开放，鲁大同出国深造两年，回国后从事农业精密仪器的研制。他退休后得病，行动不便，但当年父亲挺身而出保护他的画面时常闪现在眼前，挥之不去。

这件事不仅没有整垮父亲，反而帮了父亲大忙。一夜之间，父亲成了英雄。孙大胖子搬起石头砸了自己的脚，断送了自己的仕途，受那个窝囊呀，一气之下，呜呼哀哉了。

就在农机局准备提拔父亲接替厂长职务的时候，一场飞来的横祸夺去了父亲的生命。

一天下午，快下班了，父亲刚走出办公室，就听见有人喊："食堂着火了！"父亲赶紧朝食堂方向跑去。食堂浓烟滚滚，不时窜出红红的火舌。几个师傅从里面跑出来，身上到处冒着火苗。父亲和赶来的工人赶紧帮他们灭火。父亲大声问：

"里面还有人吗？"

一个师傅喘着粗气，说道："还有……快……"

父亲二话没说，冲进火海……

父亲没能活着出来。大火被扑灭了，救火队员抬出父亲。父亲已经面目全非。

父亲成了烈士。1978年，我顶替父亲进了工厂，三胖子也顶替他父亲进了工厂，我们成了同事。在三胖子眼里，他老爹的死与我父亲有关，耿耿于怀。如今，他看到我四喜临门，而且前途无量，打心眼里羡慕嫉妒恨。于是，他模仿他老爹，开始向我下黑手。人生总会有对手，他能置你于死地，也能助你开启新生。

我取得大专学历后，还想冲击本科，便拼命读书，只要晚上没课，就在办公室里学习，很晚才回家；好在家离办公室不远，有时妻子也会来办公室接我。

一天夜里，我学完了功课，正准备回家，突然进来一陌生女子，打扮得花枝招展。我还没看清她是谁，陌生女子上来就搂住我，亲我。这时，三胖子领着几个大汉进来，大喊一声："抓流氓！"接着对我一顿毒打。正巧，妻子赶来，大声喊："来人哪！"他们便一溜烟跑了。

第二天，工厂内的墙上有好几处贴了小字报，说我晚上在办公室耍流氓，这样的人怎么能提拔重用呢！贴小字报的就是三胖子。

我暂时被看管起来，不许我外出。厂纪检组开始调查我。

因为我父亲的关系，这事惊动了县委。县领导指示公安局快速破案。很快，那个陌生女子就被抓住了。她是个发廊女，做皮肉生意，跟三胖子混得很熟，经常一起干见不得人的事。陌生女子骚扰我，就是三胖子指使的。

一开始，陌生女子一口咬定是我调戏她。她说，那天夜里她去找三胖子打麻将，不想进错了门。她刚一进屋就被我这个色狼盯上了，又搂又亲，还想强奸她。

我百口莫辩。妻子站出来做证，无效。

关键时候还是母亲有办法。母亲绝不会看着儿子遭人诬陷而袖手旁观。母亲身上流淌着外公的血液，有行侠仗义的基因。母亲知道社会复杂，知道人越优秀越容易招灾。她说过："人哪，不能太优秀。"她明察暗访，找到了那位陌生女子，并打听到她叫方娟，是我小学的同桌！母亲以她女性特有的敏感，觉察到方娟内心藏着什么秘密，用妙招让她说出了隐情。

方娟小时候就很漂亮。漂亮对于女孩子来说，是好事，也是坏事。当初，三胖子追方娟碰了钉子，但不死心。他知道，对付方娟这样的漂亮女孩，有一高招，就是给她买好东西，满足她的虚荣心。方娟正是中了这个圈套。三胖子仗着他老爹是副厂长，可以假公济私，捞了很多油水，便给方娟送这送那，从小学送到初中，从初中送到高中。方娟的心理防线被彻底击垮，成了三胖子的玩物。方娟高中没能毕业，进了一家发廊，干起地下皮肉生意。三胖子认为可以利用方娟把我搞臭，就给了方娟一笔钱。正好方娟手头缺钱，便答应配合三胖子对我下黑手。其实，方娟明明知道这是犯罪行为，但利令智昏，迈出了犯罪的一步。

母亲答应方娟，按两倍于三胖子的钱数给方娟。她动摇了，如实交代了一切。事实证明，用钱建立起来的堡垒，也可以用钱去摧毁。我得以平反昭雪。三胖子和方娟受到了应有的惩罚。

六

进入九十年代，许多工厂倒闭，我所在的农机厂也未能幸免。关于我的工作安排，上级领导有所考虑，给了我三个选择：第一，到农机局任副局长；第二，县里建立开发区，担任办公室副主任；第三，到县人大担任办公室副主任。说心里话，这三个位置都不错，很多人求之不得。但我决心走一条自己的路。我不忍心看着厂子里的工人失去工作，自己却跑到机关当老爷。自己干呢，如果干好了，还可以招工嘛。当然，我必须征得母亲同意，如果母亲反对，那还是一件麻烦的事。

晚上，我们召开了家庭会议，母亲、妻子和我。我说了领导的安排，也说了自己的想法。母亲看了看妻子，问："苏雨，你的意见呢？"

苏雨说："无论可心怎么选择，我都支持他。"

我感激地看了看苏雨，冲她眨了眨眼。

母亲开始发表意见了："妈支持你出去闯一闯。但也别想得太容易了，这条路可能很难走。"

在重大问题的选择上，妻子从来没有反对过我。我们从相识、相恋、结婚到现在，她给了我太多的支持，也为这个家奉献了青春年华。我们感情越来越深，我有时出差，几天不见面就互相思念。爱，就是每天都思念。所以，我对妻子没有任何担心，知道她一定会支持我。但我还是没想到母亲这么快就同意了，毕竟她对这厂子是有感情的。我疑惑地看了看她。

母亲似乎看透了我的心思，说道："我不反对。出去干得痛快。如今下海的人多，大家都想出去闯一闯。你不到四十，正是好时候。家里你放心，有我和苏雨呢。"母亲说着，看了看在床上睡觉的孙子。

我打心里佩服母亲。父亲英年早逝，对她打击太大，也让她对单位里复杂的人际关系产生了怀疑，整天为我担惊受怕，害怕我重蹈父亲的覆辙。我当厂长后，送礼的多了，母亲十分反感，嘱咐我，一丝一毫都不能收。但送礼的人干扰了我们的正常生活，搞得我们一家不得安宁。还有，我工作繁忙，整天开会不说，酒场不断，经常是喝得醉醺醺地回家。我忙得连家都顾不上，一个月跟孩子说不上几句话。更痛苦的是，很多事心里觉得别扭，劲儿不顺，总拧着来；工作中受了很多委屈，不得不说一些违心的话，做一些违心的事。那一阵子，我压力很大，寝食难安。母亲见我心事重重的样子，担心我搞坏了身体，对我说："当厂长，真折磨人。不干也罢！"

对人生的深刻感悟，往往是用血汗换来的。母亲和我一样，经历了人生的磨砺，明白了一些道理。这些道理是从自己身上扒下来的，正是"一棒一条痕，一掴一掌血"。于是，我义无反顾，向上级部门表明了心志，态度十分坚决。后来，上级部门批准了。我在县里虽不是第一个下海的弄潮儿，却还是引起了很大震动，就连三胖子都说："张可心这家伙还真他妈够牛的，放着官不做，非找罪受。"

辞职后干什么呢？当时农村塑料大棚很火，我就经营塑料薄膜，结果效益不理想。我了解到矿井防尘设备前景不错，于是和别人合伙开发新技术。没想到，贷款投资二十万元最终还是打了水漂。就在我山穷水尽的时候，母亲告诉我，她找到了失散多年的舅舅，就是那个名字怪怪的"李精神"。舅舅擅长中医，一身的好医术，多年浪迹江湖，治病救人。舅舅知道我的境况后，愿意和我联手办一家中医门诊部，营业执照是现成的，省了许多事；我负责日常管理，舅舅负责坐堂看病。我觉得这事靠谱，就干了起来。没想到，生意很好，三年之后，盈利二十多万，还了贷款，扩了场地，招了员工，一派兴隆景象。

但我一直很纳闷，舅舅为什么叫"李精神"呢？

七

日子越过越好，买新房，买汽车，过上了小康生活。妻子经常买些海鲜回家，亲手做给母亲吃。儿子刚上高一，住校，一周回家一次。这不，今天是周日，儿子回家了，妻子买来几只大海蟹，蒸了，全家人一起享用。

我用钳子把蟹壳敲碎，挑出最好的蟹肉，放进母亲嘴里。

"我自己能行。"母亲说。

"妈，我小时候您嗑葵花子喂我，现在轮到我喂您啦。"说着，我把一大块蟹肉塞进母亲嘴里。

"孙子，吃啊！别都让奶奶吃了。"母亲说着，把一个大螃蟹放到孙子碗里。"现在呀，就是孙子最累了，整天做不完的作业。你看，这眼睛又近视了不少。"

"是啊，一周就休半天。这晚上还有一大堆作业。"妻子说。

"我小时候可没这么多作业。我经常去河里捉小鱼。"

"我也是。上中学时，拾麦穗，掰棒子，收花生，可好玩了。"

儿子瞪大了眼睛，看着我和妻子，似乎听天书一般。母亲看着我们俩，似乎在想什么。吃完饭，母亲说："你们俩好好说说话，我来洗碗。"

妻子说："妈，您歇着，还是我来洗吧。"

母亲不同意，干脆站在水池边，意思是谁也不能抢她的活。我突然想和母亲开个玩笑，就说："你们俩剪子包袱锤，好不好？"

"好！"妻子说。

母亲没有办法，只好同意。第一轮，两人都出了剪子。第二轮母亲还是出剪子，妻子出了锤子。

"妈，您输了。这碗该我洗。"

"不对呀。我输了，该我洗。"

"谁赢谁洗。"

"谁说的？"

"这是规矩。"

母亲看看妻子，妻子一本正经的样子；母亲看看我，我点点头。母亲无话可说了，只好让位给妻子洗碗，嘴里还念叨着："这是啥规矩？"从那以后，母亲再不和妻子玩剪子包袱锤了。

深秋时节，天说黑就黑。收拾完碗筷，我和妻子开车送儿子回学校。母亲提出她也去，于是，我们全体出动。妻子坐在副驾驶的位置，母亲和儿子坐后排，我开着车，慢慢地，享受着家庭的温馨幸福。

母亲拿出三百块钱，递给她孙子："孙子，买点好吃的。整天学习，人都瘦了。"母亲心疼孙子，就像我小时候心疼我一样。母亲的一点微薄退休金，舍不得花，每隔一段时间就给她孙子几百。我劝母亲，别把孩子惯坏了。母亲说："没事，我孙子好着呢！"说着，亲了孙子一下。

我这儿子还真有出息，奶奶给的钱从不乱花，说积攒着将来出国用。他学习很用功，在学校排前三名。他的目标是出国读大学，我们都支持他。我希望孩子去感受一下西方文化，将来做一个具有国际视野的人。我的遗憾就是没出过国，眼界狭窄；儿子这一代不同了，他们生活在新时代，应该超过父辈。

一会儿，车到了学校，儿子下车，和家人告别，还亲了亲奶奶。

晚上，母亲突然对我说了一个想法。她让我开车陪她去一趟南方，到我的出生地看一看，而且还要妻子同去。我有点为难，不为别的，只是担心母亲身体吃不消，快八十的人，长时间坐小轿车，窝在里面，太累。母亲说不碍事，趁着身体还行，去一趟，这也是当年许下的愿；有一天走不动了，想去也不成了。

我只好同意。这是几十年来母亲第二次以强硬的态度要求我做一件事，第一次是和妻子谈对象。

母亲选了一个秋高气爽的日子，我们开车去了南方。

"妈，您怎么想起来去南方呢？"我问。

"我梦见你生母了。"母亲说。

　　我和妻子都一惊，但妻子没有说话。她向来这样，凡是谈到我亲生父母的时候，她总是沉默不语。多年来生活在一起，妻子对我十分体贴，这其中有一种爱，就是对我不幸命运的怜悯。一谈到我的身世，她就默默掉泪。这大概是女人善良的天性吧。我们有了儿子后，妻子更加体会到没有亲生父母的缺憾，她无法想象我们的儿子如果没有亲爸亲妈会是什么样子。也正因为这样，她才从内心对这个婆婆敬爱有加。在妻子看来，婆婆是一个伟大的母亲。当年，妻子愿意嫁给我，也是因为觉得和这样的婆婆生活在一起，一定会幸福。

　　妻子看着我，等我开口。

　　说心里话，打我知道了自己是抱养的之后，我也经常想象亲生父母，想象他们的长相，想象他们的生活。但我怕给母亲带来误解，不能伤她老人家的心，所以，我从来没有对母亲说起过。再说，母亲对我视如己出，把母爱全给了我，我十分知足。我喜欢听满文军唱的《懂你》，听着听着就流泪。

　　　　其实你一直都是我的奇迹

　　　　一年一年风霜遮盖了笑颜

　　　　你寂寞的心有谁还能够体会

　　　　是不是春花秋月无情

　　　　春去秋来你的爱已无声

　　　　把爱全给了我

　　　　把世界给了我

　　　　从此不知你心中苦与乐

　　　　…………

说来也奇怪，我从未梦见过我的亲生父母。养父养母就是我的亲生父母，所以我不会做那种梦，心理学上有这种解释。但是，我当厂长后，与母亲交流少了，每天很晚才拖着疲惫的身子回家，倒头就睡。古人说"长恨此身非我有，何时忘却营营"，指的就是这种感觉吧。母亲年纪越来越大，内心有很多想法，有很多心里话要对我讲，而我却无意间关闭了交流的大门，没有给她倾诉的机会，我真是太粗心了！想到这里，我有些自责。

"妈，我放一首歌给您听。"于是我打开了车载录音机，那首《懂你》便弥漫整个车厢：

> 你静静地离去
>
> 一步一步孤独的背影
>
> 多想伴着你
>
> 告诉你我心里多么地爱你
>
> 花静静地绽放
>
> 在我忽然想你的夜里
>
> 多想告诉你
>
> …………

歌放完了，车里静静的，只有机器的声音。

"你生母长得很好看。在梦里，她说要……要感谢我……"母亲突然哭了。

我不得不在高速公路紧急停车带停了下来。我给母亲擦拭泪水，让母亲喝口水，静一静。过了一会儿，我让妻子开车；我陪母亲坐在后排，紧紧握着母亲的手。我知道，这时候的母亲很脆弱。

汽车经过五个多小时的奔袭,来到了我的出生地,距离上次来这里已过了二十年。我们径直来到山顶,找到了当年栽种的那棵槐树,我把事先准备好的一桶水浇在树根上。

山,还是那道山;溪,还是那条溪。当年我栽种的那棵槐树已经长大,有几人高了。竟然还有槐花,落满一地;秋蝉在树上鸣叫。我想起了白居易的一首诗《暮立》:

> 黄昏独立佛堂前,
>
> 满地槐花满树蝉。
>
> 大抵四时心总苦,
>
> 就中肠断是秋天。

我把带去的祭品摆好,然后向着大地跪下,对着槐树叩头。

母亲拿出一个包裹,是那床小棉被。母亲把它铺在地上,捧了几把土,放在棉被上,包好。然后,她剥开香蕉、橘子,放在树前,轻轻说道:

"大妹子,你好吗?我和可心、苏雨看你来了。今天是2005年11月2号,四十四年前的今天,我把可心抱回了家。我知道,你不写孩子的大名,就是让他姓养父的姓啊!如今,他成人了,有出息了,你放心吧。"母亲又哭了,我赶紧给她拭泪。

"大妹子,你的儿媳妇叫苏雨,很贤惠,你放心吧。你的孙子叫张心宇,可心的心,宇宙的宇,上高中了,将来要出国念大学。大妹子,你和大兄弟都放心吧!有山有水,就有根哪!"

母亲又说:"大妹子啊,我梦见你了,儿子长得像你。"母亲把小棉被递给我,她的手在颤抖。

我突然明白了母亲来这里的原因。我感到震惊，几十年来，母亲与我思考着同一个问题，但我始终没有找到答案。母亲从未与我说起过萦绕在她心中的这个谜团，她是担心我为此而伤感。母亲时时刻刻在为我着想！

我小心地接过棉被，紧紧贴在心口。远方，是起伏的山峦，无限延伸着。秋天的红叶黄叶把大地染成一片绚丽的水彩画，与穿过云朵照射下来的阳光连成一片，笼罩在天地之间。云，起初还密集着，遮盖着，翻滚着，变化着，一会儿就散开了，稀疏了，轻薄了，透亮了。我的心随着壮美的景色在空中飞扬，飞扬，就像演奏一支无声的乐曲。一群大雁从空中飞过，排成南翔的雁阵，空中传来它们的鸣叫，声震万里长空。它们要去寻找栖息的故地，阳光把它们映红了……

我拍了几张照片，母亲说回家放大了挂在屋里。

一阵秋风掠过身边，有些凉意。我给母亲披上外套，说："妈，咱们回去吧。"

八

三胖子和方娟终于结婚了。十八年前，三胖子和方娟因为诬陷罪被判刑一年，缓刑一年。刑满后两人都没有工作，只好打工。方娟接受教训，告别过去，重新做人，做卖菜生意。她先是和一个菜贩子结婚，过了没几年离婚了，没有孩子，仍然卖菜。三胖子虽然有两个哥哥，但都不争气，没法帮他。他从厂里弄来一个大铁桶，在大街上卖烤红薯。后来，他结识了一个外地女子，结了婚，没几年就离婚了，也没有孩子。有一年，据说是台湾一家红薯店在县城开张，生意红火，规模不断扩大，要招聘店员。三胖子试着去应聘，因为他有干这一行的经验，所以一下子就被老板相中了。

这家红薯店采用先进的微波烘烤技术，没有污染，卫生健康，和三胖子的大铁桶相比，天壤之别。这样烤出来的红薯，电脑控制，口感好，味道香，品相美。凡是从红薯店经过的人，都被那诱人的香味吸引，不自觉地走进去买一个尝尝，有时候还要排队呢。他们的红薯是专供，三胖子负责运送。后来，三胖子遇到卖菜的方娟，就介绍她也来应聘。结果老板一眼就相中了。方娟原本就长得漂亮，虽然历经岁月侵蚀，有些显老，但徐娘半老，风韵犹存，红薯店也需要一个漂亮脸蛋在台面上撑着。这样，他俩就成了同事，因为各自单身，又没有孩子，挺合适的。于是，老板当红娘，成全了二人。

三胖子送来喜帖，请我们出席他的婚礼。因为他们老板来我的诊所看过病，舅舅给他治好了多年的鼻炎。老板回去给三胖子一说，这才知道我们的关系，也知道了我们之间曾经的恩怨。老板信佛，他让三胖子主动示好，广结善缘。三胖子信他的话，送来了喜帖。母亲很高兴，我们娘仨一起参加了他的婚礼，还给他带去一份厚厚的礼品。不知为何，三胖子这种人很容易就信了佛。我难以理解，以前别人对他那么多的教育，他不信，老板让他信佛，他马上就信了。一见面，他就"阿弥陀佛"，完全变成了另外一个人。

三胖子也请舅舅了，但舅舅谢绝了。舅舅比母亲大两岁，年轻时随外公学医，得到真传，医术高明，远近十里八乡没有不知道他大名的。外公之死，是他心中的阴影，像一个始终打不开的结。他多年浪迹江湖，云游各地，居无定所，一直没有成家。找到舅舅后，母亲曾想给他找个伴儿，他拒绝了，说："都这个年纪了，算了。"我总觉得舅舅很神秘，一定有很多故事，心中一定藏着很多话，也一定藏着什么秘密；但在这个世界上，没有谁能与他交心，包括母亲。他最喜欢的就是研读古医书，研制新药方。听母亲说：有一家中医院请他当顾问，月薪两万，他谢绝了；还有一家著名制药厂出高价买他的药方，也被他谢绝了。

舅舅对我很好，有时会给我讲一点中医知识。在他心中，中医至高无上。有一次，我趁他讲得高兴，斗胆问了一句："舅舅的大名有何说法？"他说："《黄帝内经》上说：'生之来谓之精，两精相搏谓之神，随神往来者谓之魂，并精而出入者谓之魄；所以任物者谓之心，心有所忆谓之意，意之所存谓之志，因志而存变谓之思，因思而远慕谓之虑，因虑而处物谓之智。故智者之养生也，必顺四时而适寒暑，和喜怒而安居处，节阴阳而调刚柔。如是则僻邪不至，长生久视。'"我听得云里雾里，但好奇心顿时而生。我原本对中医一窍不通，但看到这么多人经舅舅之手康复了，便觉得中医很神奇，想跟他学。再说，我不能光当老板，要有点真才实学才行。舅舅说过："积财千万，不如薄技在身。"又说："中医是我们老祖宗的宝贵遗产，全世界独一无二。"

我把跟舅舅学中医的想法告诉了母亲和妻子，她们都很支持，舅舅也同意。于是，母亲选了一个良辰吉日，给我举行了拜师仪式。从此，我正式成为舅舅的徒弟。舅舅说，几十年来，他从未收过徒弟，如今老了，倒收徒弟了；还说，我是第一个，也是最后一个。

后来，苏阿姨的儿子也加盟我们门诊部，队伍日渐壮大。

九

光阴荏苒，日月如梭。转眼儿子已经高中毕业了。就在北京奥运会前夕，儿子经过努力拼搏，以优异成绩被美国一所大学录取了。母亲高兴，破天荒地喝了一杯酒。母亲是不能喝酒的，年纪又大，伤了身体；好在有舅舅护驾，很快就康复了。

再过几天，就是母亲七十七岁生日了，我们张罗着给母亲好好庆祝一下。母亲突然说：

"不用。我有一个想法，不知你们同意不同意。"

"妈，您尽管说，现在条件好了，什么要求都能做到。"

"我想，我生日那天，去看看大海，行不？"

"行啊！"我和妻子异口同声。

"去南海还是去东海？咱们国家大着呐。"我一边问母亲，一边拿来一本《中国地图册》，找到南海和东海的位置，指给母亲看。

母亲问道："哪个海离我孙子上大学的地方近？"

我终于明白了，母亲想站在海边眺望他的孙子。我说："东海近。我们可以开车去，也可以坐飞机去。"

妻子说："坐飞机去。"

我问："妈，您敢坐飞机吗？在天上。"

母亲笑了，说："有你们在，我怕什么。我这辈子还没坐过飞机呢，我要在天上看我孙子。"

…………

蟒　蛇

一

白日依山尽，

黄河入海流。

欲穷千里目，

更上一层楼。

幼儿园传出阵阵朗诵古诗的声音，稚嫩的童声经微风吹拂，在这寂静的下午显得格外悠扬婉转。

这是阪田市玉兔镇一所新建幼儿园，园长是一位56岁的大妈，去年刚办了退休手续。镇上原有几所公办幼儿园，但入园的孩子越来越多，公办幼儿园规模有限，尽管努力扩大招生指标，仍然难以满足百姓需要。于是政府鼓励民间办园，减轻政府压力。大妈积极响应号召，办起了这所私立幼儿园，还起了一个很好听的名字——百花幼儿园。

园长的丈夫是玉兔镇前任镇长，退休多年。他支持老伴儿创办这个百花幼儿园，老有所为嘛。他反对老伴儿去跳什么广场舞。他听到太多的声音，都是批评讽刺广场舞大妈的，什么扰民啦，争抢地盘啦，更可气的是丢人丢到了国外。所以，老镇长极力支持老伴儿二次创业，开辟新天地。再说，他根基深关系多，上级部下，街坊邻居，都愿意捧个场。这不，百花幼儿园一开张，报名人数就爆满。原计划招收60个孩子，第五天就达到了80人。收费呢，当然比公办的要贵一点。现在人们条件好了，为孩子舍得花钱。最吸引家长的是幼儿园招收了一批大学毕业生，连名牌大学的毕业生也来应聘了。有了好的师资，幼儿园肯定蒸蒸日上。老镇长已经找了有关部门，计划扩大地盘，至少翻一倍。

双休日这天，老镇长带着老伴儿来察看地形。他们觉得，盖房建园要讲究风水，百花幼儿园的风水实在太好了。它坐落在玉兔岭中部偏下的位置。玉兔岭是本镇一座丘陵，远近闻名，镇子因此得名。当地有一个美丽传说：月宫上的嫦娥娘娘寂寞难耐，便携玉兔下凡到人间。嫦娥喜欢玉兔岭上树木茂密，绿草茵茵，更喜欢岭下那条小河蜿蜒而过。这样水草丰茂之地，正是玉兔的最爱。嫦娥便在此休憩，玉兔则四处蹦跳着啃食青草。吴刚在月宫到处寻找嫦娥，半天找不着，便断定嫦娥思凡下到人间。他担心嫦娥去找她的前夫后羿，便追下凡间。吴刚来到玉兔岭上空，发现这里霞光万道，仙气袅袅，便断定嫦娥在此。他落下云头，缚住嫦娥，直飞月宫而去。因为走得匆忙，忘记带上玉兔。从此以后，这一带便称作玉兔岭。你别说，这岭上还真有很多野兔，不过当地百姓都说野兔是嫦娥娘娘留下的，猎杀不吉利。所以，没有人来这里打猎；偶尔有谁家养的狗在此追赶野兔，一旦追上，也会被主人夺下深深掩埋。

老镇长对自己管辖过的这一亩三分地很是爱惜，他看这块宝地就像自己家的庭院一样，谁要是说不好他就急。他站在玉兔岭上，披着风衣，双手叉腰，豪情满怀。往北看，是一片茂密的丛林，既有高大的乔木，也有葱茏的灌木。这里气候宜人，树木四季常青，冬天偶尔下场雪，也不会冻伤它们。往南看，一条小河蜿蜒而过，流向远方；河水清澈见底，小鱼小虾自由嬉戏。本镇百姓大部分集中住在小河两岸。东西两边是大片荒地，但很有发展潜力。老镇长对自己的眼力很是满意，对老伴儿说："怎么样，多亏我先下手为强，要不然，这块风水宝地就落入别人之手啦。"

老伴儿点点头，说："你这老头子一辈子就办成了这一件事。"她顿了顿，有些神秘地问："听说东西两边要开发成别墅用地，会不会影响咱们？"

老镇长笑了："我说你头发长见识短吧。越是开发，幼儿园就越是发达。"

"那边不是有人盖房了吗？听说开发商挺有来头的，要是他相中了咱这块地咋办呢？"老伴儿有些不踏实。

"那开发商是外地人。他开发这里，光办手续就得折腾几年。"老镇长想象着开发商有一天登门拜访他的情景。他虽然退了，但在这块地盘上，余威尚在，谁到此做事不得登门拜一拜他这尊佛呢？他知道，市里的新开发区要向玉兔镇发展，照现在的速度，再有个几年，这玉兔镇就会与市区连成一片。想着想着，他笑了。园长也笑了，她似乎看到了光明的未来，她庆幸自己老有所为。

他们漫步来到幼儿园后面的一块空地。这块地有二三亩，绿草如茵，鲜花遍地，最适合孩子们玩耍。他们计划将此地建成幼儿园的后花园，供孩子们做游戏。上级部门也要求幼儿园多一些孩子们蹦蹦跳跳的地方，同意先把这块地批给幼儿园使用，土地价格自然便宜得很。

现在的建筑速度就是快，这不，短短一个月时间，百花幼儿园的后花园就建成了。园内有花有草不说，滑梯、秋千、蹦床、平衡木、跷跷板等各种玩具一应俱全。城里有的，这里都有；城里没有的，这里也有。开园典礼那天，园长邀请了市、镇有关领导，以及所有家长前来参观，还邀请了周边单位和居民代表，还有新闻媒体。

"这些花太漂亮了，孩子一定喜欢！"一位家长面对盛开的鲜花赞不绝口。

"这假山真漂亮，还有一个洞。我儿子最喜欢钻山洞了！"另一位家长也不停地夸奖着。

园长听着高兴，不时地介绍说："这草四季常绿，还不怕踩，孩子们在上面打滚、踢球，多惬意呀！"听的人光顾高兴了，谁也没在意园长把惬意的"惬"读成了"霞"的音。一位参观者真的躺在草坪上打了两个滚，引得众人哈哈大笑。一位记者抓住机会，拍下这难得的镜头。后来，报纸上登出了这张照片，引来许多叫好声。很快，百花幼儿园就成了当地呱呱叫的幼儿园。

二

第二年，幼儿园新招聘了一位女大学生，叫谢清婉，读的就是学前教育专业。她人长得漂亮，常常面带微笑，招人喜欢。这不，才上班两个月，园长就想给她介绍对象。谁知人家姑娘早就名花有主了。这么漂亮的姑娘上学期间就被小伙子盯上了，还不是大学同学，是高中同学。姑娘呢，对小伙子也很钟情。尽管读大学期间追求者有一个加强班，有的小伙子条件还很棒，但她始终没有动摇过。双方父母也都满意，催促他们明年就结婚。但结婚得有房子，到哪里买房子呢？也巧，幼儿园的两边有大片土地可以开发，听说有一个大开发商看中了这块地，派他儿子先期进驻，很快就可以开工，既有别墅，也有小户型，两家父母正在凑钱准备首付款。

清婉在幼儿园有一间集体宿舍，男朋友一到双休日就来找她。男朋友一来，宿舍的两位同事就知趣地走开，借口干自己的事情去了。清婉是个自觉的女孩子，觉得对不起同事，每次都把男朋友带来的零食分给同事享用。后来，她干脆不在宿舍约会了，改在后花园。这里有山有水有花有草，还可以荡秋千，正是谈恋爱的好地方。他们先是钻山洞，玩捉迷藏，然后赏花吟诗，或者荡秋千，最后干脆躺在草地上，拥抱，接吻。

谁也想不到，意外的事情发生了。一个风和日丽的下午，三点左右，正当清婉和男朋友在草地上亲吻的时候，一条巨大的蟒蛇爬了过来，足足有三米长，全身长着斑斓花纹。它吐着长长的芯子，向他俩这边慢慢地爬过来，就像一列涂满了油彩的火车行驶在蜿蜒的山坡上。

清婉吓得大叫一声，昏了过去。男朋友转头一看，也大惊失色。以前他们谁都没有见过真蟒蛇，只在电视上看"动物世界"节目时见过，清婉每次都吓得不敢正眼看电视，用手捂着脸从指缝中看，男朋友笑她胆小如鼠。现在真蟒蛇就在眼前，还向她吐芯子。清婉早就吓得昏过去了，男朋友也失去了看电视时的英雄豪气——两个人都被吓昏了。

天上，白云悠悠；地上，绿草萋萋，各种鲜花在微风中摇曳。流水经过假山流入池中，发出哗啦哗啦的声响。这一切很是优美，很是惬意。他俩醒来时，看到的就是这样优美的景色，但此时已经没有任何意义。惊魂未定的清婉紧紧抓住男朋友的臂膀，浑身颤抖，脸色白得吓人。男朋友呆若木鸡，愣是给吓傻了。

又过了一会儿，二人才完全清醒。清婉哭了，哭声惊动了刚回宿舍的同事。她们赶过来，看见二人躺在草地上，先是不好意思走近，可是听到清婉的哭声，又不能不过来。

"清婉，你怎么了？哭什么？"

清婉和男朋友东张西望了一阵子，说："这里有蟒蛇！"

同事哈哈大笑。

"你们在演穿越戏吧，还是在演恐怖片呢？这地方哪来的蟒蛇？"

"他俩在演爱情恐怖片，英雄救美！咱们还是赶紧撤吧。"

"拜拜！"二人笑着走了。

三

几天后，男朋友又来找清婉约会，这次的地点改在了宿舍内。男朋友想亲吻清婉，可是清婉条件反射似的躲开了。

"上次看花眼了，哪有什么蟒蛇？"男朋友搂住清婉安抚她，"估计是看电视看的。我听说，害怕什么，就会梦见什么。"

清婉低声说："以后不要再看那种电视了。"

"不看了！"

后来很长一段时间，清婉都不敢和男朋友去后花园约会。清婉心里纳闷，明明看见了蟒蛇，如果小朋友遇到了蟒蛇怎么办？每到小朋友去后花园做游戏的时候，清婉都两腿发抖。但是，她不敢说，尤其不敢对园长说。男朋友反复嘱咐她，不确定的事坚决不说。

更让清婉纳闷的是，小朋友在后花园做游戏时从来没有遇到过蟒蛇。后来，同事还嘲笑她：真会谈恋爱，是不是用这样的方式来激发爱的力量呢？清婉害怕蟒蛇，男朋友才会挺身而出，拥抱她，抱得越紧，感情就越深……

面对同事的玩笑，清婉自己也无法解释，因为他俩的恋爱经历中发生过类似的事情。那是在读高中时，有一次，下晚自习后放学回家，路上有些黑，清婉骑着自行车，突然前面闯来一个乞丐，拦在车前伸手向她要东西。那乞丐头发很长，像梅超风一样，脸上一道黑一道白，嬉皮笑脸伸着手。清婉吓得大叫一声，从车子上摔下来，幸亏一位同班男生经过那里，见是清婉，立刻扶起她，赶跑了乞丐。那天晚上，男同学骑着自行车送她回家，她坐在后座上，不由自主地就紧紧抱住了男同学的腰。那位男同学，就是她现在的男朋友，叫苗子都。

清婉觉得很可能是自己看电视看的，种下心魔了。后来，她没有再遇见蟒蛇，就越发肯定是看错了，一想起此事就觉得好笑。子都是一个有心人。那天明明看到了蟒蛇，不会看错的，可为什么后来就不见了呢？他想搞清楚究竟是怎么一回事。他回忆起那次约会是在双休日，是一个下午，小朋友不在幼儿园，会不会是……他越想越害怕，只觉得头皮发麻。但无论怎样，必须一探究竟。

又是一个双休日的下午，清婉回老家看望父母，时机正合适。下午三点前，子都来到幼儿园，门卫对他很熟悉，连问都没问，一招手就放他进去了。

子都来到一间教室，找到一处最佳位置，坐了下来。他打开手机，双手端稳，两肘支在窗台上，一个拍摄的标准姿势就摆好了。这时的他，就像一个猎人，架好了猎枪，只等着猎物出现。

一会儿，只见一条巨大的蟒蛇从后花园墙洞中钻了进来。那个洞是排水用的，后花园中有循环水，引岭下小河水而来。洞口有脸盆那么大，有时会钻进一只野兔，惹得孩子们兴奋不已，谁知会有蟒蛇钻进来呢？这蟒蛇是哪里来的？从未听说过玉兔岭有蟒蛇呀。只见蟒蛇慢悠悠爬着，像一列缓缓行进的火车。突然，从假山旁窜出一只野兔，白色的，竖起两耳，在寻找食物。蟒蛇悄无声息地爬过去，张开血盆大口，猛咬下去。野兔受到惊吓，本能地跳将起来，有两尺多高。可是蟒蛇的动作更迅疾，跃起身来将野兔紧紧缠住。只见野兔的脖颈被缠得死死的，两个眼球被勒得凸起，快要掉出来。只见蟒蛇一个玉龙翻身，将野兔盘在中间，然后张开血盆大口吞下去。野兔没有任何反抗能力，渐渐被吞下去，露出屁股……露出后腿……最后什么也没有了……

子都的双手在颤抖。他看过《动物世界》节目，哪有这样惊心动魄，哪有这样魂飞魄散！他只觉得头皮发麻，一阵眩晕，"啪"的一声，手机掉落在地，自己也瘫坐下去……

过了一会儿，他醒了，感觉浑身是汗，是冷汗！长这么大，他从未出过冷汗，这次知道什么是冷汗了：全身发抖，全身发冷，全是沾湿。他双手抱作一团，不敢去拿手机。

又过了一会儿，他镇定下来，毕竟是个男人，毕竟看过那么多的《动物世界》节目：看过螳螂捕蝉，看过蛇吞黄鸟，看过苍鹰猎兔，也看过猩猩撕吃猴子，还看过狮子吃野牛……哪一个不是鲜血淋漓，哪一个不是胆战心惊？但是，都没有今天这么刺激，都没有今天这样吓出一身冷汗。看电视，终隔一层，有一点审美的满足感，可是今天，一点美感也没有。那些拍摄动物世界的人也会像他一样吓得把摄像机扔掉吗？

他渐渐恢复到常态。他知道自己今天所见真真切切，不是花眼，不是穿越，更没有英雄救美。他庆幸今天只有自己，他无法想象清婉如果在场会是怎样的结果。他慢慢站起身，向窗外望去，什么也没有，连一点野兔的血迹也没留下。那叫生吞，怎么会有血迹呢？他颤抖着两手，打开录像，重新看了一遍刚才的场景，千真万确，万确千真。他突然觉得自己的手机非常宝贵了，似乎藏进了什么秘密。他紧紧握住手机，想着下一步该怎么办。

蟒蛇是哪来的？这是他当下最关心的问题。对，一定要搞清楚，这个园子里，不仅有他的心上人，还有几十个孩子。他不敢再往下想，一个箭步冲出教室，刚跑了几步，又折了回来，跑到后花园，确定蟒蛇已经爬出去了，便搬了一块大石头，堵在洞口，然后，飞奔出去，他要去镇派出所报告。

幼儿园的门卫不知怎么回事，哈哈大笑道："子都啊，你这是跟谢老师玩女追男的游戏吧！"

四

清婉告别了父母，坐上公交车返回幼儿园。父母一直送到车站，看着女儿上了车才依依不舍地回家去。

这对老夫妻，就这么一个女儿，视若掌上明珠。自从清婉工作后，妈妈天天盼着女儿快点结婚，连买房的钱都准备好了。以前，清婉总是和子都双双把家还，可这次是清婉一个人回来，惹得妈妈好生埋怨。清婉解释说，自己还有其他事，和几位同学约好了去医院看望生病的同学，子都是个男的，不方便。妈妈问开发商那边怎么样了，清婉说进展挺快的，只要一开盘，就可以交首付款。妈妈听了，心里美美的，觉得有盼头了：女儿结婚，生孩子，自己当姥姥，含饴弄孙，想想心里就美滋滋的。老人活着就是因为有个念想，在一堆念想中，对女儿的期盼是最重要的；如果没有了对女儿的念想，她的生命里头也就失去了三分之二的劲头。

清婉回到单位，刚进大门，门卫又哈哈大笑起来。清婉感到很奇怪，问他："笑什么？"

"笑你和子都。"

"子都？"清婉敏感地觉察出了什么，"子都来过？"

门卫笑得更厉害了："哈哈哈哈，谢老师，你们俩可真逗，就是拍电影也没见过你们俩这么逗的。"

"我刚从家里回来。你快说，是不是子都来过？"清婉变得严肃起来。

"来过，急急忙忙走了。不，是跑，像飞一样！"门卫说着，还做了一个飞的姿势。

"去哪了？"

"不知道。"

清婉立刻拿出手机拨叫子都——关机了！

玉兔镇原本距离市区较远，但近些年城市建设发展迅速，玉兔镇快变成阪田市的郊区了。清婉推测：如果子都在玉兔镇，很可能去了派出所；如果进了市里，那就说不清楚了。凭着直觉，清婉猜测子都十有八九去了镇派出所，于是她直奔派出所。

　　清婉和子都恋爱多年，大学期间，清婉就公开了她和子都的恋爱关系。清婉的同学曾劝她，干脆拜拜，从追她的加强班中选一个先谈着。清婉毫不动心。在她看来，找对象就是为了结婚，不是玩。她要找一个值得托付一生的男人，子都就是这样的男人。子都有责任感，关键时刻能挺身而出。凭直觉，她断定子都一定是发现了什么。

　　到了派处所，问了个遍，都说没有见到子都。于是她又打手机，这次接通了，子都在园长家里。原来，子都去派出所的路上，遇到园长和老镇长出来散步。园长认识子都，就问他急急慌慌地干什么去，是不是找清婉。子都一想，应该告诉园长，于是就把他看到的一切说了一遍，还把录像放给他们看。园长吓得直哆嗦，问老伴儿："老头子，这可怎么办呀？"

　　老镇长是见过世面的人，自始至终很镇定。他问子都："还有别人知道吗？"

　　子都摇摇头："就我知道。"

　　"很好。"他顿了顿，面带微笑，对子都说，"你不要对任何人讲，这件事我来解决。你把手机给我。"

　　老镇长接过子都的手机，先把录像转发到自己手机上，然后删掉子都手机中的录像，关机半小时。子都再打开手机查看，果真看不到了。老镇长松了一口气，说："今晚请你在我家吃饭，咱们好好合计一下。还有，把小谢也请来，我给你们掌勺，尝尝我的手艺。"

　　就在子都要给清婉打手机时，清婉打了进来。清婉来到园长家里，知道了这一切。她紧紧抓住子都的手臂，抓得那样紧。

　　老镇长说："别紧张，小谢。这事好办。"

那天，他们商量到很晚。

五

又是一个双休日的下午，两点半左右，子都和镇长来到幼儿园后花园的墙外面，找到那个洞口，在下风处蹲守下来。子都手中拿着菜刀，老镇长手中拿着一根木棍。

三点钟，只听远处有丝丝的声音，风声不像风声，水声不像水声。"来了！"子都说。老镇长示意他不要出声。蟒蛇这种动物，嗅觉极为灵敏，他俩蹲在下风处，就是防止蟒蛇嗅到人的气味。

但是蟒蛇还是发现了他俩。它原本朝着洞口去的，现在嗅到了人的气味，便一个急转弯，吐着芯子朝他俩隐蔽的地方爬来。它看见了，是两个陌生人，立刻警觉起来，吐着芯子直冲过来。显然，它要发起攻击了。就在蟒蛇张开大口冲向子都的一刹那，老镇长猛地站起身，跳过去，端着木棍，对准蟒蛇大嘴就捅了进去。蟒蛇岂肯就范，一个翻身将老镇长缠住。它的速度真快，眨眼间就将老镇长拦腰缠住了。老镇长喊道："子都，用刀砍！"子都刚才看傻了，听到老镇长的喊声，才醒悟到自己手中握着一把菜刀。他举起菜刀，一阵猛砍，将蛇头砍了下来，又将蛇身砍为数段；然后，他们将蟒蛇装进一个麻袋，抬到树林深处，挖了一个坑，埋了起来。他们又返回来，将血迹清理干净，直到一点痕迹也看不出来为止。

过了一周，他俩又蹲守在后花园墙外，没有再发现蟒蛇，这才放心。这一切，谁也不知道。家长照常每天早晨送孩子进幼儿园，下午接孩子回家；仍然有家长托关系找熟人要把孩子送进来。

园长表面不动声色，其实忐忑不安，说话都与往常不同。清婉更是寝食难安。为了掩饰，她整天拿着一本书低头看；孩子哭了，闹了，她反应迟钝。同事有些不解，说她喜欢看书都着迷了，连工作都顾不上了。园长听后，微微一笑："看书？好啊！"园长不计较，别人也就不好说什么。

老镇长心里也不安。他很奇怪，玉兔镇从未有过蟒蛇，怎么突然出现了蟒蛇呢？子都心里也不安，他想知道，这蟒蛇究竟是从哪里来的。另外，子都知道，蟒蛇是濒危物种，属于国家保护动物，不能轻易杀害，否则要判刑。何况中国加入WTO，是《濒危野生动植物种国际贸易公约》成员国，禁止猎杀蟒蛇。他又上网查阅了有关信息，得知由于全球严禁蟒蛇交易，因此黑市十分活跃，蟒蛇价格居高不下，一条黄金蟒可以卖到十几万甚至几十万元。他们杀死的这条属于缅甸蟒，市场上可卖到八万元。蟒蛇皮更是走俏，一个蟒蛇皮做的小包能卖到数万元。有人为了暴利，铤而走险。

子都把这一切都告诉了老镇长。老镇长点点头："难道有人在玉兔镇走私蟒蛇？"

子都身上掠过一阵鸡皮疙瘩，说道："老镇长，要不要先报告派出所？"他打个冷战又说："我一直对埋蟒蛇的地方不放心，毕竟离幼儿园不远，容易找到，会不会……"

"不急。再等等看。"镇长一摆手，示意他不要说了。停了一会儿，老镇长突然说："走，咱们到岭上看看去！"镇长变得严肃了。

他们来到玉兔岭的树林间，走到埋蟒蛇的地方一看，不禁大吃一惊：土坑被人挖开了，里面空空如也！

六

蟒蛇的事情过去一个多月了，清婉的内心渐渐平静下来。她觉得土坑被挖，可能是谁家的狗嗅到了气味，然后被人扒出来拿走了。她现在想给子都说说买房子的事情。

这个外地来的开发商道行不浅，很快办好了征地手续，明年春天就要开工。根据贴出来的户型图纸看，除了别墅，大、中、小户型都有。别墅，清婉连想都没想过，她根本不属于那个阶层。她的同事拽着她去看别墅户型，她不去。同事说，开开眼界嘛。她说："开那种眼界没意义。"在她看来，有意义的事才值得去做，距离十万八千里，不，根本就不着边际的事，看它有什么意义呢？同事和她开玩笑说，嫁个富二代不就全有了？清婉立刻表现出不屑一顾的样子："要嫁，你去嫁。我就是个过穷日子的命。"

同事知道，子都虽然不是富二代，但也算得上一位美男子。在清婉心中，没有谁比得上子都帅，也没有谁比得上子都有才华，更没有谁比得上子都心地善良。她爱子都，始于那个遇到乞丐的夜晚；让她下决心非子都不嫁，则是因为一件震动全校的事件。

那年，他和子都是高三毕业生，学习压力很大。班主任老师白菊——同学们亲切地叫她"菊姐"——带领同学们夜以继日地复习备考，誓夺佳绩。高考成绩下来，菊姐带的实验班比另一个实验班总平均分高出5分。于是，学校把当年的省级优秀教师称号给了白菊。这本来是件好事，可谁知新学年伊始，有人向校领导揭发白菊贪污班费6000元。

于是，一场保卫菊姐的战斗爆发了。原来，高考前夕，子都一位同学的妈妈生病住院动手术，手术费还差8000元。子都作为班长，就把自己保管的6000元班费交给了医院，另外清婉又发动同学凑了2000元，这才确保了同学妈妈手术顺利进行。可谁知后来有匿名信揭发，说班主任白菊把6000元班费贪污了。这不仅关系到优秀教师称号还能不能给白菊的问题，甚至会惊动纪检部门。关键时刻，是子都和清婉挺身而出，为白菊作证，保住了白菊的清白。后来白菊因为工作业绩突出，被提拔当了副校长。没想到参与诬陷白菊的一位同学，与子都被同一所高校的同一个专业录取。子都耻于和他同窗，硬是放弃了上大学的机会，第二年复读再考。第二年子都考上了大学，学的是电子专业，毕业后，进了本市一家私企，虽然工资一般，但总可以贴补家里了。子都还有个妹妹，正在读高中，将来上大学需要钱，子都要替父母拉坡呐。在清婉心中，子都是个有责任感的小伙子，是一位英雄。

眼看两人到了结婚的年龄，房子问题一直缠绕心中。子都的妈妈没有工作，为了买房，子都爸爸白天上班，晚上开出租车拉生意。清婉看在眼里，疼在心里，她不忍心未来的公公夜以继日地挣钱，万一身体搞垮了，后悔莫及。这不，今天她约子都来河边谈一谈。

这条小河环绕玉兔岭，哗哗的流水声像姑娘甜美的笑声。河边长满青草，即便在冬天，也不变颜色。她抬头看看天空，几朵白云悠然飘动，懒洋洋的，很轻松，很舒适。天气有一点点凉，但这个地方冬暖夏凉，冬季再冷，穿一件羊绒衫就可以过冬了。她身上这件紫红羊绒衫就是子都买的呢。因为这个地方自然条件好，曾有人动议将阪田市行政中心搬迁到这里来。那位外地的开发商之所以投巨资来这里盖商品房，就是看准了这里的发展前景，宜居之地，潜力巨大。你看，眼前的玉兔岭，趴在那里，像一只卧睡的兔子，玉兔岭得名会不会是这个原因呢？——嫦娥下凡的民间传说，太不着边际了。

清婉看着，想着，子都已经站在了她身后，双手捂住她的眼睛，问道："你猜猜，我是谁。"

清婉笑了："还能有谁，除了你谁敢这样。"

子都坐下来，两人肩靠着肩。子都说："我爸说了，房子首付款已经齐了。我妈问咱们什么时候领结婚证。"

清婉笑着说："你说呢，子都先生？"

"春天吧，万物复苏，正好开始咱们的新生活。"

"那时候房子还没有盖好呢。"

"是呀。最快也得后年。"子都低下了头。

"我告诉你一个好消息。"清婉有些神神秘秘的，"园长说咱们结婚后可以先住在幼儿园的宿舍里，等房子盖好了再搬出去。"

子都一愣："真的？你的同事咋办？"

"搬出去了。园里还有几间空着的宿舍。"

"是这样啊，园长对你真好。"

"是对咱俩好。"清婉自豪地笑着。

"那就委屈你了，结婚不能住新房。"

"只要和你在一起，住什么都行。"

子都倏地站起来，对着小河发誓："清婉，清婉，就像这条河一样清纯柔婉。如果我子都有负清婉，就变成河里的癞蛤蟆！"清婉一下子抱住子都，亲吻他。

七

在市公安局一间办公室里，坐着一个30多岁的年轻人。此人看上去似乎很气派：油头粉面，一身名牌西装，脚蹬一双意大利郎丹泽皮鞋，锃光瓦亮，属于私人定制，价格嘛，鬼才知道。

公安局长称他南总。他是来反映自己家养的宠物蟒蛇被人猎杀一案的。那条蟒蛇是他的宠物，与他一起长大，共同生活了十五年，能听懂他发出的各种声音。不知什么人狠心下此毒手，把他的宠物大卸八块。他一定要找到这个凶手算账。再说，蟒蛇属于国家保护动物，猎杀蟒蛇属于犯罪行为。

局长表示尽快破案，请南总回家等候消息。南总走后，局长拿起电话向分管社会治安的副市长做了汇报。副市长指示："南总是个大开发商，给市里投资20个亿开发玉兔岭一带，能够带动本市GDP增长三个百分点，仅凭此一项阪田市在全省的排名就可以进入前十了。这是大事，马虎不得。杀蟒案件，尽快侦破，妥善处理，最好在公安局内部解决。"副市长最后又特地嘱咐，南总的父亲可不是一般人物。局长连说"明白明白明白"。他放下电话，亲自布置侦破工作。

其实，这个案子很容易侦破。百花幼儿园院墙四角都安装了监控器，只要调出录像一看，立刻明明白白。但是，接受任务后的公安人员还未出城，老镇长就知道了。这位老镇长可不是吃素的。掩埋蟒蛇后的当天晚上，他躺在床上回忆每一个细节。突然，他想到了监控器，这是派出所命令安装的。他一个翻滚坐起身，穿上衣服直奔幼儿园，很晚才回家。

一天晚上，他在看电视，正播放着公安人员利用警犬破案的节目：一辆大卡车，装着满满的大水罐。有人在水罐里滴入一滴动物血液，搅拌均匀，然后取出一勺倒入一只装满矿泉水的瓶子中，再把它与十几只没有掺入动物血液的装满水的瓶子放在同一间房子里。只见训练有素的警犬靠着灵敏的嗅觉把掺入动物血液的瓶子准确无误地找了出来。看到这里，老镇长又一个翻滚站起身来，他有一种预感：要露馅。但又一想，自己是为了保护孩子生命安全才杀死蟒蛇的，属于正当防卫，谁能拿我怎么样！想到这里，他又坐下了。后来，子都也说起心中的不安，他才下决心和子都去看看。这一看才知道，预感应验了。

他并不十分害怕。他在这个镇上经营多年，关系网密布四方，一有风吹草动，他很快就知晓。他有充分的理由，也有坚固的靠山，他不怕！

果不其然，一天上午，园长被请到了市公安局。老镇长有些惊讶：录像不是已经处理了吗？他心里有些打鼓。公安人员问园长，为什么删除了幼儿园的监控录像。园长把事先准备好的理由讲了出来：幼儿园每周回看一遍监控录像，以便发现问题。不巧的是，有一次调看监控录像时，因操作不当，删掉了一段。她表示，这不怪监控室的工作人员，她这个园长有责任。

公安人员做了笔录，便让她回家了。到了下午，老镇长又被叫到了市公安局。公安人员放了一段录像给他看：画面中一人手持木棍，一人拿着一把刀。后来一个人拿着刀砍蟒蛇，然后用一个大口袋装进去，抬着走了。由于距离较远，录像画面不太清晰，那两个人究竟长什么样，看不清。但是被砍的是一条长长的蟒蛇，画面还是比较清晰的。

老镇长心里有些发毛：哪来的录像？幼儿园的录像不是早就毁掉

了吗？从拍摄角度看，也不像是幼儿园监控器拍摄的。难道有人在其他地方安装了摄像头？他无法断定。正在他想要说话的时候，走进一位领导，老镇长认识他，是玉兔镇派出所前任所长。

"老镇长，这段录像的内容您熟悉吧？"

面对老熟人，老镇长觉得没有必要隐瞒一切，就如实把前因后果讲了一遍。最后，老镇长一拍桌子，大声说道："我是为了几十个孩子生命安全才这样做的！这是谁家的蟒蛇？后果不堪设想！如果你们不主持公道，我就上访，我就不信几十个孩子的生命比不上一条蟒蛇重要！"

至此，猎杀蟒蛇案件完全告破，老镇长可以回家了。临走时，那位领导送出大门，小声且和蔼地说了一句："老镇长，不用担心，一切都会妥善处理。"

老镇长回到家，立刻打电话给子都。半个小时后，子都来了，知道了一切，说道："既然看不清，那杀死蟒蛇的主犯就是我，我负主要责任。"老镇长击赏地看着子都，连连说："不不不，我都讲了，不关你的事。"

"不。我去市公安局讲清楚，蟒蛇头是我砍掉的。"子都说着，起身就要外出。老镇长一把拉住他："子都，不要冲动。咱们再商量一下。"

晚上，清婉也来了，四人共同商量对策。

"去找菊姐吧，她有个好朋友是著名律师。"清婉眼睛一亮。

"对呀！"子都拍了一下大腿。

这位著名律师叫于颂雅，政法大学毕业，接过几个大案子，在本市很有名，有些大人物也找她办案呢。白菊是副校长，分管学校安全，聘请于律师担任学校法制副校长，两人关系很好。

白菊接到清婉电话后，立即和于律师取得联系，于律师一口答应下来。

八

好事不出门，坏事传千里。蟒蛇钻进百花幼儿园的消息很快在社会上传开了，还说得有鼻子有眼的。家长们一下子紧张起来，打电话向园长质询，向教委质询，向派出所质询，有的干脆跑到幼儿园当面质询。有的家长说，要是蟒蛇爬进教室，还不把孩子吓死，百花幼儿园太恐怖了，表示要把孩子转到其他幼儿园去。

这个消息几天之内便传得满城风雨，各家新闻媒体，省市电视台、报社记者打电话要求进行采访，有的干脆直接闯进园长办公室，要当面采访。园长挺直了腰板，大声说道：

"这是造谣！"

尽管这样，各种询问仍然不断，从周一到周四，天天有人来，电话更是多得数不过来，闹得鸡犬不宁。园长坐不住了，找到老镇长，哭着说："老头子，赶紧想想办法！只要一个孩子转走，就会起连锁反应，幼儿园就要关门啦！"

老镇长也慌了手脚，但表面上还能保持镇静："别急，会解决的。"

其实，老镇长心里比谁都急。百花幼儿园是集资修建的，凭着他多年结下的善缘，亲戚朋友凑了几十万元盖起来。幼儿园发展势头好，头一年就有分红，大家都盼着越来越好呢。如果家长把孩子转走，这些股东的钱咋还呢？还不得把自己多年的老本全赔上，那也不够呀！万不得已，他找到市里几位已经退休的老领导，请他们出面。老领导关键时刻真够意思，答应替他活动活动。

周五上午十点，子都气喘吁吁地赶来，告诉老镇长，于律师来了。

于律师向他了解了几个细节问题。老镇长承认是自己阻止子都及时向派出所汇报的，并把子都的事全揽在了自己身上。于律师说，面对蟒蛇的攻击，你们的行为属于正当防卫。但是，此事还是要尽量化解矛盾，幼儿园的声誉是要紧的。老镇长如梦初醒。于律师提出一个折中办法：双方坐下来协商解决，不要对簿公堂，只要老镇长同意赔偿南总一笔钱，就可以大事化小，小事化了。于律师的话终于让老镇长吃了一颗定心丸。

于律师刚走，市公安局就打来电话，邀请老镇长、园长等人周六上午九点前往市公安局参加一个协商会，嘱咐老镇长今天准备准备，最后特别强调是"邀请"。看来，大局已定。但是，赔多少钱呢？

周六上午九点，老镇长等四人刚一走进市公安局大门，便有人热情接引，先乘电梯到三楼，然后步入一间会议室。会议室内，一派祥和气氛：桌上摆放着鲜花和水果，公安局长亲自接待，玉兔镇派出所前任及现任所长倒茶递水，真是热情洋溢啊！

老镇长环视四周，有的认识，有的陌生。挨着他右侧而坐的依次是老伴儿、子都、清婉。他的对面坐着几个陌生的年轻人，其中一个30多岁，油头粉面，像个商人。领导席上坐着局长，旁边坐着于律师。两任所长坐在局长对面。

局长主持会议。他先把在座的一一做了介绍，老镇长这才知道对面油头粉面的年轻人就是蟒蛇的主人，局长恭敬地称他南总。"大家上午好！"局长开讲了，"今天是休息日，邀请各位前来，耽误大家休息了。"局长很客气，站起来鞠了一躬。

"今天请大家来，主要是协商百花幼儿园蟒蛇案件的最终处理意见。市里领导对此事高度重视，多次过问进展情况。"他顿了顿，喝了一口茶，接着说，"现在情况都清楚了。下面请于律师给大家讲一讲。欢迎！"

稀稀拉拉的掌声过后，于律师清了清嗓子，开始说话。她的声音很好听，柔和，缓慢，与老镇长在电视剧上看到的律师风格完全不同。老镇长也经历过一些民事纠纷案件，处理的时候总本着一个基本原则：调解在先，对簿公堂实属万不得已。但于律师这种风格，他还是第一次见到。这哪里是威严的律师，简直就是幼儿园和蔼的老师。是啊，律师和老师，都是师。多亏了于律师，要不然……

南总坐在那里，心里有些不平。起初，他错以为是老镇长砍死了蟒蛇。他不明白，一个手无缚鸡之力的小老头，竟然能砍死一条三米长的大蟒。那蟒蛇和他一起生活了多年，这次带到玉兔镇来，起初老爸极力反对，唯恐这个任性的儿子给他捅娄子；老爸对自己不太放心，总认为自己办事不靠谱。后来老爸不再坚持，是想让儿子经受磨砺，吃一堑长一智嘛，万一出了事，老爸也能化解，但没想到这么快就出事了。他知道家的旁边是一所幼儿园，生意红火，他对此是有想法的，但须从长计议。蟒蛇总是先把猎物盘起来，再慢慢吞食。他知道幼儿园有围墙挡着，不会出事，蟒蛇进不去。他养的这条蟒蛇很乖，放出去两个小时就准时回家，这是多年驯养的结果。他专门选了双休日下午幼儿园没有孩子的时候放出去。他在院墙四角安装了监控设备，一切都在监控之中。他平时不看录像，这个小地方能出什么事，但哪里知道竟会这样。他看了录像，才明白了一切，他对老镇长将木棍捅进蟒蛇大嘴的动作印象太深刻了。他觉得自己有理，但当他在电话里向老爸报告后，老爷子生气了，把他臭骂一顿。今天，他能乖乖坐在这里，是他老爸的命令。

局长坐在那里，心中早就有底了。他知道这事隐患很大，搞不好会酿成大事，影响全市经济发展。幼儿园无小事，手机新闻里经常看到这方面的坏消息。这双方谁也得罪不起，必须用大智慧，化大为小，化有为无。市领导叮嘱他，要化干戈为玉帛。这是他上任以来遇到的最复杂、最棘手、最敏感的案子，如能处理好，肯定会给自己的仕途增添一颗重重的砝码。于律师的出现，使案件出现了重大转机，这个于律师水平就是高！他端起茶杯，深深喝了一口，然后放下杯子，看着于律师，听她讲些什么。

于颂雅讲话之前做了认真准备。自己干这一行二十多年了，虽说经验丰富，经手过几个大案子，但这个案子的确特殊，处理不好，社会的负面影响太大。自己来之前已经与双方当事人都做了深入沟通，基本达成了一致。她从这些年的办案实践中体会到，原告和被告双方表面看是对立关系，甚至你死我活，但走进他们内心后发现，双方有两点是共同的：一是都明白已经发生的事谁也无法改变；二是都尽力争取多获利、少受损。那种真正发泄心中仇恨欲置对方于死地的人，少之又少。所以，作为一名律师，首要任务不是让谁赢谁输，而是引导双方和解。今天的中国，富人逐渐增多，养凶猛宠物的人也多了起来，这是一个需要研究的新问题。在沟通过程中，起初她讨厌那位南总，矫情，任性。她发现扭曲人性的因素主要有三个：权力、金钱和名气。一旦当事人正常的人性被扭曲，就很难接受面对的事实，所以高明的律师要努力把被扭曲的当事人还原到正常思维中，使之回归常态。这位南总，集富二代与官二代于一身，贵而任性，富而无礼，对社会风气具有较强的破坏力。于是她对南总实施了强大的心理攻势，终于使他回到了正常人的思维状态中。对老镇长，她进展很顺利，几句话就击中要害，使之幡然醒悟，赔钱不在话下。于是，她温和又不失严肃地开口了：

"大家上午好！首先感谢市公安局和当事人双方对我的信任。真是凑巧，不仅市公安局希望我接手此案，当事人双方也几乎同时找到我。因为此案目前没有移交检察院和法院，所以我今天的身份不是律师，是大家的朋友。"

于律师开头这几句话一下子暖和了在场所有人的心，人们脸上都笑了。于律师接着说下去：

"这个案子有两个特点：第一，当事人双方都在为我市的建设发展做贡献；第二，当事人双方都有和解的良好愿望。问题的关键主要是出现了一点不平衡。只要双方本着建立起新的平衡的原则，今天的协商会一定会有好的结果。我说完了，谢谢大家！"

会场响起了热烈掌声，就连南总也使劲鼓掌。老镇长佩服于律师简洁而又意味深长的发言，著名律师，名不虚传。

按照会议程序，接下来是分头协商。南总和老镇长分别由不同的工作人员引领到另外两个房间，其他人享受茶歇。于律师在两个房间来回穿插。趁着茶歇时间，等候在外边的白菊校长被请了进来，与自己的两个学生亲切交谈起来。半个小时后，南总和老镇长走到同一个房间。又过了半个小时，只见老镇长和南总面带微笑，走出房间，重新回到会议室。

九

几天后，社会上关于百花幼儿园钻进蟒蛇的消息烟消云散，大家都在传说另一个"正宗"的版本：根本不是蟒蛇，是一个小朋友从家中带了一个蛇形玩具，有的小朋友缺乏心理准备，吓了一跳，于是以讹传讹，越传越邪乎——其实，就是一个玩具。

大家终于松了一口气：虚惊一场！

幼儿园又传出诵读古诗的声音：

　　白日依山尽，

　　黄河入海流。

　　欲穷千里目，

　　更上一层楼。

| 后 记

　　1994年教师节，当时我在山东省泰安市第六中学任教，我的第一本著作《语文教改探索集》得到"教师出版基金"资助由山东教育出版社出版，至今已经26年了。我一直没有忘记山东教育出版社对我的厚爱，内心长存感激！

　　2019年8月，山东教育出版社周红心老师联系我，提出要将我近年来发表的文章结集出版，顿时，绵绵桑梓情油然而生。我离开家乡20多年了，时刻关注着家乡的基础教育，特别是语文教育，只要看到这方面的好消息，我就从内心感到高兴。我从骨子里认为，孔孟之乡、礼仪之邦，应该在基础教育尤其是语文教育方面走在前列。我在山东长大，齐鲁山水养育了我，无论走到哪里，里里外外都带着山东印迹。于是，我接受了周老师的建议，开始整理近几年的文章。

　　收入本书的文章主要分两大类：语文教育和文学写作。我的主业是中学语文教学，我每天站在三尺讲台，是个地地道道的中学语文教师。我一直把培养学生的语文素养作为自己的神圣使命，努力让语文素养成为学生现在和未来人生的基石。我赞同这样的话：语文素养在一定程度上决定了学生未来的走向。不管你承认不承认，喜欢不喜欢，语文就是这样深刻影响着每一个学生。

与前些年相比，我近几年对语文教学的思考更侧重于学理。我提出了"教有学理的语文"。我的语文教学生涯中，如果说有显著变化的话，就是从原先的不知不懂学理，发展到自觉追求学理并依此指导自己的教学行为。我不敢说我实现了语文教师的专业自觉，但这个变化对于我来讲十分重要。本书所收录的第一部分文章，主要体现了变化后的这些思考。当然，这些思考还是有待进一步研究的。

第二部分是我的文学写作。我从小就喜欢写作，如果追溯缘起的话，大概是我在中学时就喜欢写作文，参加过多次作文比赛并获得学校奖励。有一件事我终生难忘。那是我在泰安一中读高中时，中央人民广播电台更新了《新闻和报纸摘要》节目的前奏曲，我一时接受不了，就给中央人民广播电台写信"质问"。那封信写得慷慨激昂，算是一篇感情色彩浓厚的文章吧。没想到的是，中央人民广播电台很快给我这个中学生回了一封长信。班里同学很好奇，问我："中央人民广播电台怎么给你寄信呢？"当我拆开来读时，同学们才知道了其中的"秘密"。这虽然不是文学写作，但是对于激发我写作的积极性是有作用的。

我年轻时，国家处在拨乱反正的巨变时期。当时的文学杂志接连发表了许多有影响的小说和报告文学，《人民文学》《当代》《十月》《收获》《青年文学》《小说选刊》等文学杂志，每一期都是语文组老师争相阅读的对象，还在班里读给学生听。如果把我所受文学熏陶的因子一分为三的话，在大学中文系所受影响占三分之一，看电影电视占三分之一，读八十年代那些文学杂志也占三分之一。

记得当时看了之后就手痒痒，便动手写。我写过电影文学剧本《息壤》《李白》等，还写过几篇短篇小说。记得当时峨眉山电影制片厂正在泰安拍摄电影《吕四娘》，我便找到导演，请他看我的剧本。尽管没有成功，但我的这些努力在我的成长中留下了抹不去的印迹。后来，我与《泰安日报》建立了深厚友谊。报纸有文艺副刊，我经常投稿，有的用了，有的被退回了。我平生第一篇正式见报的文章《李白和他的〈游泰山〉》1985年发表在《泰安日报》文艺副刊上。后来，我发表的文章越来越多，还在报社举办的杂文征文活动中获得二等奖，我写的三篇杂文收入报社结集出版的杂文集中。

有人说我写小说是跨界，我不这么认为。文学写作和阅读实在是语文教学本身的事情。在语文课本中，散文和小说占了多数，古今中外皆有。在长期的教学过程中，我对这些作品的理解越来越深，发展到不自觉地就受其影响的程度。我认为，一名语文教师，能写散文、小说，才能更好地教散文、小说。于是，我把文学写作和语文教学结合起来了。我经常把我写的散文印发给学生阅读，让他们"横挑鼻子竖挑眼"。在这个过程中，我进步了。另外，我与文学界的作家、评论家有过一些接触，在与他们的交往中，学到了很多东西。这也是我喜欢文学写作的一个重要因素。我不知道我的这些经历对正在成长中的青年语文教师有无借鉴价值。

现在，山东教育出版社要给我出书，我很感激。斟酌之后，我选定了"敬畏母语"这个书名。它能体现我长期以来对母语的感情。我在母语中生活了这么多年，我对母语是爱在骨子里，融化进血液中——母语就是我的生命。

后 记

感谢我的大学老师魏建教授。当年他可是我们同学的偶像啊！那时的魏老师，年轻，帅气，才华挂满了全身。记得那些年的大年初一，我给魏老师拜年，在他家一聊就是一个多小时。魏老师比我大不了几岁，但他的学识一直令我仰慕。当我提出写序的请求后，魏老师立马就答应了。我又回到当年那种师生环境中了。

衷心感谢那些关爱过我的人！

诚心盼望得到您的批评指正！

程 翔

2020年2月19日于六心斋